Wer war Maria Walewska, die junge Frau, in die sich Napoleon Anfang 1807, während seines Aufenthaltes in Warschau, verliebte; die ihn später im preußischen Junkerschloß Finckenstein und 1809 im habsburgischen Kaiserschloß Schönbrunn besuchte? Wer war diese Frau, die Napoleon die Treue hielt, die auf Elba sein Gast war? Wer war sie, die Mutter des Grafen Alexander Walewski, des natürlichen Sohnes Napoleons und späteren Außenministers Napoleons III.?

Auf all diese Fragen gibt der polnische Biograph Marian Brandys Antwort, so weit das heute noch möglich ist. Er setzt sich mit den in Archiven aufbewahrten Quellen auseinander, unterzieht sie einer kritischen Durchsicht und weist nach, wie sehr manche von ihnen in die Irre führen. Aus all dem ergibt sich das Porträt der jungen Maria Łączyńska (17861817), die 1805 mit dem alternden Grafen Walewski verheiratet, 1807 Napoleons Geliebte wurde und auch noch, als der Kaiser nach St. Helena verbannt war, ihrer Liebe folgte.

insel taschenbuch 1835
Maria Walewska
Napoleons große Liebe

MARIA WALEWSKA
NAPOLEONS
GROSSE LIEBE

Eine historische Biographie
von Marian Brandys
Insel Verlag

Umschlagabbildung:
Greta Garbo als Maria Walewska in dem gleichnamigen Film (1937)
© Archiv K. T. Clemens, Tübingen

insel taschenbuch 1835
Erste Auflage 1996
Insel Verlag Frankfurt am Main und Leipzig
© Insel Verlag Frankfurt am Main 1971
Alle Rechte vorbehalten
Hinweise zu dieser Ausgabe am Schluß des Bandes
Vertrieb durch den Suhrkamp Taschenbuch Verlag
Umschlag nach Entwürfen von Willy Fleckhaus
Satz: Libro, Kriftel
Druck: Nomos Verlagsgesellschaft, Baden-Baden
Printed in Germany

1 2 3 4 5 6 – 01 00 99 98 97 96

INHALT

*Den Lesern und Freunden aus
Polen und Frankreich, die zur Entstehung
dieses Buches beitrugen.*

DAS LEBEN DER
MARIA WALEWSKA

I

In dem Buch *Kozietulski und andere*[1] habe ich der Heldin einer der berühmtesten historischen Romanzen ziemlich viel Raum gewidmet – es handelt sich um Frau Maria Walewska, geb. Łączyńska, die von französischen Historikern »die polnische Gattin Napoleons« genannt wird. Diese schöne Frau hatte meine Phantasie schon gefesselt, als ich noch zu den eifrigen Lesern der Bücher von Gąsiorowski und Wasylewski[2] gehörte. Den alten Sentiments nachgehend, unternahm ich vor einigen Jahren eine feierliche Pilgerfahrt auf den Spuren der legendären Frau Kammerherr. Ich besuchte das Städtchen Kiernozia bei Łowicz, wo noch das Haus steht, in dem sie unmittelbar vor der Ehe mit Walewski wohnte, und die Kirche, in deren Krypta man sie Jahre später beisetzte; ich betrachtete von nahem ihre Residenz in Walewice, wo sie in Erwartung des Märchenprinzen ihre schönsten Jugendjahre an der Seite eines alten, rauhbeinigen Ehemannes vergeudete; ich gelangte schließlich nach Kamieniec Suski[3] in der Wojewodschaft Allenstein, wo sie 1807 im Schloß der preußischen Grafen von Finckenstein, dem damaligen französischen Hauptquartier, zwei Honigmonde mit ihrem kaiserlichen Liebhaber verbrachte. Als Ergebnis dieser Wanderung eines Reporters veröffentlichte ich in dem Warschauer Wochenblatt *Świat*[4] eine kurze Skizze unter dem Titel *Schwierigkeiten mit Madame Walewska*. Der Artikel fand einen starken, ermunternden Widerhall in vielen Gegenden Polens und auch im Ausland. Es kam sogar so weit, daß der Repräsentant einer großen französischen Illustrierten mir telefonisch ein Interview zum Thema Madame Walewska vorschlug, und ein betagter Napoleon-Verehrer aus London seine Bereitschaft bekundete, die Exhumierung ihrer Gebeine zu finanzieren.

Trotz dieses lebhaften Echos hatte ich im Zusammenhang mit Madame Walewska keine ernsthaften schriftstellerischen Absichten. Nachdem ich im *Kozietulski* ein paar kaum bekannte Einzelheiten über diese historische Liebesgeschichte publiziert hatte, hielt ich das Thema für erschöpft und war sicher, daß ich mich für immer von der schönen Maria lösen würde. Doch einige meiner Leser beschlossen, dieser Trennung zuvorzukommen. Von allen Handlungsfäden meines zweibändigen Berichts über das napoleonische Polen beschäftigte sie der Handlungsfaden Madame Walewska am stärksten. In Briefen und Gesprächen verlangte man von mir, ich solle eine umfassende und redliche Biographie der »polnischen Gattin Napoleons« schreiben. Mit Madame Walewska hatten sich schon viele Biographen unterschiedlicher Art beschäftigt, über sie waren quasi-wissenschaftliche Abhandlungen, Romane, Theaterstücke und Opernlibretti geschrieben worden, man hatte im letzten halben Jahrhundert einige wenig gelungene Filme ihr zur Ehre gedreht, eine rühmliche Ausnahme bildet die polnische Komödie *Marysia und Napoleon*, dennoch zeigte sich, daß all das nicht ausreichte, daß die Neugier nicht befriedigt war. Die Welt windet sich in den Wehen, die die Geburt einer neuen Epoche ankündigen, kosmische Fahrzeuge umkreisen unseren Planeten, Wissenschaftler verpflanzen Herzen und rüsten sich zu Gehirntransplantationen – in Polen aber gibt es immer noch viele erwachsene Menschen, die unbedingt wissen wollen, ob eine bestimmte, vor hundertsechzig Jahren in der Gegend von Łowicz wohnende Dame Napoleon zum ersten Mal vor der Schenke in Błonie oder auf dem Ball

Talleyrands in Warschau begegnet ist; ob sie »tatsächlich so schön« war oder ob sie den Kaiser ausschließlich durch Anmut und Intelligenz verführt hat; ob Napoleon sie wirklich liebte oder nur ein Verhältnis mit ihr hatte, usw. usw. usw.

Es lohnt sich, über diese nicht nachlassende Popularität der Heldin aus der Umgebung von Łowicz nachzudenken. Die Hauptrolle spielt hier natürlich der Zauber der napoleonischen Legende. Im vorliegenden Fall zeigt die Legende ihre intimsten Aspekte. Wen interessieren nicht die Schwächen großer Männer? Wer liebt es nicht, die Geschichte heimlich durch das Schlüsselloch zu beobachten?

Doch zu Madame Walewskas Gunsten wirken noch ein paar andere Faktoren. Das Schema ihrer Romanze ist dem unsterblichen Meisterwerk der polnischen »Küchenliteratur«, der *Aussätzigen* von Helena Mniszkówna[5] täuschend ähnlich. Auch hier begegnet eine bescheidene junge Frau einem mächtigen Mann, der auf der höchsten Stelle der sozialen Stufenleiter steht; auch hier erleidet eine romantische Liebe ihre Niederlage im Zusammenprall mit den standesmäßigen und gesellschaftlichen Vorurteilen. Nur daß in Madame Walewskas Fall eine wirkungsvolle historische Staffage die Mniszkówna-Fabel bereichert. Die Liebe der Frau Kammerherr und des Kaisers läuft unter der Begleitung dröhnender Kriegs- und Befreiungsposaunen ab, in einer Atmosphäre der höfischen Intrigen und des großen politischen Spiels, was der ganzen Angelegenheit einen besonderen Beigeschmack verleiht.

Hinzu kommt ein spezifisch polnisches Moment. Wir sind nun mal so, wir haben es gern, wenn alles Polnische Ausnahmecharakter besitzt und mit Patriotismus untermauert ist. Madame Walewskas Romanze entspricht diesen Bedingungen. Zwar gibt es auch in der Geschichte anderer Völker berühmte Favoritinnen, doch all diese Pompadour und Dubarry nutzten ihre privilegierte Stellung hauptsächlich für persönliche Zwecke aus, unsere Marysia aus der Umgebung von Łowicz dagegen »wollte von ihm (d. h. von Napoleon) nur, daß er Polen wiederherstelle«, wie das der ehrwürdige Julian Ursyn Niemcewicz[6] objektiv behauptet. Muß man eine solche Frau nicht gern haben?

Schließlich noch einer der vermutlichen Gründe für die Popularität der »polnischen Gattin Napoleons«: man ist allgemein der Monumentalhistorie müde, man sehnt sich nach »relax«. Vor dem Hintergrund des düsteren, heroischen Geschehens nach den Teilungen bezaubert Madame Walewskas Geschichte durch ihren – man könnte fast sagen – Unterhaltungscharakter. Es ist zwar keine fröhliche Geschichte, aber die Praxis mindestens unseres Fernsehens hat uns ja schon daran gewöhnt, daß Unterhaltung und Fröhlichkeit nicht immer zusammengehören.

Ich habe mich entschlossen, den Wünschen meiner Leser zu entsprechen, aber – mit einem Vorbehalt. Ich werde keine umfassende und redliche Biographie über Maria Walewska schreiben, weil (wie sich das im weiteren herausstellen wird) ich das selbst bei bestem Willen nicht könnte. Dagegen werde ich mich bemühen, genau zu begründen, warum ich die Abfassung einer solchen Biographie für gänzlich unmöglich halte. Es wird eine lehrreiche Darstellung werden, weil sie klären wird, wie schwierig die Arbeit des historischen Biographen im allgemeinen ist, besonders aber in bezug auf eine Gestalt, deren handschriftliche Hinterlassenschaft Privateigentum ihrer Nachkommen und den Forschern nicht zugänglich ist.

Meine romantische Erzählung von der kaiserlichen Liebe beginne ich mit einer Charakterisierung der historischen Quellen, aus denen man bisher das Wissen um die »polnische Gattin Napoleons« geschöpft hat – und weiter schöpft. Quellenmaterial »aus erster Hand« gibt es zu diesem Thema in Polen sehr wenig. Die in Gerüchten schwelgenden Memoirenschreiber der napoleonischen Epoche zeigen eine erstaunliche Zurückhaltung hinsichtlich der kaiserlichen Romanze, die zweifellos monatelang den Hauptgesprächsstoff in den Warschauer Salons bildete. Doch die Angelegenheit hatte einen etwas peinlichen Charakter und war im traditionellen, konventionellen Verhalten nicht unterzubringen; reden konnte man darüber leicht – schreiben sehr viel schwieriger. Auch darf nicht vergessen werden, daß die Mehrzahl der polnischen Memoiren aus der napoleonischen Zeit erst in der zweiten Hälfte des 19. Jahrhunderts gedruckt wurde, als in Frankreich Napoleon III. herrschte und Alexandre Graf Colonna-Walewski, natürlicher Sohn der Maria und des Begründers der Dynastie Bonaparte, sein Außenminister war. Dieser Umstand machte das Thema noch drastischer und wirkte sicher hemmend auf die Memoirenschreiber und ihre Verleger. Letzten Endes sind in polnischen Memoiren nur wenige fragmentarische Informationen hauptsächlich gesellschaftlicher Art über Maria Walewska enthalten.

Sehr viel mehr kann man aus den früher erschienenen und deshalb bedenkenloseren Erinnerungen erfahren; besonders aus den dreibändigen *Mémoires* von Louis Constant Vairy, dem berühmten Constant, dem vertrauten Kammerdiener Napoleons. Der gewandte, für Spezialaufträge vorgesehene und in die intimsten Geheimnisse seines Herrn eingeweihte

Höfling brachte der »polnischen Gräfin« echte Verehrung entgegen. Die ausdrucksvollen Beschreibungen seiner unmittelbaren Begegnungen mit Madame Walewska in den verschiedenen Phasen der kaiserlichen Romanze bilden einen ungewöhnlich wertvollen Beitrag zu ihrer Biographie.

Doch neben den fragmentarischen, in vielen gedruckten Quellen verstreuten Informationen gibt es noch den mächtigen, bisher nicht voll aufgedeckten Block unmittelbarer biographischer Materialien: Madame Walewskas persönliche Papiere, ihre umfangreiche Korrespondenz sowie zwei Versionen ihrer handgeschriebenen Memoiren. Leider ruhen diese authentischen Quellen verschlossen in den Archiven zweier aristokratischer französischer Familien, die von der Heldin der Romanze abstammen: der Grafen Colonna-Walewski in Paris und der Grafen Ornano auf Schloß La Branchoire in der Touraine – und kein französischer oder polnischer Forscher hat freien Zutritt zu ihnen. Die Geheimhaltung dieser Dokumente verursacht einen unerhörten Wirrwarr in der ganzen Angelegenheit und stellt das Haupthindernis bei der Erarbeitung einer umfassenden Biographie Maria Walewskas dar.

Die Existenz eines »Geheimarchivs« über die kaiserliche Romanze hat zum ersten Mal Ende des vorigen Jahrhunderts der französische Napoleon-Historiker Frédéric Masson aufgedeckt. Der hervorragende Gelehrte und Schriftsteller, Mitglied und Sekretär der Académie Française, widmete seine gesamte Arbeitskraft der Erforschung der Geheimnisse in Napoleons Privatleben. Den Löwenanteil der vielbändigen *Etudes napoléoniennes* Massons nehmen die »Intimgeschichten« des Kaisers ein, also die detaillierte Beschreibung seines Hofes, seines häuslichen Lebens, seiner Schwierigkeiten mit den Verwandten und seiner Liebeserlebnisse. Selbstverständlich konnte ein Historiker mit so spezifischem Interessenkreis Napoleons polnische Romanze nicht übersehen. Masson fand einen Weg zu den Pariser Walewskis und bewirkte durch seine Autorität, daß die Nachkommen der »polnischen Gräfin« ihm (als erstem Historiker) eine flüchtige Durchsicht des Familienarchivs und dessen Benutzung zu wissenschaftlichen Zwecken erlaubten. Aber selbst vor Masson wurden nicht alle Archiv-Geheimnisse enthüllt. Ein Teil der Materialien, darunter bedeutende Partien der Memoiren, wurde von der Familie als »zur Publikation ungeeignet« zurückgehalten.

Als Ergebnis seiner Entdeckungen publizierte Masson 1893 eine biographische Skizze über Maria Walewska; vier Jahre später gab er sie in Buchform in der Sammlung *Napoléon et les Femmes* heraus. Leider hat es der hervorragende Napoleonforscher gleich anderen französischen Biographen der Zeit sorgfältig vermieden, genaue Quellenhinweise zu geben. Deshalb ist schwer festzustellen, was in seiner Arbeit Madame Walewskas Papieren entnommen ist und was aus anderen napoleonischen Archiven stammt, besonders weil er keine wörtlichen Formulierungen der Brief- und Memoirenautorin anführt, sondern sie durch eigene Umschreibungen ersetzt. Auch vertraute Masson allzusehr dem Gedächtnis und der Wahrheitsliebe seiner Heldin, so daß sich in die polnischen Realien seiner Skizze einige unübersehbare historische Ungenauigkeiten eingeschlichen haben, die von unseren Kennern der napoleonischen Epoche sofort aufgegriffen wurden.

Bei all ihren Fehlern und Entstellungen war Massons Skizze doch die erste umfangreichere Arbeit über Madame

Walewska, die auf eine ernstzunehmende wissenschaftliche Autorität zurückging. Man kann die Behauptung wagen, daß der berühmte französische Biograph die Frau Kammerherr aus Walewice offiziell in die Blätter der europäischen Geschichte und Literatur eingetragen hat. Massons Skizze wurde für lange Jahre die einzige autoritative Informationsquelle über die »polnische Gattin Napoleons«. Seither haben sich die Bücher über Madame Walewska vermehrt wie die Pilze nach dem Regen, aber alle Autoren dieser Biographien und Romane, Franzosen, Italiener, Deutsche, schöpfen ihr Wissen über ihre Heldin aus der knapp vierzigseitigen Skizze Massons; dieselbe Quelle benutzten auch unsere Schriftsteller Wacław Gąsiorowski und Stanisław Wasylewski, nur daß Wasylewski die französische Entdeckung mit zusätzlichen, emsig in polnischen Archiven ausgegrabenen Faktoren bereicherte.

Massons Monopol im Bereich der Information über Madame Walewska hielt sich fast ein halbes Jahrhundert. Eine grundsätzliche neue Wende in dieser Angelegenheit erfolgte erst in den Jahren 1934-1935, als zunächst in Kanada, dann in England die biographische Erzählung des Grafen Ornano mit dem Titel *Marie Walewskas Leben und Lieben* (Life and Loves of Marie Walewska)[7] erschien. Die Sensation, die das Erscheinen des Buches begleitete, verband sich vor allem mit der Person des Autors. Besonders polnische Leser haben Anspruch auf eine Erläuterung, wer dieser Autor war und unter welchen Umständen er bestimmte Materialien für seine Erzählung gesammelt hatte.

Wer sich für die neueste polnische Geschichte interessiert, weiß, daß 1919 zusammen mit der Division des Generals Haller[8] eine Gruppe französischer Offiziere in unserem Land eintraf, zu der u. a. der Hauptmann Charles de Gaulle, der spätere Präsident Frankreichs, gehörte. Aber nur wenigen Napoleon-Verehrern ist die Tatsache bekannt, daß Mitglied dieser Gruppe auch der Leutnant Guillaume d'Ornano war, ein echter Urenkel Maria Walewskas aus ihrer zweiten Ehe mit dem General (und späteren Marschall von Frankreich) Antoine Philippe Auguste d'Ornano.

Der junge französische Offizier kannte die Geschichte der Romanze seiner Urgroßmutter und interessierte sich lebhaft für diese Angelegenheit. Er besuchte mehrmals Kiernozia und Walewice, stöberte in den dortigen Archiven, bemühte sich, möglichst viel über Napoleons Aufenthalt in Polen zu erfahren, sammelte Informationen über polnische Kultur und polnische Sitten. Sein Interesse für das Vaterland seiner Urgroßmutter führte zu einem für den Urenkel unerwarteten, aber der Familientradition entsprechenden Ende: Guillaume d'Ornano verliebte sich in eine schöne Polin, Fräulein Michalska aus Trawniki bei Lublin, und nahm sie nach einer prächtigen Hochzeit mit nach Frankreich.

Guillaumes Ehe mit einer Polin belebte die Beziehungen zwischen der Familie Ornano und dem Vaterland ihrer Urgroßmutter. Ein Dutzend Jahre später besuchte Guillaumes älterer Bruder, der Literat und Historiker Graf Ornano (Philippe Antoine)[9] Polen. Auch er interessierte sich für die Erinnerungen an seine Urgroßmutter, aber beruflich. Bald nach seiner Rückkehr nach Frankreich übersandte er dem Verleger in Montreal seine Erzählung von *Marie Walewskas Leben und Lieben*.

An die Pflicht zur Diskretion nicht gebunden, gestattete der Graf Ornano sich mehr Offenheit als Frédéric Masson.

Im Vorwort zu dem Buch enthüllte er mit der Geste des

großen Herrn seinen Lesern die Fülle des Quellenmaterials, auf dem seine Arbeit basierte. Charakter und Reichtum dieser Materialien mußten auf alle früheren Biographen der »polnischen Favoritin«, die immer wieder Massons kärgliche Informationen ausgewertet hatten, schwindelerregend wirken.

Graf Ornano gibt zu verstehen, er habe im Familienarchiv auf Schloß La Branchoire nicht nur die Korrespondenz und die gekürzte Version der Memoiren (account) seiner berühmten Urgroßmutter gefunden, sondern auch »von Maria handschriftlich abgefaßte lebendige Kommentare, in denen sie gelegentlich Unterredungen und ungewöhnliche Ereignisse wiedergab«. Der Biograph klagt, diese Kommentare seien »fragmentarisch und schwer zu entziffern infolge häufig angewandter Abkürzungen«, gibt jedoch zu, sie würfen »selbst in diesem Zustand ein lebendiges Licht auf ihren (Madame Walewskas) Alltag und ebenso auf ihre Einstellung zu den aufrüttelnden Ereignissen, bei denen sie eine Rolle spielte«.

Nicht genug damit, außer über die unschätzbaren Dokumente verfügte der Autor auch über die unschätzbare Tradition. »Mein Vater war ein bereits sechzehnjähriger Junge, als sein Großvater« (der Marschall Ornano, der Mann der Walewska) »starb«, lesen wir im Vorwort. »In dieser Zeit wuchs ich selbst in engem Kontakt mit Marias beiden Schwiegertöchtern auf« (den Frauen von Alexandre Walewski und Rodolphe d'Ornano). »Das Haus, in dem ich lebte, und die Häuser, die ich besuchte, waren voller Andenken an sie. Ich lernte die Geschichte der beiden kennen, sowohl die ihre als auch, da meine Familie ihre bonapartischen Sympathien bewahrte, die seine. Das Bild, das ich gewann, war vollständig. Es fehlte ihm stellenweise an Perspektive, wie ich heute weiß – doch es gab keine Lücken . . .«

Wie schade, daß Graf Ornano sich nicht auf dieses ausschließlich durch unmittelbare Quellen gestützte Bild beschränkte. Wie schade, daß er uns in seinem Buch nicht den strengen Ton der Dokumente und Familientraditionen überlieferte und sie seinerseits nur um den persönlichen Kommentar des Urenkels ergänzte. Hätte er das getan, wäre der Fall Walewska endlich geklärt und geordnet, und die Erforscher der intimen Biographie Napoleons wären ein für allemal von quälenden Rätseln befreit worden.

Doch es geschah anders. Den Entdecker des Familienarchivs auf Schloß La Branchoire rissen historisch-literarische Ambitionen mit fort. Die bescheidene Rolle des redlich forschenden Biographen genügte ihm nicht. Er entschloß sich, über seine Urgroßmutter eine romantische literarische Epopöe auf breitem historischem Hintergrund zu schreiben. »In vielen Teilen Europas«, verkündet er im Vorwort, »habe ich mit der Genauigkeit des Historikers alle öffentlichen Archive und privaten Papiere durchsucht, die irgendeine nützliche Information enthalten könnten. Mit diesen historischen und familiären Berichten gewissermaßen bewaffnet, habe ich die Gegenden, die sie liebte, und die Orte, an denen sie lebte und wirkte, erforscht. Nachdem ich mich so mühevoll für meine Aufgabe vorbereitet habe, wage ich es jetzt, das Leben jener außerordentlichen Frau darzustellen, die meine Urgroßmutter war.«

Der Verfasser dieses vielversprechenden Vorworts hat leider das Examen als historischer Forscher nicht bestanden. Die von ihm auf Reisen durch Polen, Deutschland und Italien gesammelten Materialien erweisen sich in erheblichem Umfang als ungenau oder gar konfus. Auch sein kritischer Sinn bei der Bewertung der Familiendokumente genügt nicht. Schon aus Massons Arbeit konnte man schließen, daß Maria Walewskas Memoiren (geschrieben für ihre Söhne, mit deutlicher Absicht, sich zu rehabilitieren) ihre Romanze mit Napoleon etwas idealisierten, indem sie in ihr besonders die patriotischen und politischen Momente hervorhoben. Der Urenkel und Biograph ging in seinem hagiographischen Eifer noch weiter. Er übersteigerte ihre politisch-historische Rolle so, daß er aus der kaiserlichen Favoritin beinahe eine über das Schicksal des napoleonischen Polens entscheidende Gestalt machte. Zu allem Übel gab er seiner Biographie die Form eines Romans und verwischte damit völlig die Grenze zwischen dokumentarischer Wahrheit und literarischer Fiktion. Im Endergebnis hat das Buch des Grafen Ornano den Fall Maria Walewska, statt ihn zu klären, noch mehr verwirrt.

Nur in einer Hinsicht hat Ornano nicht das Ziel verfehlt. Seine mit exotischem polnischem Folklore reichuntermalte Romanbiographie interessierte die Filmleute. Nicht lange nach dem Erscheinen seines Buches entstand, aus diesem abgeleitet, das Drehbuch zu dem ersten Film über Napoleons polnische Romanze (bei der Abfassung des Drehbuchs wurde auch die englische Übersetzung von Wacław Gąsiorowskis Roman *Maria Walewska* benutzt). Der 1937 produzierte amerikanische Superfilm mit Greta Garbo in der Hauptrolle machte Madame Walewskas Gestalt und Geschichte dem Millionenheer der Filmfreunde in aller Welt bekannt.

Doch der Erfolg des Films bewahrte ihren Biographen und Urenkel nicht vor der Kritik der in ihren Hoffnungen enttäuschten Napoleon-Verehrer. Am gründlichsten setzte sich der polnische Historiker Marian Kukiel mit dem Buch *Maria Walewskas Leben und Lieben* auseinander. In zwei umfangreichen polemischen Skizzen *Maria Walewskas märchenhaftes Leben* (1937) sowie *Wahrheit und Märchen über Madame Walewska* (1957) stieß Kukiel viele falsche Behauptungen des Grafen Ornano um und brachte durch seine redliche Analyse aller bislang veröffentlichten Quellen eine gewisse Ordnung in das Gesamtgefüge des Wissens um Madame Walewska.

Neue interessante Einzelheiten aus der romantischen Biographie der Frau Kammerherr enthüllte Adam Mauersbergers Arbeit *Maria Walewska*, die im März 1938 in dem Monatsblatt *Ateneum* erschien. Mauersberger präzisierte das Geburtsdatum der Walewska, außerdem gelang es ihm, zu den Akten des erzbischöflichen Konsistorialgerichts in Warschau vorzustoßen und mit deren Hilfe den Scheidungsprozeß zwischen Maria und ihrem ersten Mann, dem Kammerherrn Anastazy Walewski, zu rekonstruieren.

Die letzte Entdeckung wurde vor wenigen Jahren gemacht. Der Kunsthistoriker Kosakiewicz fand in den Pfarreiakten von Kiernozia ein jeden Zweifel beseitigendes Dokument (bisher gab es darüber nur Legenden), wonach Madame Walewskas Leiche am 15. Dezember 1817 im Familiengrab des Grafen Ornano auf dem Friedhof Père-Lachaise in Paris beigesetzt, im Jahre 1818, entsprechend dem letzten Willen der Verstorbenen, nach Polen überführt und in den Krypten unter der Pfarrkirche von Kiernozia bestattet wurde.[10] Zum Abschluß dieser langen Liste des Quellenmaterials möchte ich noch meine eigenen (leider mißglückten) Versuche, die Geheimnisse um Maria Walewska zu lüften, anführen.

1962 wandte ich mich beruflich an den Autor des Buches *The Life and Loves of Maria Walewska* – in der Hoffnung, auf diesem Wege nähere Informationen über den Inhalt des Familienarchivs auf Schloß La Branchoire zu erhalten. Weil ich die genaue Adresse des Grafen Ornano nicht kannte, schickte ich den Brief an ständig in Frankreich wohnende Bekannte mit der Bitte, ihn dem Adressaten zuzustellen. Nach einiger Zeit sandte man mir den Brief mit der Mitteilung zurück, Philippe Graf Ornano sei vor kurzem verstorben.

Durch den ersten Mißerfolg nicht abgeschreckt, erneuerte ich ein Jahr später den Versuch, mit Madame Walewskas Nachkommen Kontakt aufzunehmen. Ich erfuhr durch Zufall, daß der Neffe des verstorbenen Autors, Hubert d'Ornano, getreu der Familientradition die Absicht habe, die Polin Izabela Potocka zu heiraten. Bekannte meiner Bekannten sollten bei der französisch-polnischen Vermählung anwesend sein. Ich bat sie, bei dieser Gelegenheit den derzeitigen Senior des Geschlechts Ornano zu fragen, ob ein Biograph aus Polen Zutritt zu gewissen Archivalien auf Schloß La Branchoire erhalten könne. Das Gespräch fand statt, aber mit kläglichem Ergebnis. Die Eigentümer des Familienarchivs fertigten meine Mittelsmänner mit derselben Antwort ab, mit der sie zuvor schon viele Neugierige abgefertigt hatten. »Alles, was zur Publikation bestimmt war, ist in dem Buch des Grafen Ornano enthalten«, erklärte man höflich, aber entschieden dem Bekannten meiner Bekannten.

Zum dritten Mal leuchtete mir das trügerische Licht der Hoffnung auf Entdeckungen im Jahre 1965, als ich Material für mein Buch *Kozietulski und andere* sammelte. Auf den Spuren des Helden von Somosierra gelangte ich nach Nieboów[11], um bei dem verdienten Kustos des dortigen Museums, Dozent Dr. Jan Wegner, dem Autor des grundlegenden Werkes *Napoleon in Łowicz*, Erkundigungen einzuziehen. Im Gespräch über verschiedene, mit Łowicz verbundene polnische Napoleon-Andenken erwähnte Dr. Wegner nebenbei, er sei 1938 bei der Durchsicht von Handschriften in der nicht mehr existierenden Przeździecki-Bibliothek in Warschau auf ein recht umfangreiches Manuskript mit dem Titel *Maria Walewskas Memoiren* gestoßen. Da er damals mit einer anderen Arbeit beschäftigt war, untersuchte er das Manuskript nicht genauer, sondern legte es für später beiseite. Aber in Polen darf man nichts für später beseite legen. 1939 brach der Krieg aus, und die Przeździecki-Bibliothek in der Foksal-Straße verbrannte mit dem größten Teil ihrer Sammlungen.

Die verblüffende Nachricht von der Existenz einer dritten Version der Memoiren erregte mich ungeheuer. Mir schien, als wäre ich auf dem besten Wege, die Geheimnisse der schönen Frau Kammerherr zu enthüllen. Die Konzeption, die ich mir machte, trug alle Züge der Wahrscheinlichkeit. Maria Walewska hatte ihre Memoiren hauptsächlich für ihre Söhne geschrieben, deren sie drei besaß. Alexandre Walewski und Rodolphe d'Ornano wohnten in Frankreich, ihr erster Sohn dagegen, Antoni Walewski, der Sohn aus ihrer Ehe mit dem alten Kammerherrn, lebte bis zu seinem Tode in Polen; es konnte also ein drittes, von ihm hinterlassenes polnisches Exemplar der Memoiren geben. Man mußte es nur finden. Wochenlang jagte ich hinter den Leuten her, die vor dem Kriege etwas mit der Przeździecki-Bibliothek zu tun hatten, und quälte sie mit Fragen über die geheimnisvolle Handschrift, konnte aber nichts erfahren.

Aller Wahrscheinlichkeit nach ist das Manuskript zusammen mit der Bibliothek verbrannt.

Nach dem dritten Mißerfolg gab ich die selbständige Suche auf und beschloß, mich ganz auf die bereits durch andere entdeckten biographischen Materialien zu konzentrieren. Angespornt von meinen Lesern, versuche ich hiermit noch einmal, diese Materialien einer kritischen Analyse zu unterziehen und in ihnen die Wahrheit von der Legende zu scheiden.

II

Das also ist Kiernozia, ein Ort halb Dorf, halb Kleinstadt, in der Nähe von Łowicz. Ein grüner Marktplatz, ein Dutzend alter, schadhafter Häuser, das frische Rot neuer Gebäude. Neben dem Marktplatz die Kirche mit dem spitzen Turm. Weiter ein weißes, klassizistisches Schlößchen, in dem mit Mutter und Geschwistern Maria Łączyńska, die spätere Frau Kammerherr Walewska, wohnte. Ich glaube, seit den Zeiten der Łączyńskis hat sich an dem Gesamtpanorama des Städtchens nicht viel geändert. In den Einzelheiten haben sich jedoch manche Änderungen ergeben. In dem weißen Schlößchen ist jetzt die Ambulanz untergebracht. Am Rande des früheren Gutsparks hat man eine schöne Tausendjahrfeier-Schule[12] erbaut. Die Schüler pflegen sorgsam »Frau Walewskas Park«, Herr Stefan Czarnecki, Zahnarzt der Ambulanz und zugleich »Wohlfahrtspfleger für Park und Schloß«, hat weitreichende Pläne zur Ausnutzung der örtlichen Gedenkstätten für eine Belebung des Fremdenverkehrs. Die ältesten Einwohner von Kiernozia erzählen sich von den Ahnen überkommene Geschichten. Sie fabeln, der Oberbefehlshaber Kościuszko[13] habe des öfteren die Łączyńskis besucht, einmal sei der »Kaiser Napoljon« selbst auf einem Schimmel durch den Park geritten und habe Goldstücke unter die Menge geworfen. Aus den Fingern gesogene Legenden, denn bestimmt hat Napoleon und höchstwahrscheinlich auch Kościuszko Kiernozia nie gesehen. Doch genaugenommen weiß man überhaupt nicht, was von den Geschichten des Dorfes wahr und was ausgedacht ist, besonders in bezug auf die früheren Bewohner des weißen Schlößchens.

In den Jahren 1803-1805 – und mit dieser Zeit muß man die eigentliche Erzählung über Madame Walewska beginnen – lebte Marias Vater, Herr Maciej Łączyński mit dem Wappen Nałęcz, Erbherr auf Kiernozia und Starost von Gostyń, nicht mehr. Das Gut bewirtschaftete seine energische Witwe, Frau Ewa Łączyńska geb. Zaborowska, Mutter eines ganzen Haufens von Kindern. 1938 fand Adam Mauersberger den Index der Taufakte (die Taufbücher selbst gibt es nicht mehr) und stellte zum ersten Mal wenigstens teilweise die Personalien aller jungen Łączyńskis fest. Es waren sieben: 1) Benedykt Józef, 2) Hieronim, 3) Teodor, 4) Maria, 5) Honorata, 6) Katarzyna, 7) Urszula Teresa.

Über Marias Schwestern sind in den historischen Quellen nur zwei Nachrichten erhalten. In französischen Memoiren und amtlichen Dokumenten ist aufgezeichnet, daß eine der Schwestern Maria auf ihrer Expedition nach Elba 1814 begleitete. Aus den in Uruskis *Wappenbuch des polnischen Adels* enthaltenen Informationen und aus der Familienkorrespondenz geht hervor, daß es sich bei dieser Schwester um die 1794 geborene Antonina Katarzyna Łączyńska, in erster Ehe verheiratete Lasocka, in zweiter Ehe verheiratete Radwanowa, in dritter Ehe verheiratete Frau General Rychłowska[14], handelte. Von der zweiten Schwester, Honorata, ist lediglich bekannt, daß sie einen Grafen Ledóchowski heiratete und Maria überlebte, denn ihre Unterschrift erscheint auf dem Familienbrief, der am 27. Januar 1818 wegen der Überführung der Leiche Madame Walewskas von Paris nach Polen an das französische Innenministerium gerichtet wurde (diesen Brief hat der französische Forscher Pierre Riberette zum ersten Mal in der *Revue d l'Institut Napoléon* vom Januar 1969 publiziert). Über die dritte

Schwester, Urszula Teresa, findet sich in den Wappenbüchern keine Notiz, man muß also vermuten, daß sie gestorben ist, bevor sie erwachsen wurde.

Zusammen mit der Schwester Urszula Teresa ist Marias mittlerer Bruder Hieronim im Abgrund der Zeiten verschwunden. Dagegen sind allerlei Informationen über die Tätigkeit ihrer übrigen Brüder erhalten: Benedykt Józef, neun Jahre älter als Maria, und Teodor Józef Marcin, ein Jahr älter als sie. Diese beiden Brüder waren Offiziere und beeinflußten die Gestaltung des Schicksals ihrer Schwester nachhaltig, aber alle Versuche, ihren individuellen Anteil an diesem Einfluß festzustellen, sind von vornherein zum Mißerfolg verurteilt, weil die Lebensläufe der beiden jungen Łączyński so verflochten und vermischt worden sind, daß allein dies schon als Thema für einen Sensationsroman genügen würde.

Fast in allen biographischen Werken über Madame Walewska tritt Marias »einziger Bruder« auf, der Oberst Teodor Łączyński. Aber dieser Teodor aus den Büchern ist eine synthetische Gestalt: in ihm sind seine eigenen biographischen Elemente verschmolzen mit den Fakten aus dem Lebenslauf seines älteren Bruders. (Wacław Gąsiorowski, der Autor des Romans *Frau Walewska*, muß sich über die Vermischung zweier historischer Gestalten klar gewesen sein, denn er distanziert sich völlig von ihnen, indem er dem Bruder seiner Heldin den erdachten Vornamen Paweł verleiht.) Ich vermute, vor Mauersbergers Entdeckung des Taufbuchindex wußten Biographen und Historiker überhaupt nicht, daß Benedykt Józef Łączyński, immerhin ein sehr bekannter Offizier des Herzogtums Warschau, ein Bruder der kaiserlichen Favoritin war. Selbst Szymon Askenazy, ein ausgezeichneter Kenner der napoleonischen Epoche, hält den älteren Łączyński für einen »nahen Verwandten der Walewska«.

Die Haupturheberin dieser biographischen Verwirrung war wahrscheinlich Maria Walewska selbst. Dem Buch des Grafen Ornano kann man entnehmen, daß sein Autor bei der Durchsicht der Papiere seiner Urgroßmutter kein einziges Mal auf den Vornamen ihres ältesten Bruders gestoßen ist. Alles spricht dafür, daß Maria in Memoiren und Briefen ausschließlich von Teodor schrieb, als hätte Benedykt Józef nicht existiert. Kein Wunder, daß ihre Biographen denselben Weg gingen.

Was konnte Maria dazu bringen, ihren nächsten Verwandten, einen Menschen, der viele Jahre lang Vaterstelle bei ihr vertreten hatte, bewußt aus ihrer Biographie zu eliminieren? Benedykt Józef gehörte nicht zu denjenigen Verwandten, die man lieber im Schatten beläßt. Er war ein tüchtiger Soldat noch aus der Zeit Kościuszkos, Offizier der Legionen, Kommandeur des berühmten Reiterregiments des Herzogtums Warschau, schließlich General. Angeblich machten kriegerische Verdienste auf die Walewska besonders starken Eindruck. Wenn sie sich also entschloß, den verdienten Bruder aus ihrem Leben zu streichen, muß sich dahinter ein Drama verbergen.

Aus den von den Historikern untersuchten Dokumenten geht hervor, daß entgegen den Zeugnissen der Biographen nicht Teodor, sondern gerade Benedykt Józef die entscheidende Rolle in den wichtigsten Augenblicken des Lebens seiner Schwester spielte. Er zwang sie zur Vermählung mit dem alten Kammerherrn Walewski, er war später Kronzeuge in dem Scheidungsprozeß, er war es aller Wahrscheinlichkeit nach, der sie 1807 in Napoleons Quartier Fincken-stein brachte. Schon die Umstände, unter denen man Maria zur Trauung führte (ich werde sie später beschreiben), be-rechtigen zu der Annahme, daß der Despotismus des ältesten Bruders in ihr einen tiefen Groll hervorgerufen haben könn-te, einen Groll, der das Verhältnis der Geschwister für immer belastete. Gut möglich, daß Maria, nachdem sie von der Herrschaft des häuslichen Tyrannen befreit war, sich an ihm rächte, indem sie ihn aus ihrem Gedächtnis und aus ihren Erinnerungen verbannte.

Zum Verlust der Erinnerung an den General Benedykt Józef Łączyński muß auch die Tatsache beigetragen haben, daß der Oberst Teodor Józef Marcin Łączyński seinen älte-ren Bruder um mehr als zwanzig Jahre überlebte. Ich weiß aus eigener Erfahrung gut, daß man Brüder, die denselben Beruf ausüben, leicht durcheinanderbringt. So war es zwei-fellos mit den beiden Offizieren Łączyński. Als der ältere von ihnen kinderlos und fern der Heimat starb, übernahm der jüngere unwillkürlich nicht nur das materielle Erbe des Ver-storbenen, sondern auch seine Biographie. Man weiß nicht einmal, ob ganz unwillkürlich. Der Oberst der französischen Armee Teodor Łączyński diente entgegen den Meinungen der meisten Walewska-Biographen nie im polnischen Heer, und seine Stellung als Adjutant bei dem Großhofmarschall Duroc bot ihm wenig Gelegenheit, sich durch Tapferkeit im Kampf auszuzeichnen. Vielleicht hatte er also nichts dagegen, daß die kriegerischen Verdienste seines Bruders auf sein Konto übertragen wurden, besonders die aus der Zeit der Legionen. In der von späteren Łączyński-Generationen übernommenen Tradition verwischten sich die Unterschiede zwischen den beiden Offiziersbrüdern immer mehr, schließlich wurden sie zu einer Person. Davon zeugt das in dem bekannten Bildband *Napoleon* von Ernest Łuniński reproduzierte Porträt. Es stellt einen jungen Mann in der Uniform eines Hauptmanns des 3. Bataillons der Ersten Italienischen Legion dar. Der Hauptmann sieht gut aus, macht aber keinen sympathischen Eindruck. Sein Gesicht ist leicht gedunsen, die Augen düster, der Mund sinnlich, der Unterkiefer schwer und stark. Man sieht sogleich, daß dieser junge Mann zu Lebzeiten sehr herrisch war und nicht mochte, wenn sich jemand seinem Willen widersetzte. Die Abbildung ist mit einer überraschenden Unterschrift versehen: »Teodor Józef Łączyński 1786-1842. Porträt aus Familienbesitz.« Es folgt eine kurze Information, die auf höchst seltsame Weise persönliche Daten beider Brüder vermischt. Die Reproduktion des Porträts und die Information hatte der Herausgeber des Bildbandes von Teodors Nachkommen erhalten. Trotzdem ist die Information falsch. Das Porträt stellt nicht Teodor, sondern Benedykt Józef Łączyński dar, denn gerade er wurde 1798 Hauptmann des 3. Bataillons der Ersten Italienischen Legion; Teodor war damals zwölf Jahre alt.

Nie werden wir genau erfahren, welche Schuld der ältere Łączyński gegenüber der Familie auf sich geladen hat. Aber er wurde mitleidlos bestraft. Sein Vorname wurde aus der Familienchronik getilgt, sogar sein Gesicht hat man ihm genommen. Eine einzige dauerhafte Spur ist von ihm geblieben, das Grab bei Salzbrunn in Niederschlesien. Als ich 1945 zum ersten Mal die wiedergewonnenen Gebiete bereiste, entdeckte ich dieses Grab eines Polen aus der napoleonischen Epoche und beschrieb es in einem der Warschauer Wochenblätter. Bei dieser Gelegenheit erforschte ich die Umstände von Benedykt Józefs Tod, obwohl ich noch nicht wußte, daß es sich um Maria Walewskas Bruder handelte. Wie sich herausstellte, geriet der Brigadegeneral Benedykt Józef Łączyński in der Schlußphase der napoleonischen Ära, in der Schlacht bei Fère Champenoise am 22. März 1814 in preußische Gefangenschaft. Drei Jahre später, als er an der Spitze der letzten Gruppe polnischer Soldaten Ende 1817 (genau zu derselben Zeit, da Maria Walewska in Paris starb) in die Heimat zurückkehrte, erkrankte er in Breslau schwer an einer Lungenentzündung und lag länger als ein Jahr in den dortigen Spitälern. Dann schickte man ihn in den Kurort Salzbrunn (heute Szczawno-Zdrój), wo er 1820 starb.

Vor kurzem sandte mir Frau Amelia Łączyńska aus Posen eine genaue Beschreibung des Grabsteines ihres Verwandten auf dem Friedhof bei Salzbrunn. Hier der volle Text des Epitaphs des ältesten Bruders von Madame Walewska:

BENEDYKT JÓZEF ŁĄCZYNSKI

Brigadegeneral des Polnischen Heeres
Ritter des Polnischen Militärkreuzes
Offizier der Ehrenlegion
Kommandeur des Ordens Beider Sizilien
Gestorben während der Kur in Salzbrunn
am 7. August 1820
43 Jahre alt
Führt ein Geschick einen Polen an diesen Ort,
Vergieße er eine empfindsame Träne am Grabe
des Landsmanns,
Der Tugend und Vaterlandsliebe in die Herzen pflanzte
und dessen dabei zerrüttete Kräfte sich hier
nicht erholten.

Soviel zunächst über Marias Brüder – es wird Zeit, daß wir uns mit ihr selbst beschäftigen. Die älteste Tochter des Ehepaares Łączyński wurde am 7. Dezember 1786 in Brodne bei Kiernozia geboren[15]. Ihre äußeren Vorzüge fanden recht früh enthusiastische Lobredner. Der berühmte Schriftsteller und Nationalökonom Fryderyk Skarbek, der als kleiner Junge oft mit seiner Mutter bei den Nachbarn in Kiernozia weilte, bekennt in seinen Memoiren, die »seltene Schönheit« und »unsagbar reizvolle Anmut« der damals vierzehnjährigen Maria Łączyńska seien ihm für immer im Gedächtnis geblieben. Eine andere Memoirenautorin, Anetka Potocka geb. Tyszkiewicz, eine entschieden boshafte und Maria nicht geneigte Person, zeichnet mit ähnlich schmeichelhaften Worten ihr Porträt aus etwas späterer Zeit: »Sehr hübsch, verkörperte den Schönheitstypus aus den Bildern von Greuze. Sie hatte wundervolle Augen, Lippen, Zähne. Ihr Lachen war so frisch, ihr Blick so sanft, ihr Gesicht bildete ein so anziehendes Ganzes, daß die Mängel übersehen wurden, die nicht gestatteten, ihre Züge als klassisch zu bezeichnen.«

Die Urteile der Memoirenschreiber über Marias innere Werte waren schon nicht so einhellig. Constant, Napoleons Kammerdiener, begeistert sich für ihre »glänzende Edukation«, Anetka Potocka indessen bezeichnet sie kurz als »geistig unbedeutend«. Aus den von späteren Forschern zusammengetragenen dokumentarischen Bruchstücken geht hervor, daß die Erziehung des Fräuleins Łączyńska weder schlechter noch besser war als die anderer Adelstöchter aus sogenanntem gutem Hause. Das Mädchen lernte Französisch und Deutsch, Musik und Tanzen. Wenn an dieser Ausbildung etwas Besonderes war, so nur dies, daß sie angeblich von dem ehemaligen Hauslehrer der älteren Łączyńskis, von Nicholas

Chopin, geleitet wurde, dem künftigen Vater des großen Frédéric.

Zur Vervollständigung der häuslichen Erziehung schickte man Maria nach Warschau in ein Klosterpensionat. Die Wahl der Schule sollte sich nach den natürlichen Neigungen der Schülerin richten. Masson schloß aus ihren Memoiren, sie habe »nur zwei Leidenschaften im Herzen gehabt: die Religion und das Vaterland ... Dies waren die beiden einzigen Triebfedern ihres Lebens«. Doch sie blieb nicht lange im Kloster. Von der Mutter Oberin überredet, holte Frau Łączyńska ihre Tochter zurück nach Hause. Graf Ornano suggeriert, der Grund, weshalb seine Urgroßmutter das Kloster verlassen habe, sei gewesen, daß ihre »politisch-patriotischen Interessen« stärker waren als die religiöse Berufung. Sie kehrte also heim, »nicht sehr gebildet, doch völlig unschuldig«, faßt Masson befriedigt zusammen.

Als Maria nach Kiernozia zurückkehrte, war sie nicht ganz sechzehn Jahre alt, aber trotz dieser Jugendlichkeit begannen sofort die Bemühungen um ihre Hand. Freier gab es gewiß viele, doch Masson und Ornano erwähnen besonders einen, der in den Memoiren am intensivsten beschrieben wird. Es »ist ein charmanter junger Herr mit vielen Vorzügen, der ihr auf den ersten Blick gefällt. Er ist außergewöhnlich reich, aus gutem Hause, bildschön, aber – er ist Russe, Sohn eines der Generäle, die Polen so hart unterdrückten«. Es kam nicht in Frage, daß Maria ihn heiratete, denn, wie Masson schreibt, »um die immer Sanftmütige aus dem Gleichgewicht zu bringen, brauchte man ihr nur zu sagen, daß sie einen Russen oder einen Preußen, einen Feind ihres Volkes, einen Schismatiker oder einen Protestanten, heiraten würde«.

Unmittelbar nach der Ablehnung des Ausländers erschien ein zweiter Bewerber auf der Bildfläche, der dickste Fisch der ganzen Gegend, der reiche, aristokratische Erbherr des nahen Gutes Walewice, der Kammerherr Anastazy Colonna-Walewski, Starost von Warka. Und er siegte, obwohl er genau viermal so alt war wie die arme Marysia.

Die Situation des Fräuleins Łączyńska in dem Zeitraum vor der Ehe mit Walewski wird anschaulich wiedergegeben in der Korrespondenz mit ihrer Freundin Elżunia[16], die in Graf Ornanos Buch angeführt ist. Die strengsten Kritiker ihres Urenkels und Biographen stellen die Echtheit der von ihm zitierten Briefe nicht in Frage, trotzdem ergeben sich – das wird sich noch zeigen – mit dieser Korrespondenz allerlei Schwierigkeiten.

Vor allem muß man die Adressatin dieser Briefe selbst dechiffrieren, diese Elżunia. Bei der Durchsicht der Walewska-Memoiren hat Masson versucht, sie als jene Freundin zu identifizieren, die ihr 1807 besonders nachdrücklich zuredete, sich Napoleon zu ergeben oder besser hinzugeben. Im Zusammenhang damit schreibt der französische Gelehrte in einer Fußnote zu seiner Arbeit: »Die Dokumente, die ich eingesehen habe, nennen nicht genau den Nachnamen dieser jungen Frau, aber ich nehme an, daß es sich um Madame Abramowicz handelt, die 1812, als Napoleon nach Wilna kam, beauftragt wurde, ihm die Damen der Gesellschaft vorzustellen. 1807 in Warschau ... war Madame Abramowicz mit Madame Walewska sehr verbunden ...«

Massons Hypothese scheint richtig, mit dem kleinen Vorbehalt jedoch, daß Frau Abramowicz 1807 noch Cichocka hieß.

Ornano griff den behutsamen Vorschlag seines Vorgängers

sogleich auf und baute ihn mit dem ihm eigenen literarischen Schwung aus. Ohne Zögern setzte er die Freundin Elżunia aus dem Jahr 1804 mit der Freundin Abramowiczowa (oder richtiger Cichocka) aus dem Jahr 1807 gleich und änderte bei dieser Gelegenheit den Vornamen der zweiten aus Emilia in Elżunia. Nicht genug damit: um die Handlung seiner biographischen Erzählung zu beleben, führte er für diese »Elżunia Abramowiczowa« auch einen Mann ein. Der 1804 von Ornano mobilisierte »Herr Abramowicz« hält sich mit Elżunia in Paris auf und entfaltet dort eine vielseitige Tätigkeit mit dem Ziel, Maria Łączyńska nach Frankreich zu holen. Das aber ist völlig erdacht, denn Emilia Bachmińska, in erster Ehe verheiratete Szymanowska, in zweiter Ehe verheiratete Cichocka, in dritter Ehe verheiratete Abramowiczowa, die »berühmte Schönheit unter dem Blechdach«[17], die Freundin Fürst Józef Poniatowskis und Vertraute der Madame de Vauban, lernte ihren dritten Mann erst 1810 kennen und war im Jahre 1804 noch die Frau des Generals Michał Cichocki. Abramowicz, zwölf Jahre jünger als sie, studierte damals gewiß noch in einem Wilnaer Konvikt und dachte nicht im entferntesten daran, sich um die Angelegenheiten eines unbekannten Fräuleins aus Kiernozia zu kümmern.

Es gibt übrigens noch einen anderen Beweis, der dafür spricht, daß Emilia Cichocka, die alternde »Schönheit unter dem Blechdach«, nicht die Adressatin der Briefe aus dem Jahr 1804 war, sondern erst drei Jahre später in Marias Leben eintrat. In einem (bei Ornano ebenfalls angeführten) Brief an ihre Mutter aus dem Jahre 1807 nennt Maria nebeneinander ihre beiden damaligen Freundinnen Elżunia und Emilia. Deshalb scheint Prof. Kukiels Vermutung zutreffend, die geheimnisvolle Elżunia sei eher Izabela-Elżbieta Sobolewska gewesen, die natürliche Tochter König Stanisław August Poniatowskis und der Frau Grabowska, eine junge, sehr schöne und zudem wegen der Vorzüge ihres Charakters berühmte Person. Alle diese Eigenschaften entsprechen genau der Silhouette, die sich aus der Korrespondenz ergibt.

III

Einige Monate vor ihrer Hochzeit schrieb Marysia Łąc-zyńska an die damals mit ihrem Mann in Paris weilende Freundin (ich zitiere nach dem Buch des Grafen Ornano *The Life and Loves of Marie Walewska*):

Kiernozia, den 2. November 1804

Meine liebe Elżunia!

Es ist jetzt fast drei Monate her, seit Du mich verlassen hast, und ich habe nur zweimal von Dir gehört. Sind einige meiner Briefe verlorengegangen? Ich habe fast jede Woche geschrieben. Eigentlich sollte ich nicht schon wieder schreiben, aber ich fühle mich so seltsam erschüttert, und vieles ist geschehen, von dem ich Dir berichten muß.

Liebste, glaubst Du an böse Vorzeichen? Ich bemühe mich, nicht daran zu glauben, weil es kindisch ist, aber ich habe so viele traurige Träume und melancholische Stunden gehabt, daß ich ein bißchen abergläubisch geworden bin.

Ich habe heute mit meiner Mutter darüber gesprochen, ob ich Euch in Paris besuchen solle, aber sie wirkte recht ablehnend. Einmal unterbrach sie mich und sagte: »Ich glaube, dein Bruder ist nicht sehr erfreut über die Reise, die du vorhast, besonders weil du dich dazu entschlossen hast, ohne ihn vorher zu fragen. Du solltest verstehen, daß du jetzt seine Weisungen einholen mußt, genauso wie die deines Vaters, als dieser noch lebte.« Das brachte mich fast zum Weinen. Ich antwortete: »So hast du ja noch nie mit mir geredet. Was ist geschehen?« Sie fuhr fort: »Teodor« (?! – M. B.) »würde es nicht gern sehen, wenn du das Risiko eingingest, irgendeinen Franzosen zu heiraten, und damit hat er recht.« Oh, wie mein

39

Herz schlug! »Wenn Kinder sich von ihren Gefühlen hinreißen lassen, wissen sie oft nicht, was gut für sie ist«, erklärte sie. »Ihre Eltern, die mehr Erfahrung besitzen, können besser für ihr Glück sorgen.« Ich sagte impulsiv: »Nicht Teodor ist es, der mich hindert, nach Paris zu fahren, aus Furcht, ich könnte einen Franzosen heiraten, du bist es, die wünscht, daß ich irgendeinen Polen deiner Wahl heirate, ob ich ihn liebe oder nicht.«

Diese Szene spielte sich in der kleinen grünen Bibliothek ab. Plötzlich hörten wir eine Kutsche vorfahren. Ein ungewöhnlicher Besucher, meine Liebe! Niemand anders als die Gräfin Vauban selbst. Sie erklärte, sie habe eine leichte Besserung ihres Gesundheitszustandes benutzt, um die Gastfreundschaft des Starosten Walewski für ein paar Tage in Anspruch zu nehmen und um ein paar Besuche in der Nachbarschaft zu machen. Jeder besuche sie, sagte sie, doch sie mache nur selten Gegenbesuch.

Aber das ist nicht alles. Nach kurzer Zeit versuchte ich hinauszugehen, doch meine Mutter hielt mich mit strengen Worten zurück. Dann richteten sich die kleinen, stechenden Augen in dem dunklen, schmalen Gesicht dieser ruhelosen Frau spöttisch auf mich. Sie fragte mich, warum ich geweint habe, und in meinem Zorn erzählte ich ihr die ganze Geschichte von Deiner Einladung und Mutters Ablehnung. Ich sagte ihr sogar, meine Mutter hätte sich in den Kopf gesetzt, mich zu verheiraten, um mich los zu sein. »Ich werde nie jemanden heiraten, den ich nicht liebe«, sagte ich.

Mutter rief aus, ich sei eine dumme Gans, ich sei es immer gewesen, sie schäme sich meiner. Doch Madame de Vauban bemerkte nur, sie wundere sich darüber, daß in manchen Familien Liebe etwas Verbotenes zu sein scheine. »Wissen Sie nicht«, fuhr sie hochtrabend fort, »daß der Wunsch nach Liebe eine der Hauptursachen der Revolution in Frankreich war?« Mutter lachte etwas spöttisch, und das brachte die würdige Dame auf. »Sie brauchen nicht so zu lachen«, sagte sie. »Sicher wissen Sie etwas von Ihrer Landsmännin, der Frau Ludwigs XV. – Gott sei ihrer Seele gnädig! Sie haben keine Ahnung, wie oft ich sie in Tränen erblickt habe, wenn ich bei Hofe war. Und sind Sie so weit hinter der Zeit zurück, daß Sie nicht ... gelesen haben?« Sie nannte einige Namen, darunter den von Jean-Jacques Rousseau. Meine Mutter antwortete hitzig: »Wir Łączyńskis gehören nicht zu den königlichen Geschlechtern. Außerdem sollte man die Namen Ihrer großen Philosophen nicht in Gegenwart eines sechzehnjährigen[18] Mädchens nennen.« – »Da stimme ich Ihnen zu«, sagte Madame de Vauban, und sie lächelte, während sie an ihrem Riechsalzfläschchen roch, »doch jung wie sie ist, kann sie viel Wertvolles von mir lernen, wenn ich ihr erzähle, daß Könige, die aus politischen Gründen lieblose und vertriebene Königinnen heirateten, und große Herren und kirchliche Würdenträger, die kein Herz hatten für das einfache Volk, die wichtigste Ursache für Frankreichs Unglück waren. Darüber hinaus«, schloß sie, »hat niemand das Recht, in ein Liebesverhältnis einzugreifen, und wer Liebe ablehnt, bezahlt dafür einen Preis. Sie ist ein zu wertvolles Geschenk, als daß man damit spielen dürfte.« Du kannst Dir vorstellen, wie emphatisch das alles gesagt wurde. Ich mag diese Madame de Vauban trotz allem, was die Leute über sie sagen, und wundere mich nicht, daß auch Du sie magst.

Dieses Gespräch über die Liebe weckte in mir die Sehnsucht nach Dir, ich ging ans Fenster und blickte hinaus. Der Winter kommt; die Winde wehen heftig; und das Land ist so

kahl (wie glücklich ist Deine Familie, den Winter in Warschau zu verbringen!). Ich habe noch kein Jahr wie dieses
erlebt. Täglich kommen Leute ins Haus, fragen nach dem
Weg oder bitten um Essen. Einige von ihnen sind Bauern,
denen man ihr Land weggenommen und sie somit gezwungen
hat, ihren Lebensunterhalt auf der Wanderschaft zu suchen;
manche sind sogar Priester, mittellos und elend. Ferner gibt
es hier auch Agenten des Generals Dąbrowski, die ständig
auf der Suche sind nach Rekruten für die französische Armee.
Ich habe für sie alle gebetet, besonders für jene, die für Frankreich arbeiten. Eines Tages wird der große Kaiser (oh, wie
glücklich würde es mich machen, ihn zu sehen!) sich an die
Ausdauer der Polnischen Legionen erinnern und wird, da bin
ich sicher, seinen Einfluß geltend machen, um diesem fürchterlichen Zustand ein Ende zu bereiten.

Madame de Vauban unterbrach meine Träumerei. »Komm,
du Kleine mit den traurigen Augen«, sagte sie, »zeige uns,
daß du es verdienst, verliebt zu sein.« Weil ich keine neue
Auseinandersetzung beginnen wollte, bat ich, mich zu entschuldigen, da ich Kopfschmerzen hätte und mich hinlegen
und ausruhen wolle. Der wirkliche Grund aber war, daß
Madame de Vaubans Gatte gerade eintraf, begleitet von Walewski ... Ich habe Dir schon von ihm geschrieben und kann
nur hinzufügen, daß er mich fortwährend mit seinen Auf-
merksamkeiten langweilt. Ich habe schon genug von ihm,
wenn wir in Warschau sind.

Deshalb ging ich in mein Zimmer und begann diesen Brief
an Dich. Als man mich zum Essen rief, öffnete ich die Tür
nicht, sondern antwortete, ich sei immer noch müde und hätte
keinen Hunger, weil mir außerordentlich daran gelegen war,
Dir von dem Wechsel im Verhalten meiner Mutter und von

meinen Vorahnungen zu berichten. Was denkst Du über bei-
des? Was geht in meiner Mutter vor? Antworte mir schnell
und versuche mir zu helfen, damit ich eine Möglichkeit finde,
Dich zu besuchen. Oh, bitte vergiß nicht das arme kleine
Mädchen, das sich so traurig und einsam fühlt in diesem
düsteren Haus voll Fledermäuse und vielleicht auch voll
Geister!

Deine treueste und zärtlichste

Maria

PS Bitte sage Deinem Mann meine besten Grüße.

Ich habe diesen umfangreichen Brief im vollen Wortlaut
angeführt, weil er mir ungemein interessant erscheint. Wir,
die Leser Gąsiorowskis und Wasylewskis, kennen Madame
Walewska seit langem. In diesem Brief aber spricht sie zum
ersten Mal zu uns mit ihren eigenen Worten, sie führt uns ein
in den Kreis ihrer Gedanken und Erlebnisse, Hoffnungen
und Sorgen. Das Rokokofigürchen' aus dem historischen
Märchen verwandelt sich nun in ein lebendiges, sensibles,
gefühlvolles und denkendes junges Mädchen. Ja, auch denkendes. Diese Eigenschaft möchte ich besonders unterstreichen. Denn der Brieftext widerspricht doch völlig der
Ansicht der Damen aus der Warschauer Gesellschaft, Maria
Walewska sei eine »geistig unbedeutende« Person gewesen.

Ist der Brief ein authentisches Dokument? Ich glaube, in
dieser Hinsicht sollte man der Meinung eines so erfahrenen
Forschers wie Marian Kukiel vertrauen, der Marias Korrespondenz mit ihren Freundinnen, wie sie in Graf Ornanos
Buch angeführt wird, für »absolut authentisch« hält. Meiner Ansicht nach spricht es für die Echtheit des Briefes, daß
das in ihm gezeichnete, mit Realien trefflich angereicherte

Bild sich deutlich von der Schilderung des Grafen Ornano abhebt, deren Lokalkolorit allein darin besteht, daß in dem fremdsprachlichen Text seines Buches immer wieder kursiv gesetzte polnische Wörter auffallen wie *pan, pani, starosta, zakonski* (zakąski), *magnaci and szlachta*[19] usw.

Die allgemeine Überzeugung, der Brief sei echt, erspart uns jedoch keineswegs eine ganze Anzahl konkreter Zweifel. Natürlich könnte ich sie vertuschen oder über sie hinweg zur Tagesordnung übergehen, doch ist es, wie ich schon bemerkt habe, eine der Hauptaufgaben dieser Arbeit, den Leser in die Schwierigkeiten und Mühen der biographischen Schriftstellerei einzuführen. Ich warne von vornherein: die Zweifel, die ich vorlege, sind erregend und ärgerlich wie kriminalistische Rätsel, ihre Lösung ist nicht nur schwierig, sondern oft unmöglich.

Vor allem das Datum des Briefes, der 2. November 1804. Aus dem Inhalt ergibt sich, daß der Brief zwei oder drei Monate vor Marias Hochzeit mit Walewski geschrieben wurde. Indessen hat Mauersberger die Gerichtsakten des Scheidungsprozesses analysiert und daraufhin den 17. Juni 1803 als Hochzeitsdatum festgelegt, also auf einen Zeitpunkt anderthalb Jahre bevor der Brief geschrieben wurde. Als einfachster Schluß drängt sich auf: Graf Ornano hat aus unbekannten Gründen das Datum des Briefes geändert. Doch wäre das eine zu leichte Lösung. Im Brief ist von Napoleon als Kaiser die Rede, und weil er das erst im späten Frühjahr 1804 wurde, muß der Brief in der zweiten Hälfte dieses Jahres geschrieben worden sein. Ist also das von Mauersberger festgelegte Hochzeitsdatum unrichtig? Auch diese Eventualität muß berücksichtigt werden. Die Ehe der Walewskis wurde gelöst wegen des (auf Maria) »durch ihre Mutter und ihren Bruder Józef ausgeübten Zwangs«. Man weiß, daß der Zwang um so überzeugender wird, je jünger sein Opfer ist. Vielleicht hat man also im Lauf des Prozesses *ex post* das Hochzeitsdatum um zwei Jahre vorverlegt. In Scheidungsprozessen geschehen solche Wunder nicht selten, vor allem wenn im Gerichtssaal die geistige Anwesenheit so mächtiger Protektoren wie im Falle Walewska zu spüren ist. Aber wenn es wirklich so war, wenn die Hochzeit der Walewskis tatsächlich nicht 1803, sondern erst um die Jahreswende 1804/05 stattfand, muß man dieses Datum einem anderen gegenüberstellen, das ebenfalls von Mauersberger festgelegt wurde, allerdings auf eine jeden Zweifel ausschließende Weise, nämlich aufgrund der Geburtsakten, dem Geburtsdatum des Sohnes des Ehepaars Walewski, Antoni Bazyli Rudolf. Und dieser erste Sohn Maria Walewskas kam am 13. Juni 1805 auf die Welt, also (höchstens) sechs Monate nach dem Hochzeitsdatum, wie man es aus der in Graf Ornanos Buch angeführten Korrespondenz ableiten kann.

Ist man schon einmal auf den Weg halsbrecherischer Hypothesen geraten, muß man ihn konsequent weitergehen, auch wenn die Gefühle des Biographen dagegen meutern sollten. Und eine gefährliche Hypothese zieht wie ein Magnet allerlei scheinbar unwichtige Einzelheiten an, die sogleich Bedeutung gewinnen und sie zu stützen beginnen. Man erinnert sich also, daß 1807 in der gerüchteschwangeren Warschauer »Gesellschaft« geflüstert wurde, in der Familie Łączyński »halte man die unerschütterlichen Grundsätze nicht ein« und »Napoleon sei der letzte Liebhaber der Walewska, aber nicht der erste« gewesen. Der Biograph fängt an, neuen Sinn in Fakten zu erkennen, über die er bisher hinweggegangen ist: in Marias »schwieriger häuslicher Situation« nach der Rückkehr aus dem Kloster, in der »mehrmonatigen schweren Lungenkrankheit« unmittelbar vor der Hochzeit. Den Forscher und Detektiv beunruhigt der ausländische Vorname Rudolf, der bei zwei Söhnen Marias auftritt, bei Antoni Bazyli Rudolf Walewski und Rodolphe Auguste d'Ornano, während dieser Vorname bis dahin weder im Geschlecht Walewski noch im Geschlecht Ornano vorkam. Über all dem aber steht die wichtigste Frage: Warum zwang man die blutjunge Marysia Łączyńska, den siebenundsechzigjährigen Starosten aus Walewice zu heiraten?

In allen französischen und polnischen Biographien über Madame Walewska, die von ihren Memoiren inspiriert sind, wird mit besonderem Nachdruck die außerordentlich schwierige materielle Situation der verarmten Erben von Kiernozia und der große Reichtum des Kammerherrn Walewski unterstrichen. Gerade das wird als hauptsächliche Erklärung für die altersmäßig so ungleiche Ehe hervorgehoben. Aber die erbarmungslosen Dokumente rücken die Angelegenheit in ein etwas anderes Licht. Die erhaltenen Hypothekenbücher der Güter konstatieren, daß das Vermögen der Łączyńskis, bestehend aus Kiernozia und den Dörfern Kiernoska, Sokołow und Czerniew, 1806 auf 760 000 Gulden, eine für jene Zeiten bedeutende Summe, geschätzt wurde. Zudem war das ein gesundes, nur minimal mit Schulden belastetes Vermögen. Maria brachte eine Mitgift von 100 000 Gulden Bargeld mit in die Ehe. Unter diesen Bedingungen war Walewski mit seinen ausgedehnten, aber stark verschuldeten Latifundien für die Łączyńskis keine berauschende Partie. Selbstverständlich konnten hier snobistische Umstände eine Rolle spielen. Das weit verzweigte

Geschlecht Walewski zählte unter seinen Ahnen sechzehn Senatoren und war mit der höchsten polnischen Aristokratie, mit den Firlej, Koniecpolski, Lanckoroński, verschwägert. Aber auch die Łączyński gehörten nicht gerade zu den Unbedeutenden. Es muß hier daran erinnert werden, daß schon Marias Großonkel 1788 vom deutschen Kaiser den Grafentitel erhielt, während der erste Walewski erst viele Jahre später Graf wurde – von Zar Nikolaus I. Gnaden[20].

War es also vielleicht ganz anders, als man bisher immer geglaubt hat? War es vielleicht gar nicht so, daß ein alter reicher Mann sich ein blutjunges verarmtes Mädchen kaufte, sondern umgekehrt, daß für ein junges Mädchen mit guter Mitgift, das aus irgendwelchen Gründen heiraten mußte, von der Familie ein alter Verschwender gekauft wurde, der ständig Geld benötigte?

Ich gebe zu, ich bringe diese Hypothese ohne tiefere Überzeugung und schweren Herzens, weil ich es selbst nicht gern habe, wenn hinter dem rosaroten romantischen Märchen das brutale Leben hervorschaut. Aber solange man Madame Walewskas Papiere vor den Forschern geheimhält, solange bleibt Spielraum für alle Hypothesen, selbst für die drastischsten.

Es gibt in Marias Brief eine Stelle, die höchst begründete Zweifel weckt. Als Senior der Familie, der den verstorbenen Vater vertritt, wird dort Teodor Łączyński genannt. Aus Ornanos weiterer Erzählhandlung erfahren wir, dieser Bruder Marias sei 1804 in Paris gewesen. Beide Informationen scheinen falsch zu sein. Senior der Familie war doch der siebenundzwanzigjährige Benedykt Józef Łączyński, der, wie aus den Dokumenten hervorgeht, 1803 von Dąbrowskis[21] Legion den Abschied erhielt und sich 1804 noch in

Paris aufhalten konnte. Dagegen konnte der achtzehnjährige Teodor Łączyński nicht in Paris sein, weil er zu jener Zeit als Fähnrich in der preußischen Armee diente (den Abschied von dieser Armee mit dem Dienstgrad eines Leutnants erhielt er erst 1806).

Warum also wurde statt Benedykt Józef in den Brief Teodor Józef Marcin eingeschoben, und wer hat das getan? Selbst unter der Voraussetzung, daß Maria *in puncto* ihres ältesten Bruders einen Komplex hatte, fällt es schwer anzunehmen, sie habe bewußt alte Briefe gefälscht. Eine solche Änderung konnte nur Philippe d'Ornano vornehmen, und das nicht unbedingt in böser Absicht. Ich möchte darin eher ein weiteres Anzeichen der Achtlosigkeit sehen, mit der dieser Jurist und Biograph den Lebenslauf seiner Urgroßmutter »geordnet« hat. Benedykt Józef Łączyński wurde innerhalb und außerhalb der Familie Józef genannt. Derselbe Vorname erschien an zweiter Stelle in Teodors Personalpapieren, wovon der Graf Ornano sich überzeugen konnte, als er während seines Aufenthaltes in Kiernozia dessen Grabstein betrachtete. Von Benedykt Józefs Existenz wußte er sicher überhaupt nicht, weil Maria – wie bereits erwähnt – in ihren Memoiren und anderen persönlichen Papieren ausschließlich von Teodor schreibt. Als er also in dem alten Brief auf den Vornamen Józef stieß, kann er ihn ohne Skrupel und böse Absicht in Teodor geändert haben.

Natürlich hätten all diese Hypothesen keinen Sinn, wäre Maria Łączyńskas zitierter Brief von Anfang bis Ende durch ihren Urenkel erdacht. Aber diese Möglichkeit schalte ich aus zwei Gründen aus: einmal weil – wie schon erwähnt – Stil und Inhalt der Korrespondenz sich entschieden vom Rest des Buches abheben, zweitens weil die Sache sich in den

Grenzen der normalen Wahrscheinlichkeit bewegen muß. Der Urenkel und Biograph konnte die Biographie seiner Ur-großmutter literarischer machen und verschönen, er konnte sogar gewisse Einzelheiten im dokumentarischen Material vertuschen oder umformen, aber es ist absolut undenkbar, daß er, der über Archivmaterial von historischem Wert ver-fügte, es sich erlaubt hätte, dieses durch Gebilde seiner eigenen Phantasie zu ersetzen.

Und dennoch – wie sich herausstellt, kann man sich beim Schreiben einer Biographie der Maria Walewska geb. Łąc-zyńska nicht von den Prinzipien einer »normalen Wahr-scheinlichkeit« leiten lassen.

Da habe ich vor den Augen des Lesers den Brief im ein-zelnen analysiert, den der Urenkel der Verfasserin in seinem biographischen Buch als authentisches, dem Familienarchiv entnommenes Dokument veröffentlicht hat. Aus dem Datum des Briefes oder vielmehr aus der Gegenüberstellung dieses Datums mit dem Geburtsdatum Antoni Bazyli Rudolf Walewskis habe ich die riskante, aber völlig logische Hypo-these abgeleitet, daß Marias erster Sohn – als eheliches Kind – etwas zu früh geboren wurde. Diese Hypothese hat mir die Rekonstruktion der vermutlichen Entstehungsgeschichte von Madame Walewskas unpassender Ehe ermöglicht. Jetzt aber muß ich selbst das ganze mit viel Arbeit und Genauig-keit errichtete Gebäude aus biographischen Forschungen und Schlüssen zerstören. Denn das zweite Buch des Grafen Ornano ist in meine Hände gelangt. Es trägt den Titel *Maria Walewska – l'épouse polonaise de Napoléon*[22] und ist die französische Version derselben biographischen Erzählung, aber vier Jahre später erschienen und – »ergänzt«.

Die neue Version unterscheidet sich stilistisch etwas von der ursprünglichen, aber sie enthält dieselben authentischen Familiendokumente aus dem Archiv in La Branchoire (im Vorwort zu dem französischen Buch bestätigt der Autor die Echtheit dieser Familienpapiere mit dem gleichen Nachdruck wie im Vorwort zu dem englischen Buch). Man sollte also annehmen, mindestens die wesentlichsten Elemente dieser Dokumentation seien in beiden Versionen identisch. So ist es jedoch nicht.

Offensichtlich habe nicht ich allein die drastische Datenkollision bemerkt. Man muß den Autor von *Life and Loves of Marie Walewska* auch von anderer Seite auf dieses peinliche Detail hingewiesen haben. Und der Autor beschloß, seine Urgroßmutter gegen weitere Anschläge auf ihre jungfräuliche Ehre zu sichern. In der verbesserten französischen Version erscheint Marias Brief an Elżunia (mit bestimmten Kürzungen und Textänderungen) unter dem geänderten Datum des 2. Oktober 1803.

Doch die Änderung des Datums allein genügte nicht, man mußte auch die Briefstelle über Napoleon ändern. Im Jahre 1804 schrieb Maria über Napoleon als den Kaiser, im Jahre 1803 konnte sie ihn nicht so titulieren, weil Napoleon noch nicht Kaiser war. Doch der Familienbiograph wurde auch mit diesem Hindernis fertig. Man sieht das aus der Zusammenstellung der beiden Versionen des erwähnten Bruchstücks.

Die englische Version: »Ferner gibt es hier auch Agenten des Generals Dąbrowski, die ständig auf der Suche sind nach Rekruten für die französische Armee. Ich habe für sie alle gebetet, besonders für jene, die für Frankreich arbeiten. Eines Tages wird der *große Kaiser*[23] (oh, wie glücklich würde es mich machen, ihn zu sehen!) sich an die Ausdauer der Polnischen Legionen erinnern und wird, da bin ich sicher, seinen Einfluß geltend machen, um diesem fürchterlichen Zustand ein Ende zu bereiten.«

Die französische Version: ». . . und außerdem Werber des Generals Dąbrowski, denen es überhaupt keine Mühe bereitet, Rekruten für die französische Armee zu finden. Möge der gute Gott und die Heilige Jungfrau alle beschützen und besonders jene, die für den *Ersten Konsul*[23] arbeiten; er ist immer bereit . . ., uns von Häretikern und Tyrannen zu erretten, die dieses ganze Unheil verursachen.«

Wie soll man sich verhalten angesichts einer so unerhörten Willkür bei der Wiedergabe von Madame Walewskas Papieren? Soll man auf Graf Ornanos Bücher als Quellenmaterial völlig verzichten? Das kann man nicht, denn diese irritierenden Bücher enthalten bei allen Fehlern und Entstellungen bestimmt viel wertvolles authentisches Material und bilden den einzigen Kontakt zu den in La Branchoire verborgenen Archivalien. Es sei denn, man akzeptiere die phantastische Hypothese, im Archiv von La Branchoire gebe es überhaupt keine Papiere, die sich auf Madame Walewska beziehen, sie hätten allein in der romantischen Vorstellungskraft ihres Urenkels existiert. Werden die derzeitigen Eigentümer des Geheimarchivs es für die Forscher öffnen, um auf autoritative und überzeugende Weise eine solche Hypothese abzuwehren? Ich bin der Ansicht, sie sollten so verfahren. Sowohl im Interesse ihrer im Jahre 1817 verstorbenen Ahnin als auch im Interesse ihres verstorbenen Onkels, des Biographen.

IV

Weder Masson noch Ornano führen ein genaues Datum der Hochzeit des Ehepaares Walewski an, es war also gewiß aus den Archivpapieren nicht zu entnehmen. Doch die im Buch des Urenkels zitierte Korrespondenz läßt vermuten, daß die unpassende eheliche Verbindung Ende Januar oder Anfang Februar 1805 geschlossen wurde[24]. Am Vortage der Hochzeit wurde dem Fräulein Łączyńska auf vertraulichem Wege ein Geheimschreiben ihrer Freundin übermittelt.

Maria, Liebe,

ich werde eine Möglichkeit finden, Dir diesen Brief zu geben, da ich nicht wage, Dir gegenüber auszusprechen, was darin steht. Lies ihn, ich flehe Dich an. Es bedarf keiner Antwort.

Liebste, der Mann, den Du heiratest, wird Dir viel geben, doch Dir gleichzeitig auch viel nehmen, und ich fürchte, daß Du eines Tages woanders wirst suchen müssen, was Du bei ihm nicht gefunden hast. Außerdem sind wir verheirateten Frauen, wenn wir hübsch sind, vielen Versuchungen ausgesetzt! Mitanzusehen, wie Du herabsänkest zu den Zügellosigkeiten derer, die mit ihrem Mann nicht glücklich sind und doch Liebe brauchen, würde mir das Herz brechen! Die Seele ist nicht der einzige Bestandteil unseres Wesens. Maria, die Materie bildet einen Teil davon, und Fleisch verlangt nach Fleisch. Ich weiß, Du bist nicht zu jung, um etwas davon zu begreifen ... Bald, Maria, wird Dein Körper nach dem eines anderen schreien, oder, um es weniger hart auszudrücken, Deine Jugend nach der Jugend eines anderen. Suche nicht die Anziehungskraft des Mannes in den Armen dieses Verrückten, der allen gesunden Menschenverstand verloren haben muß.

Seit Monaten hattest Du den geheimen Wunsch zu heira-
ten, und angesichts Deiner unglücklichen Situation habe ich
Dich dazu ermuntert; doch die jetzige Heirat ist keine Lö-
sung. Zügle Deine Sinne und lasse sie nicht mit Dir durch-
gehen. Ich bin bereit, Dir zu helfen. Auch wenn Du, um dem
zu entgehen, etwas Unwiderrufliches tun müßtest, so tue es.
Hör zu, Maria, ich kenne zwei junge Männer, die Dich im
stillen lieben. Keiner von ihnen ist reich oder hat eine groß-
artige Position, aber beide sind prächtige junge Männer.
Einen von ihnen wirst Du sicher erraten; der andere ist noch
stattlicher und wertvoller. Laß uns sofort aufbrechen; es ist
kein Augenblick zu verlieren. Dann kannst Du diese beiden
jungen Männer treffen und zwischen ihnen wählen. Ob es der
eine ist oder der andere, es wird eine normale Verbindung sein,
Ihr werdet vollkommen einander gehören. Ist Dir klar, was
Ruhe und Zufriedenheit, was Entzücken und Wonne wirklich
bedeuten, was diese Wörter meinen?

Ich bleibe hier, Du weißt es. Du brauchst mir nur ein
Zeichen zu geben, und ich werde alles schnellstens vorberei-
ten. Ich warte in Sorge.

Elżunia

Maria konnte sich zu dem erwarteten Zeichen nicht entschließen, sie griff den abenteuerlichen Plan ihrer Freundin
nicht auf. Von Mutter und Bruder umzingelt, gab sie dem
Druck nach. Das jedenfalls kann man aus den von Mauersberger erforschten Akten des späteren Scheidungsprozesses
schließen.

Das Urteil des Warschauer Konsistorialgerichts vom 14.
August 1812, das die Ehe für nichtig erklärte, nennt als
Grund den »Mangel an ungezwungenem Willen auf seiten

der Frau Walewska und die ihren Gefühlen angetane Gewalt«. Der Brigadegeneral Benedykt Józef Łączyński, der in der Scheidungsverhandlung als Hauptzeuge auftrat und zugab, gemeinsam mit seiner Mutter die Schwester zu der Ehe gezwungen zu haben, stellt in seinen Aussagen Marias Verzweiflung in dem Augenblick dar, als er sie zur Trauung führte: »Sie weinte ungewöhnlich heftig und war vom Weinen so geschwächt, daß man nicht verstehen konnte, was sie dem Priester nachsprach.«

Der Brief der Freundin scheint im Zusammenhang mit diesen Dokumenten in gewisser Weise die Konzeption zu bestätigen, die ich weiter oben vorgelegt habe. In Maria Łączyńskas Lebensabschnitt kurz vor der Heirat gibt es zweifellos ein Geheimnis. Es genügt ja, Elżunias Blatt aufmerksam zu lesen. Wieviel Rätsel sind darin, wieviel Andeutungen. Warum hatte Maria seit Monaten die heimliche Absicht zu heiraten? Worin bestand ihre »schwierige Situation«? Was verband Maria mit einem der jungen Männer, die ihr bei der Flucht helfen sollten? Warum war sie, wenn sie sich zur Ehe entschlossen hatte, so verzweifelt, als sie mit Walewski zur Trauung ging?

Ich bestehe nicht auf der am weitesten gehenden Hypothese und habe gleich angemerkt, daß ich sie ohne besondere Überzeugung vorlege. Aus den Daten allein, die ihr Urenkel und Biograph anführt, lassen sich derartig drastische und riskante Schlüsse nur mühsam ziehen. Wahrscheinlicher kommt mir eine mittlere Variante vor. Und wäre es nur jene unschuldige Liebesgeschichte mit dem Sohn des Nachbarn. Vielleicht endete sie nicht so plötzlich und endgültig, wie Graf Ornano meint? Vielleicht blieb eine Neigung der jungen Leute füreinander bestehen? Vielleicht wurde die Sache bekannt, bewirkte Marias Entfernung aus dem Klosterpensionat, erzeugte Gerüchte bei den Nachbarn? Vielleicht hatte der Hauptmann Benedykt Józef Łączyński, ehemaliger Soldat Kościuszkos und ehemaliger Legionär, reale Gründe zu befürchten, die seiner Obhut überlassene Schwester könne sich für immer mit der Familie eines der Bezwinger der Insurrektion[25], eines vom Zaren mit Gütern Beschenkten verbinden. In solcher Situation wäre es nicht verwunderlich, daß ein patriotischer Offizier alles tat, um dieser Eventualität zuvorzukommen, und daß er selbst davor nicht zurückschreckte, den Gefühlen seiner Schwester Gewalt anzutun. Maria aber mochte ihren Bruder, der ihre erste Liebe mit Füßen getreten und sie in die Arme eines Greises gestoßen hatte, zu hassen beginnen.

Kurz nach Beendigung der unfrohen Hochzeitsfeierlichkeiten reisten die Walewskis für einige Monate nach Italien. Marias anfällige Gesundheit bedurfte einer Kräftigung in warmem Klima. Und jetzt noch ein interessanter Brief aus dem Buch des Grafen Ornano. Frau de Vauban, die sich zur Obhut über die »Kleine mit den traurigen Augen« verpflichtet fühlte, sendet ihrem Freund, dem bejahrten Neuvermählten, gute Ratschläge nach Rom.

Warschau, den 28. Februar 1805[26]

Mein lieber Graf,
Sie haben ohne Zweifel Rom bereits erreicht, und ich hoffe,
daß die lange Reise für Maria bei ihrem schlechten Gesundheitszustand nicht zu anstrengend war. Von allen Orten, die
Sie hätten wählen können, ist Rom bestimmt der angemessenste. Es ist voller wunderschöner Anblicke, und man hat
keine Zeit, einsam zu sein.

Ich weiß nicht, wie lange Sie dort weilen werden, aber ich füge ein Empfehlungsschreiben an eine sehr distinguierte Freundin bei für den Fall, daß Sie das Wetter schön genug finden, um zu bleiben. Madame la Baronne de Staël-Holstein sammelt in Rom Material für ein Buch über Italien. Sie wird sehr erfreut sein, Sie beide zu sehen, und Maria gern durch die Ewige Stadt begleiten.

Ein Wort des Rats müssen Sie mir gestatten, mein lieber Freund, nämlich daß Sie mehr die Rolle des Vaters als die des Ehemannes auf sich nehmen. Sie mögen mit Recht stolz sein, Maria zur Frau zu haben, aber Sie müssen verstehen, daß Sie viel von Ihrem Glück den unangenehmen Umständen ihres Familienlebens verdanken. Ohne diese würde Ihr Wohlstand niemals die Liebe ersetzt haben.

Ihr Geschmack, Ihre Neigungen und, ich darf sogar sagen, weil ich Sie seit Jahren kenne, Ihr Charakter hätte Sie daran hindern müssen, ein Mädchen in Marias zartem Alter zu heiraten. Aber es ist geschehen. Nun machen Sie sie glücklich, und beherzigen Sie meinen Rat; Sie werden mir später dafür danken.

Verzeihen Sie mir diese Worte, die anmaßend wirken mögen, und erinnern Sie sich, daß sie von ehrlichem Interesse für Sie beide diktiert sind. Bitte geben Sie meine Küsse an Ihre liebe Frau weiter und halten Sie mich weiterhin für Ihre ehrlich ergebene

Barabentane-Vauban

Dieser Brief wirkt vom ersten bis zum letzten Wort authentisch. Die berühmte *Maitresse à titre* des Fürsten Poniatowski tritt wie lebendig aus ihm hervor. Also noch eine Sensation, diesmal eine kulturelle. Napoleons künftige Fa-

voritin begegnete in Italien (und aus der weiteren Korre-
spondenz ergibt sich, daß sie ihr oft und auf vertrautem Fuß
begegnete) seiner hartnäckigsten Gegnerin, der von ihm aus
Frankreich vertriebenen berühmten Romanautorin Anne
Louise Germaine de Staël. Das »geistig unbedeutende« Gäns-
chen aus der Gegend von Łowicz war zugegen bei der
Entstehung des meistgelesenen Romans der Epoche *Corinne
ou de l'Italie*. Wer weiß, vielleicht hat sie sogar mit ihren
Äußerungen zum Thema Liebe den Inhalt des sentimentalen
Romanschinkens der Madame de Staël bereichert? Und zwei
Jahre später eroberte *Corinne* ganz Europa. Der Kaiser Na-
poleon selbst interessierte sich für das Buch, die Warschauer
Damen rissen sich darum, die Cheveaulegers der Garde
stärkten sich an ihm während der Marschpausen.

Graf Ornano führt in seinem Buch noch zwei weitere
Briefe von der italienischen Reise des Ehepaares Walewski
an. Im ersten von ihnen gibt Herr Anastazy der unendlichen
Dankbarkeit gegenüber seiner Schwiegermutter Frau Ewa
Łączyńska Ausdruck, weil sie ihn »mit der Hand ihrer wun-
dervollen Tochter beehrt« und damit »zum glücklichsten
Menschen« gemacht habe. Der übrige Teil des Briefes ist der
Beschreibung des erlösenden Einflusses gewidmet, den »die
bezauberndste und sympathischste der Frauen, die Baronin
de Staël-Holstein« auf die »liebe Maria« ausübe.

In dem zweiten Brief, den Maria an Elżunia schreibt[27],
rühmt die blutjunge Ehefrau »Güte, Höflichkeit und Takt«
des alten Kammerherrn, beklagt sich aber gleichzeitig darüber, daß »Frauen nie ihre Erträumten heiraten«, und
ergeht sich in recht düsteren Reflexionen über die Ehe im
allgemeinen. Dann beschreibt sie ihrer Warschauer Freundin
die in Gesellschaft der »talentierten Autorin ... der lieben

Baronin de Staël« besuchten Sehenswürdigkeiten Roms. Bei ihrem Bericht über einen Besuch in dem altertümlichen Palast der römischen Fürsten Colonna – die polnischen Colonna-(Kolumna-)Walewskis beanspruchten ohne rechten Grund, mit ihnen verwandt zu sein – verrät die »Kleine mit den traurigen Augen« ein deutliches Gefühl für Humor: »Dort gab es auch eine Menge Familienporträts. Ich habe sie sorgfältig betrachtet, aber keines war auch nur im geringsten Anastazy ähnlich.«

Trotz interessanter Einzelheiten zitiere ich diese Briefe nicht im vollen Wortlaut, und zwar aus zwei Gründen: erstens sind sie zu umfangreich, zweitens machen sie als ganze keinen authentischen Eindruck. Sie sind einfach zu gut komponiert, sie ergänzen sich zu genau. Jede Frage oder Andeutung des einen Briefes findet sogleich Antwort oder Ergänzung in dem anderen. Ich habe in letzter Zeit zu lange in der polnischen Korrespondenz aus der napoleonischen Zeit gewühlt, um diese vollendete Präzision für natürlich halten zu können. Die Echtheit der Briefmaterie selbst läßt sich kaum in Frage stellen. Doch drängt sich die Vermutung auf, der Graf Ornano habe diese »Briefe« aus Fragmenten der Memoiren und Notizen seiner Urgroßmutter komponiert und sie hier und da »der besseren Verständlichkeit halber« mit eigenen Zugaben vervollständigt. Es fällt schwer, dem Biographen für diese Art Vorsorge dankbar zu sein. Ich wundere mich nicht, daß Kukiel bei der Bewertung mancher Partien des Buches des Grafen Ornano schrieb: »Es kann einen Historiker rasend machen, wenn er in dem Buch Briefe, Memoirenbruchstücke, Gesprächsnotizen findet und nicht weiß, ob er es mit einem authentischen Dokument oder mit einer Romanfiktion des Autors zu tun hat.«

Aber das Schlimmste bei der Arbeit an der Ordnung von Madame Walewskas Biographie ist die Tatsache, daß das scharfe Skalpell des Kritikers Fehler und Entstellungen nicht nur im Buch ihres Urenkels aufdeckt.

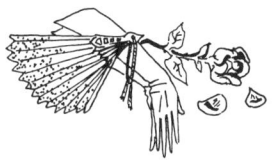

V

Das Ehepaar Walewski kehrte spätestens im Frühjahr 1805 aus Italien nach Walewice zurück, denn – wie gesagt – am 13. Juni wurde ihnen ein Sohn Antoni Bazyli Rudolf geboren, was in den Akten des benachbarten Pfarramts Bielawy sorgfältig notiert wurde. Mit der Geburt des Kindes beginnt der nächste Abschnitt in Marias Leben, ihre eheliche Existenz in Walewice.

Walewice war eine schöne, prächtige Residenz. Ein imposantes Schloß, 1783 von dem Architekten Hilary Szpilewski erbaut, ein ausgedehnter Park mit pseudoantiken Figuren aus weißem Stein und seltenen Baumarten. Viel Platz und frische Luft – noch heute spürt man den aristokratischen Schwung. Gegenwärtig sind im Vorderteil des Schlosses die Büros des Staatlichen Rassepferdegestüts (Anglo-Araber) untergebracht, und in den Seitenflügeln befinden sich die Privatwohnungen der Mitarbeiter dieser Institution. Der Gestütsdirektor, ein Mensch mit einem Hang zur Geschichte, unterstreicht den Charakter des Schlosses als Baudenkmal. Im Hauptsaal hat man eine Art napoleonisches Museum eingerichtet, in der Wohnung des Gestütsbuchhalters konserviert man sorgsam die alten Tapeten, die Madame Walewska angeblich (aber nicht sicher) im Jahre 1812 zu Napoleons Besuch hatte anbringen lassen. Diese historischen Servituten schränken den an sich schon engen »Lebensraum« der Angestellten in Walewice stark ein. Das führt zu zahlreichen komplizierten Konflikten, in denen sich auf komische Weise Geschichte und Gegenwart vermischen. Daß ich diese Konflikte in *Świat* darstellte, trug mir vor einigen Jahren den gerechten Zorn des Gestütsdirektors ein. Denn für einen außenstehenden Beobachter ist das komisch, für die derzeitigen Schloßbewohner aber nicht. Die Gestütsmitarbeiter haben allen Grund, Madame Walewska nicht zu mögen, weil deren ständige Anwesenheit ihre Wohnbedingungen verschlechtert und Massen neugieriger Touristen herbeizieht, die die normale Büroarbeit stören.

Die allgemeine Aversion gegen Madame Walewska, die ich während meines kurzen Besuches in Walewice deutlich spürte, erzeugte bei mir als Kontrastwirkung eine gesteigerte Neigung und tiefes Mitgefühl für die legendäre Frau Kammerherr. Die arme »Kleine mit den traurigen Augen«! Auch damals, in den Jahren 1805-1806, ging es ihr hier nicht allzu gut.

In Herrn Anastazys Wohnsitz residierte zu jener Zeit eine ganze Schar verschiedener Walewskis – überwiegend Frauen. Das Regiment im Haus führte die einzige Schwester des Kammerherrn, Frau Jadwiga Walewska geb. Walewska, die nach der Scheidung von ihrem Mann – dem berühmtesten Vertreter des Geschlechts, Michał, Wojewode[28] von Sieradz, einst Marschall der Konföderation von Bar, dann ehrenvoller Würdenträger der Konföderation von Targowica – in das heimatliche Nest zurückgekehrt war und ständig bei ihrem Bruder wohnte. Bei sich hatte sie ihre Töchter aus verschiedenen Ehen: Teodora Fürstin Jabłonowska, Teresa Bierzyńska und Karolina Chodkiewiczowa sowie einen ganzen Schwarm von Nichten und Enkelinnen mit Adam Walewskis Frau Józefina geb. Lubomirska, der späteren Frau General Witt, an der Spitze.

Dieser ganze Weiberstall nahm die verschüchterte kleine Blondine aus Kiernozia unter seine energische Obhut. Die alte Frau Walewska dehnte ihre Macht auf den winzigen

Neffen aus, die übrigen Damen befaßten sich mit der »gesellschaftlichen Edukation« seiner Mutter. Und sie konnten ihr auf diesem Gebiet viele wertvolle Lehren erteilen, besonders Frau Chodkiewiczowa, Frau Jabłonowska und Frau Adam Walewska, die mit ihren Liebesgeschichten bereits manches Blatt der damaligen *cronique scandaleuse* zu füllen vermocht hatten. Herr Anastazy selbst spielte im Haus eine unwesentliche Rolle und nahm am gesellschaftlichen Leben wenig teil. Weil er sehr beleibt war und Hitze schlecht vertrug, verbrachte er die meiste Zeit im Keller des Schlosses, wo er liegend kaltes Bier trank, während seine Heiducken ihm Luft zufächelten.

In einer derartigen Umgebung konnte sich die blutjunge Frau Kammerherr nicht wohl fühlen. »Ihr blieb nur ein Lebenszweck«, schreibt Graf Ornano, »die Befreiung Polens«. Also organisierte Maria zusammen mit den anderen Walewski-Damen ein geheimes Zentrum patriotischer Propaganda, für das man auch die Schloßdienerschaft und eine Handvoll in der Gegend wohnender Bauern anwarb. Gut möglich, daß es tatsächlich so war. Die Leser des Buches *Kozietulski und andere* erinnern sich ja, daß einige Jahre später die exaltierten Damen aus der Familie Walewski ein ähnliches Propagandazentrum in der Ortschaft Mons-sur-Orge bei Paris schufen. Der Verlauf der Ereignisse in den Jahren 1805 bis 1806 wirkte für eine solche Tätigkeit höchst anregend. Die napoleonischen Armeen zerschmetterten die Grenzen des alten Europa und näherten sich in unaufhaltsamem Vormarsch Polen. Im November 1806 erreichten die französischen Vorposten Łowicz, und das Schloß Walewice wurde als Quartier eines der Marschälle (wahrscheinlich Davout) requiriert. Aus dieser Zeit haben sich zwei Informationen erhalten, die von den ersten Beziehungen der Geschwister Łączyński zu den Franzosen zeugen.

Die erste betrifft den Hauptmann Benedykt Józef Łączyński. Ende November meldete die *Gazeta Warszawska*[29] aus Łowicz, zum Chef des sich dort formierenden Regiments sei der ehemalige Legionär, Herr Benedykt Józef Łączyński ernannt. Und gleich darauf eine charakteristische Berichtigung: »In der letzten Nummer unserer Zeitung haben wir erwähnt, Herr Łączyński sei zum Chef des Regiments ernannt worden. Auf Wunsch desselben teilen wir mit, daß dieser Offizier zwar auf Befehl des Herrn Marschalls Davout das Regiment in Łowicz formiert, aber hinsichtlich des Kommandos über dieses auf die Bestätigung des Herrn Divisionsgenerals Dąbrowski, des Generalorganisators des Polnischen Heeres, wartet.«

Diese Berichtigung legt ein gutes Zeugnis über den ältesten Łączyński ab. Als Hauptmann der Legionen besaß er alle Qualifikationen zur Übernahme des Kommandos über das Regiment, doch wollte er nicht die Gnade eines französischen Marschalls nutzen (womit viele andere ohne Vorbehalt einverstanden waren), sondern forderte die Bestätigung seines Avancements auf dem normalen Dienstweg. Das dementiert auch (in gewissem Umfang) die späteren Gerüchte über die schnellen und ungerechtfertigten Beförderungen der Brüder der Favoritin. Wie sich zeigt, erfolgte die erste tatsächliche Beförderung des älteren Bruders, lange bevor Madame Walewska Napoleon begegnete.

Auf andere Weise hat sich die Kunde über den ersten Kontakt der jungen Frau Kammerherr mit den Franzosen erhalten. Als Schloß Walewice Quartier eines französischen Stabes wurde, mußte die Familie des Besitzers in das Pächterhaus ziehen. Dieses Gebäude war auf allen Seiten von tiefem Schlamm umgeben. »Als Maria eines Tages auf der Schwelle stand und zögerte hindurchzuwaten, bemerkte das ein junger Offizier, der Graf Flahault, Talleyrands unehelicher Sohn, und trug sie, zu ritterlichen Diensten stets bereit, auf seinen Armen durch das fünfte polnische Element. Kurz darauf erhielt sie eine Einladung zu dem Ball in Warschau, den Talleyrand für Napoleon gab.«

Die Beschreibung dieser Episode stammt aus den Memoiren einer guten Bekannten Napoleons, einer sächsischen Aristokratin, der Gräfin Amelia Kielmannsegge. Fürst Józef Poniatowski hatte sie der Gräfin erzählt und ihr erklärt, gerade dieses kleine Ereignis habe Talleyrand auf die schöne Gutsbesitzerin bei Łowicz aufmerksam gemacht, daraus sei schließlich ihre Bekanntschaft und ihre Romanze mit dem Kaiser entstanden.

Diese wenig bekannte Version trägt gewisse Züge von Wahrscheinlichkeit. Murats junger Adjutant, Charles Auguste Joseph Graf Flahault de la Billarderie, einer der größten Frauenverführer in der französischen Armee, Geliebter der Königin Hortense de Beauharnais und nach der Ansicht mancher der vermutliche Vater Napoleons III., kannte sich gut mit Frauen aus, und als er Maria aus der schlammigen Bedrängnis rettete, schätzte er ihre Vorzüge sicher gebührend ab. Es ist also möglich, daß er Talleyrand von seinem Erlebnis berichtete, und dieser wiederum kann den Kaiser auf die schöne polnische Gutsbesitzerin aufmerksam gemacht haben. Ich glaube, Napoleon hat manchmal die Ratschläge seines Außenministers auf diesem Gebiet angenommen, er pflegte ja zu sagen, Talleyrand habe »stets die Taschen voll schöner Frauen«. Die Version der Gräfin Kielmannsegge wird auch gestützt durch die Erinnerungen des Generals Baron Gourgaud, der Napoleon auf die Insel St. Helena begleitete. Gourgaud behauptet, er habe mehrfach vom Kaiser gehört, Talleyrand habe ihm die Walewska zugeführt.

Ganz anders stellt Madame Walewska die Umstände dar, unter denen sie Napoleon kennenlernte. Darüber berichten die beiden einzigen Biographen, die unmittelbar Einsicht in ihre Papiere genommen haben, Frédéric Masson und Philippe d'Ornano. Die erste Begegnung zwischen dem Kaiser und seiner späteren Favoritin soll vor der Schenke in Błonie am 1. Januar 1807 stattgefunden haben, als Napoleon nach den Schlachten von Pułtusk und Gołymin nach Warschau zurückkehrte. Maria, die um jeden Preis den »Retter des Vaterlandes« sehen wollte, schlich sich abends heimlich aus ihres Gatten Walewice davon und gelangte in Gesellschaft einer treuen Freundin »im Bauernwagen« nach Błonie. Ich führe die Beschreibung der angeblichen Begegnung in der Version Massons an, denn der ernst zu nehmende Historiker hat die ursprüngliche Notiz in Madame Walewskas Memoiren bestimmt treuer wiedergegeben als ihr mit blühender Phantasie begabter Urenkel.

»Am 1. Januar 1807 läßt der Kaiser auf dem Weg von Pułtusk nach Warschau vor den Toren der Stadt Bronie anhalten, um die Pferde zu wechseln. Eine Menge erwartet dort den Erretter Polens, eine begeisterte und schreiende Menge, die vorstürmt, sobald die kaiserliche Karosse in Sicht ist. Der Wagen hält an. General Duroc steigt aus und bahnt sich einen Weg zum Postamt. Dort hört er verzweifelte Schreie, sieht erhobene Hände, die ihn anflehen, und eine Stimme sagt auf französisch: ›O Herr, helfen Sie uns, daß ich ihn wenigstens einen Augenblick lang sehen kann!‹

Er bleibt stehen; zwei Damen von Welt, verloren in dieser Menge von Bauern und Soldaten. Die eine, die ihn gerade angesprochen hat, scheint ein Kind zu sein, ganz blond, mit großen, blauen, sehr treuherzigen und zärtlichen Augen, die jetzt leuchten wie in Ekstase. Ihre sehr feine Haut, frisch wie die einer Teerose, ist errötet vor Schüchternheit. Klein und wohlgestalt, sanft und weich wie die Grazie selbst, ist sie ganz einfach gekleidet mit dunklem Hut und schwarzem Schleier. Duroc hat alles mit einem Blick gesehen. Er erbarmt sich der beiden Frauen, und indem er der blonden die Hand reicht, führt er sie zum Wagenschlag. ›Sire‹, sagt er zu Napoleon, ›sehen Sie diese Frau, die alle Gefahren der Volksmenge für Sie ertragen hat.‹ Der Kaiser nimmt seinen Hut ab, neigt sich zu der Dame und spricht mit ihr. Sie aber, überwältigt von Gefühlen, läßt ihn nicht den Satz vollenden. ›Herzlich willkommen, tausendmal willkommen in unserem Land!‹ ruft sie. ›Keine unserer Taten kann Ihnen auch nur annähernd zeigen, was wir für Sie fühlen, auch nicht die Freude, Sie in unserem Land zu sehen, das Sie erwartet, um sich zu erheben.‹ Bei diesen mit keuchender Stimme vorgebrachten Worten betrachtet Napoleon sie aufmerksam. Sodann holt er einen Blumenstrauß aus dem Wagen und überreicht ihn ihr. ›Heben Sie das auf als Garantie meiner guten Absichten. Hoffentlich werden wir uns in Warschau wiedersehen. Dort werde ich einen Dank von Ihrem schönen Mund zurückfordern.‹ Duroc hat wieder seinen Platz an der Seite des Kaisers eingenommen. Der Wagen entfernt sich schnell, und eine Zeitlang sieht man noch den zum Gruß erhobenen Hut Napoleons.«

Diese romantische, durch Massons Autorität besiegelte Szene hat als erstes und überaus wesentliches Element der

Legende die Zeiten überdauert. Ihrer suggestiven Kraft sind fast alle nachfolgenden Biographen erlegen. Der von Masson in Madame Walewskas Memoiren falsch entzifferte Ortsname »Bronie« ist in dieser entstellten Schreibweise auch in die wissenschaftlichen Werke eingegangen. Selbst Schuermans, Verfasser des genauen napoleonischen Kalendariums *Itinéraire général de Napoléon*, der Bibel der Napoleonisten auf der ganzen Welt, hat Masson unkritisch geglaubt und auf der Strecke Pułtusk–Warschau die nicht existierende Station »Bronie« angesiedelt.

Einzig und allein die polnischen Napoleonisten haben die Lokalisierung der ersten Begegnung der späteren Liebenden in Frage gestellt und sind mit prinzipiellen Zweifeln geographischer Art hervorgetreten. Die Polemik über dieses Thema dauert bis heute an. Im allgemeinen ist man der Ansicht, die Begegnung könne nicht in Błonie stattgefunden haben, denn um von Pułtusk durch diese Ortschaft nach Warschau zu fahren, hätte der Kaiser einen Umweg von mehr als hundert Kilometern machen müssen[30]. Wacław Gąsiorowski verlegt »aus Gefühl«, doch ohne jede dokumentarische Begründung den Ort der ersten Begegnung von Błonie nach Jabłonna, durch das Napoleon damals tatsächlich fuhr. Nur Stanisław Wasylewski beharrt auf Massons (oder vielmehr Madame Walewskas) Version und behauptet, die Verstopfung aller Wege durch Truppen und Trainfahrzeuge hätten den Kaiser zur Wahl eines derartigen Umweges zwingen können. Aber, wenn es so war, wieso konnte Madame Walewska von der plötzlichen Änderung der Strecke wissen? Sie wohnte ja in recht erheblicher Entfernung von Błonie[31], und Autos, Telefon oder Radio gab es damals noch nicht. Den verbissenen Streit hat Marian Kukiel endgültig entschieden. In seiner

Skizze *Wahrheit und Märchen über Madame Walewska*, 1957, hat er definitiv festgestellt, daß Napoleon am 1. Januar 1807 von Pułtusk nach Warschau auf der direkten Strecke über die Narew-Pontonbrücke bei Okunim und über Jabłonna gefahren ist. In derselben Skizze äußert der Historiker die Vermutung, die Begegnung könne etwa zehn Tage früher stattgefunden haben, während Napoleons erster Reise von Posen nach Warschau, die tatsächlich über Kutno, Łowicz und Błonie führte. Aber hier muß ich meine bescheidene Meinung einfügen. Aufgrund sorgfältiger Lektüre der Warschauer Presse aus jener Zeit gestatte ich mir zu behaupten, daß wenn die Begegnung wirklich auf Napoleons Durchreise im Dezember stattgefunden hat, sie sich unter ganz anderen Umständen abgespielt haben muß, als die Autorin der Memoiren angibt. Man weiß nämlich, daß der Kaiser wegen des tiefen Schlamms schon ab Łowicz nicht im Wagen, sondern zu Pferde reiste. Man weiß auch, daß in Błonie General Duroc nicht bei ihm war, dem Madame Walewska doch eine so entscheidende Rolle bei der Begegnung zuschreibt. Der Großhofmarschall lag damals im Spital und heilte seine schweren Prellungen aus, die er erlitten hatte, als bei Kutno die Kutsche umstürzte. Von welcher Seite aus man die Sache also auch ansieht, die von Madame Walewska beschriebenen Fakten lassen sich mit der Wirklichkeit nicht in Einklang bringen.

Es könnte den Lesern lächerlich erscheinen, daß ich den Gedanken über derart nebensächliche Einzelheiten soviel Raum widme. Was macht es schließlich für einen Unterschied, ob Madame Walewska und Napoleon sich zum ersten Mal da oder dort begegneten, unter diesen oder jenen Umständen? Entscheidend ist, daß sie sich überhaupt begegneten und daß sich daraus die bekannten Konsequenzen ergaben. Doch der Biograph muß den Einzelheiten Gewicht beimessen, denn wenn Madame Walewska ihre erste Begegnung mit Napoleon falsch beschrieben hat, kann es noch mehr ähnliche – bewußte oder unbewußte – Mystifikationen in ihren Memoiren geben. Dann aber steht der dokumentarische Wert der Memoiren unter einem Fragezeichen. Vorläufig jedoch ist es noch zu früh, so weitgehende Schlüsse zu ziehen.

VI

Januar 1807. Der historische Warschauer Karneval im Beisein Napoleons. Am 7. Januar im Königsschloß die feierliche Vorstellung der Damen aus der Gesellschaft der Hauptstadt. Anna Potocka geb. Tyszkiewicz, Großnichte des letzten polnischen Königs, stellt mit Mißbehagen fest: »Die nicht allzu strenge Auswahl bewirkte, daß die Versammlung sehr zahlreich war.« Aber gewiß doch! Wer zum Beispiel hatte den Einfall, neben der Elite der Warschauer Damen auch ein nur selten in der Hauptstadt weilendes Gänschen aus der Gegend von Łowicz einzuladen, die Frau Kammerherr Maria Walewska *née* Łączyńska? Maßgebliche Informationen hätten in diesem Zusammenhang nur Talleyrand, der Veranstalter der Feierlichkeit, erteilen können, doch der mächtige Minister der »Auswärtigen Angelegenheiten« und Großhofkammerherr mag keine indiskreten Fragen. Zu allem Übel war es, wenn man einer Warschauer Chronistin glauben darf, die mindestens ebenso glaubwürdig ist wie die launenhafte Anetka, jene blutjunge Provinzlerin aus der Gegend von Łowicz selbst, die die Aufmerksamkeit des Kaisers des Westens auf sich lenkte.

Frau Anna Nakwaska, deren Beobachtungsgabe und chronikalische Redlichkeit ich beim Sammeln des Materials für dieses Buch schätzen lernte, beschreibt das erste Zusammentreffen Napoleons mit den Warschauer Damen folgendermaßen:

»... Der Kaiser betrat den Saal wie ein Schlachtfeld oder einen Paradeplatz, schnell und gleichgültig; doch binnen kurzem nahm sein Gesicht einen freundlichen Ausdruck an, ein Lächeln erhellte die von großen Gedanken umwolkte

Stirn, und während er die Reihe der Blüten von der Weichsel Revue passieren ließ, konnte er sich nicht enthalten, laut auszurufen: ›Oh, qu'il y a de jolies femmes à Varsovie!‹ In diesem Augenblick war er gerade vor Frau Walewska stehen geblieben, ich habe, weil ich neben ihr stand, seine Worte genau gehört...«

Zehn Tage nach der Vorstellung fand der erste Ball statt. Anfangs bestand, wie Anetka Potocka behauptet, die Absicht, Fürst Józef Poniatowski solle diesen Ball im Schloß geben, aber »der Fürst war behindert durch die Anwesenheit des Kaisers, der den Hauptteil des Gebäudes benötigte«. Nach vielen Beratungen kam man zu dem Entschluß, der Eröffnungsball solle bei Talleyrand im Hause Tepper in der Miodowa-Straße stattfinden. Die Warschauer *Gazeta Korespondenta*[32] brachte später einen kurzen Bericht über diese Festlichkeit: »Am Sonnabend, dem 17. Januar, befand sich Seine Majestät der Kaiser auf dem Ball bei dem Fürsten von Benevent, während dessen er einen Kontertanz mit Frau Anastazy Walewska tanzte und sich, solange er anwesend war, fröhlich amüsierte.«

Anetka Potocka, die an dem Fest teilnahm, spricht sich ausgiebiger und weniger offiziell aus: »Es war einer der interessantesten (Bälle), an denen teilzunehmen ich Gelegenheit hatte. Der Kaiser tanzte damals einen Kontertanz, der als Vorwand für die Anknüpfung seines Verhältnisses zu Frau Walewska diente... Unmittelbar vorher setzte sich Napoleon zwischen mich und seine künftige Favoritin. Nach kurzem Gespräch fragte er, wer seine andere Nachbarin sei. Als ich ihren Namen nannte, wandte er sich mit der Miene eines ausgezeichnet Informierten ihr zu. Wir erfuhren später, Talleyrand habe seine Dienstbereitschaft so weit getrieben, diese erste Begegnung einzufädeln und die Anfangshindernisse zu beseitigen. Da Napoleon den Wunsch hatte, auch eine Polin unter seinen Liebschaften zu haben, wählte man eine entsprechende aus, das heißt eine hübsche, aber geistig unbedeutende. Manche behaupteten gesehen zu haben, daß Napoleon ihr nach dem Kontertanz die Hand drückte, was, wie es hieß, einem Stelldichein gleichkam. In der Tat kam es dazu am folgenden Abend. Gerüchte kreisten, ein hoher Würdenträger habe ihm die Schönheit zugeführt, ebenso redete man von dem schnellen und unverdienten Avencement ihres Taugenichts-Bruders, von einer Diamanten-Garnitur, die, wie man versicherte, abgelehnt wurde. Man redete gewiß oft, ohne etwas zu wissen, und dachte sich aus, was beliebte. Die Klatschbasen gingen so weit zu behaupten, der Mameluck Rustan habe als Kammerzofe gedient! . . . Was wird nicht alles in solchen Fällen geredet?! Jedenfalls waren wir alle verzweifelt, daß eine Dame der Gesellschaft so leicht erlag und sich so wenig wehrte wie die Festung Ulm . . .«

Und jetzt noch ein Bericht über diesen Ball, der aus Napoleons eigenem Mund stammt. General Graf Montholon, der dem ehemaligen Kaiser auf der Insel St. Helena Gesellschaft leistete und die von ihm diktierten Erinnerungen niederschrieb, gibt im zweiten Band seiner Récits[33] eine interessante Episode aus den Wochen vor dem Tod des Kaisers. Eines Tages, schreibt Montholon, »erinnerte ihn (Napoleon) das Diktat an Warschau und an Madame Walewska. Er lachte aus vollem Halse beim Gedanken an den Ball, auf dem er sie zum ersten Mal gesehen hatte. Auf diesem Fest erhielten General Bertrand und der Adjutant des Fürsten von Neufchâtel, Louis de Périgord, beim Klang der Geigen Aufträge, die ihnen zunächst unerklärlich blieben...« Die Gründe für diese Aufträge und ihren Inhalt erfahren wir aus den angeführten Worten Napoleons: »Sie hegten keinen Verdacht, sagte man mir, daß ich mich mit Madame Walewska beschäftigte; beide umschwärmten sie um die Wette. Mehrmals kamen sie mir in die Quere, besonders Louis de Périgord. Schließlich langweilte mich dieses Spiel, und ich gab Bertier den Auftrag, Louis de Périgord sofort wegzuschicken, um Nachrichten vom 6. Corps an der Passarge einzuholen. Ich hatte Bertrand mehr Scharfsinn zugetraut. Doch die schönen Augen von Madame Walewska betörten ihn. Er wich nicht von ihrer Seite. Während des Abendessens beugte er sich über ihre Stuhllehne, so daß seine Achselschnüre die von mir so bewunderte schöne weiße und rosa Haut ihrer Schultern berührten. Bis zum Äußersten gereizt, faßte ich seinen Arm, führte ihn beiseite und zog ihn in eine Fensternische. Dort gab ich ihm den Auftrag, ins Hauptquartier des Fürsten Jérôme aufzubrechen und so rasch wie möglich einen Lagebericht von der Belagerung Breslaus anzufertigen. Der arme Teufel war kaum entschwunden, als ich meine Laune bedauerte; ohne Zweifel hätte ich ihn zurückgerufen, wäre mir nicht im gleichen Augenblick eingefallen, daß mir seine Anwesenheit bei Jérôme recht nützlich sein könnte.«

Und schließlich das letzte, umfangreichste und vielsagendste Zeugnis über Madame Walewskas erste Begegnung mit Napoleon, Fragmente aus den Erinnerungen des Kammerdieners Constant:

»In Warschau ... hielt sich Seine Majestät den ganzen Januar 1807 hindurch im Schloß auf. Der polnische Adel war eifrig bemüht, Napoleon den Hof zu machen, und gab zu seinen Ehren rauschende Feste, glänzende Bälle, an denen alles teilnahm, was in Warschau zu dieser Zeit als reich und vornehm galt. Bei einer dieser Veranstaltungen fiel dem Kaiser eine junge Polin auf, Madame W., 22 Jahre alt[34] und seit kurzem verheiratet mit einem alten Adligen von ernstem Wesen und äußerst strengen Sitten. Der Graf hing mehr an seinen Titeln als an seiner Frau, die er jedoch trotzdem sehr liebte, von der er dagegen mehr geachtet als geliebt wurde. Der Kaiser betrachtete diese Dame mit Vergnügen und fühlte sich vom ersten Augenblick an zu ihr hingezogen. Sie war blond, hatte blaue Augen und schneeweiße Haut. Sie war nicht groß, aber wohlgeformt und von charmantem Aussehen. Der Kaiser näherte sich ihr und begann alsbald eine Unterhaltung, die sie dank ihrer ausgezeichneten Erziehung mit viel Anmut und Geist im Gang hielt. Ein leichter Hauch von Melancholie umgab sie und machte sie noch anziehender. Seine Majestät glaubte in ihr das Opfer einer unglücklichen Ehe zu sehen. Dieser Gedanke ließ ihn noch verliebter und leidenschaftlicher werden, mehr als je zu einer anderen Frau. Sie mußte es bemerken.

Am Tag nach dem Ball schien mir der Kaiser ungewöhnlich erregt zu sein. Er erhob sich, ging einige Schritte, setzte sich und erhob sich von neuem. Ich glaubte, an diesem Tag seine Garderobe nicht zu Ende bringen zu können. Bald nach dem Frühstück gab er einer maßgebenden Persönlichkeit, die ich nicht nenne, den Auftrag, Madame Walewska einen Besuch abzustatten und ihr seine Grüße und Wünsche zu überbringen. Mit Stolz verweigerte sie die vielleicht zu unvermittelten Vorschläge; oder vielleicht riet ihr auch die allen Frauen natürliche Koketterie zur Zurückhaltung. Der Held hatte ihr gefallen. Der Gedanke eines vor Macht und

Ruhm strahlenden Liebhabers gärte ohne Zweifel ständig in ihrem Kopf, aber niemals hatte sie daran gedacht, sich kampflos auszuliefern. Die bekannte Persönlichkeit kam ganz verwirrt und verwundert zurück, da die Verhandlung nicht geglückt war. Am nächsten Tag fand ich den Kaiser beim Aufstehen noch recht sorgenvoll. Er sagte kein Wort, obwohl er sonst gewöhnlich mit mir sprach. Tags zuvor hatte er mehrmals an Madame W. geschrieben, aber keine Antwort erhalten. Seine Eigenliebe war sehr getroffen, denn er war an Widerstand nicht gewöhnt. Schließlich schrieb er so viele zärtliche und rührende Briefe, daß Madame W. nachgab. Sie willigte ein, den Kaiser abends zwischen 10 und 11 Uhr zu besuchen. Die bekannte Persönlichkeit, die ich bereits erwähnte, erhielt den Auftrag, sie an einem bestimmten Ort mit dem Wagen abzuholen. Voller Erwartung ging der Kaiser unruhig hin und her und zeigte Aufregung und Ungeduld. Jeden Augenblick fragte er nach der Uhrzeit. Schließlich traf Madame W. ein, aber in welcher Verfassung! Blaß, stumm und die Augen voller Tränen. Sofort nach ihrer Ankunft führte ich sie in das Zimmer des Kaisers. Sie konnte sich kaum aufrecht halten und stützte sich zitternd auf meinen Arm. Ich ließ sie eintreten und zog mich dann mit der Begleitung zurück. Während des Tête-à-tête mit dem Kaiser weinte und schluchzte Madame W. so sehr, daß ich trotz der Entfernung ihr herzzerreißendes Jammern hörte. Wahrscheinlich konnte der Kaiser bei dieser ersten Unterhaltung nichts bei ihr erreichen. Gegen 2 Uhr morgens rief mich der Kaiser. Ich eilte herbei und sah Madame W. hinausgehen, das Taschentuch vor Augen und bittere Tränen weinend. Sie wurde von der gleichen Person nach Hause begleitet. Ich glaubte sicher, daß sie nicht wiederkommen würde.

Doch zwei oder drei Tage später, ungefähr zur gleichen Stunde wie beim ersten Mal, kam Madame W. wieder ins Schloß. Sie schien ruhiger zu sein. Heftige Erregung zeichnete sich noch auf ihrem charmanten Gesicht ab, doch ihre Augen waren trocken und ihre Wangen weniger blaß. Am Morgen zog sie sich ziemlich früh zurück. Die Besuche setzte sie bis zur Abreise des Kaisers fort.«

So wird der Anfang der Bekanntschaft zwischen Maria Walewska und Napoleon dargestellt von den damaligen Chronisten, die sich nach Nationalität, sozialer Herkunft und Einstellung zu den Helden der romantischen Geschichte stark unterscheiden. Beginnend mit dem Erlebnis des ritterlichen Flahault in Walewice, beschrieben von der Gräfin Kielmannsegge, fügen sich alle Berichte zu einem logischen und recht überzeugenden Ganzen.

Doch außer den Zeugnissen der Nebenpersonen gibt es noch die geheimen Memoiren und Notizen der Hauptheldin dieser Romanze. Der redliche, aber zu vertrauensselige Masson sowie der in belletristische Effekte verliebte Graf Ornano haben sie uns in entstellten Fetzen überliefert, geradezu als wollten sie damit die logischen Konstruktionen aus den Angeln heben, die von wahrheitssuchenden Forschern mühevoll errichtet wurden.

Denn in Madame Walewskas Bericht sieht alles anders aus. Angefangen mit jener legendären Begegnung vor der Schenke oder der Poststation in Błonie. Es fällt schwer, die Möglichkeit einer zufälligen Begegnung während der Reise des Kaisers nach Warschau kategorisch auszuschließen, doch wenn sie tatsächlich stattgefunden hat, dann entweder nicht in Błonie oder unter anderen Umständen. Und bestimmt hatte sie nicht jene Folgen, die ihr entweder Madame

Walewska selbst oder die Interpretatoren ihrer Memoiren zuschreiben. Ornano behauptet zum Beispiel, die Begegnung in Błonie habe so auf Napoleon gewirkt, daß er unmittelbar nach seinem Eintreffen in Warschau die gesamte dortige Polizei in Bewegung versetzt habe, daß diese längere Zeit hindurch den ganzen Kreis Warschau durchsucht und alle seine Bewohner genauen Verhören unterzogen habe, nur um die geheimnisvolle Unbekannte zu finden. Erst ein anonymer Brief von Madame Walewskas indiskreter Begleiterin habe zu ihrer Identifizierung beigetragen. Aber Napoleon konnte doch das Inkognito der Unbekannten lüften, ohne zu derart radikalen Mitteln Zuflucht zu nehmen; eine Frage an sie direkt, ein Wort zu jemandem aus seiner Suite noch vor der Weiterfahrt der kaiserlichen Kutsche hätte genügt. Hätte dagegen die Polizei tatsächlich nach Madame Walewska gesucht, wäre die Nachricht von dieser Suche zweifellos zu den Memoirenschreiberinnen gedrungen, die mit den Warschauer Behörden nahe verbunden waren, also zu den Damen Potocka und Nakwáska; auch der Kammerdiener Constant, der über jeden Schritt seines Herrn wachte, müßte davon gewußt haben. Weil keine dieser Personen jene romantische Episode erwähnt, ist anzunehmen, daß sie völlig erdacht oder maßlos übertrieben worden ist – entweder von Madame Walewska selbst oder von ihrem Urenkel.

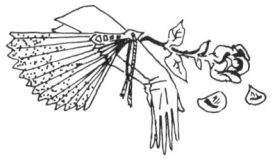

VII

In den vorangegangenen Kapiteln habe ich aufgezeigt, wie mühsam es ist, den Ort und die Umstände der ersten Begegnung Madame Walewskas mit Napoleon festzustellen. Doch ist dies nicht das schwierigste Rätsel meiner unter tausend Ungewißheiten geschriebenen Biographie. In wahre Verzweiflung gerät der polnische Biograph erst dann, wenn er versucht, den komplizierten Knoten der Geschehnisse, Intrigen und Einflüsse aufzulösen, die dazu führten, daß in einer Januarnacht die zwanzigjährige »Hübsche« aus Walewice in den Privatgemächern des Warschauer Schlosses ganz allein dem in einen Gott der Liebe verwandelten »Kriegsgott« gegenüberstand.

Wir wissen bereits, daß die Angelegenheit in den Memoiren unterschiedlich beleuchtet wird. Frau Anna Potocka zum Beispiel nimmt es Madame Walewska übel, daß sie sich gegen Napoleon »so wenig wehrte wie die Festung Ulm« (im Feldzug von 1805 fiel diese österreichische Schlüsselfestung im Laufe eines Tages), der Kammerdiener Constant hingegen gibt zu verstehen, daß die »polnische Gräfin« alles tat, um sich gegen die Karriere einer kaiserlichen Geliebten zu wehren. Der Widerspruch in den Ansichten dieser beiden maßgeblichen Zeugen ergibt sich gewiß aus dem unterschiedlichen Grad ihrer Einweihung. Die Warschauer Damen kannten nur jene Szenen, die sich auf offener Bühne abgespielt hatten: Sie hatten den Kontertanz auf dem Ball bei Talleyrand gesehen, den bedeutsamen Händedruck beobachtet, mit dem der Kaiser seine Partnerin verabschiedete – ein paar Tage später erfuhren sie von der intimen Begegnung im Schloß. Sie hatten also ein Recht (ehrlich oder nicht ehrlich) zu bedauern, daß eine »Dame der Gesellschaft« allzu leicht und allzu eilig kapituliert habe. Anders Constant. Er hatte die Geschehnisse aus den Kulissen mitangesehen und wußte über sie erheblich mehr. Seine Meinung scheint gerechter und der Wahrheit näher zu sein.

Daß die junge Frau Kammerherr sich ihrer historischen Bestimmung beharrlich widersetzte, bezeugen am besten die im Archiv ihrer Nachkommen aufbewahrten Briefe des Kaisers. Die Echtheit dieser Dokumente unterliegt keinem Zweifel, weil Frédéric Masson, der einen Großteil seines Lebens mit der Erforschung der handschriftlichen Äußerungen Napoleons verbrachte und die geringste Mystifikation sofort entdeckt hätte, sie als authentisch anerkannt hat.

Von mehr als einem Dutzend Briefen Napoleons an Madame Walewska, die Masson und Graf Ornano veröffentlicht haben, sind nur jene vier, die gewissermaßen die Ouvertüre der Romanze bilden, ohne Datum. Man muß also wohl Constant glauben, daß der Kaiser sie in Liebesleidenschaft geschrieben hat, unter dem frischen Eindruck der Begegnung auf dem Ball, und daß er voller Ungeduld einen nach dem anderen absandte, ohne die Antwort abzuwarten.

Der erste Brief, der Maria mit einem herrlichen Blumenstrauß am Tage nach dem Ball überbracht wurde, erinnert in der Bündigkeit seines Stils an Napoleons berühmte Armeebefehle.

Ich habe nur Sie gesehen, ich habe nur Sie bewundert, ich begehre nur Sie. Eine schnelle Antwort wird meine ungeduldige Glut stillen.   *N.*

Madame Walewska beantwortete diesen Brief nicht. Der kaiserliche *postillon d'amour* (und das war zweifellos General Duroc, denn gerade dieser »bedeutenden Persönlichkeit« vertraute Napoleon gewöhnlich solche delikaten Missionen an) kehrte mit leeren Händen zu seinem Auftraggeber zurück. Bald darauf (vielleicht noch am gleichen Tag) wurde er mit einem neuen Brief und einem neuen Blumenstrauß abgesandt. In dem zweiten Brief gibt es keinen Kaiser mehr, nur noch den verliebten Mann.

Habe ich Ihnen mißfallen, Madame? Ich konnte doch das Gegenteil erhoffen. Habe ich mich getäuscht? Ihr Eifer läßt nach, während der meinige steigt. Sie nehmen mir die Ruhe! Oh, geben Sie ein bißchen Glück und Freude einem armen Herzen, das nur Sie anbeten will ... Ist es so schwierig, eine Antwort zu erhalten? Sie schulden mir sogar zwei.   N.

Doch auch dieser Ansturm vermochte den Widerstand der Frau Kammerherr nicht zu brechen. Auch der zweite Brief blieb unbeantwortet. Es folgt also ein dritter, noch glühenderer. Napoleon beschränkt sich nicht mehr auf Bitten um Antwort, er geht direkt auf sein Ziel los.

Es gibt Augenblicke, wo zuviel Größe niederdrückt – ich bin der Beweis dafür. Wie lassen sich die Bedürfnisse eines gefangenen Herzens befriedigen, das sich Ihnen zu Füßen werfen will und sich daran gehindert sieht durch die Last der hohen Rücksichten, die die tiefsten Wünsche lähmen. Oh, wenn Sie mich doch erhörten!

Nur Sie können die Hindernisse beseitigen, die uns trennen. Mein Freund Duroc wird Ihnen das erleichtern. Oh, kommen

Sie! Kommen Sie! Alle Ihre Wünsche werden erfüllt. Ihr
Vaterland wird mir teurer sein, wenn Sie Erbarmen mit mei-
nem armen Herzen zeigen.   *N.*

Wahrscheinlich gaben die letzten Worte über das Vaterland
den Ausschlag. Die patriotische Frau Kammerherr erbarmte
sich des armen kaiserlichen Herzens und ließ sich in das
Schloß bringen.

Constant vermutet, Napoleon habe auf dem ersten Stelldichein mit Madame Walewska »nichts bei ihr erreicht«.
Ähnlich stellt Maria es selbst in ihren Memoiren dar. Dennoch wurde dieser erzwungene Besuch zum Beginn der
wirklichen Romanze. Das beweist der vierte, kurz nach der
Begegnung abgesandte Brief des Kaisers.

Marie, meine süße Marie, mein erster Gedanke bist Du, mein
erster Wunsch ist, Dich wiederzusehen. Du kommst doch?
Du hast es mir versprochen. Wenn nicht, würde der Adler zu
Dir fliegen! Ich werde Dich beim Essen sehen, hat mir der
Freund gesagt. Geruhe dieses Bouquet anzunehmen! Möge es
ein geheimnisvolles Band werden, das zwischen uns inmitten
der uns umgebenden Menge eine stille Übereinstimmung her-
stellt. Ausgeliefert den zahlreichen Blicken, können wir uns
ohne Worte verständigen! Wenn ich meine Hand auf mein
Herz lege, sollst Du wissen, wie sehr es an Dich denkt, und
als Antwort lege die Deine auf das Bouquet! Liebe mich, teure
Marie, mögest Du Deine Hand niemals von dem Bouquet
nehmen.   *N.*

Das dem Brief mitgegebene »Bouquet« war in Wirklichkeit
eine herrliche Diamantenbrosche. Madame Walewska nahm

das Schmuckstück nicht an (diese Geste, die so schön ihre Uneigennützigkeit bezeugt, muß in den Kreisen der guten Gesellschaft weit bekannt gewesen und viel kommentiert worden sein, denn ein paar nebensächliche Memoirenschreiber erwähnen sie), war aber einverstanden, ein zweites Mal in das Schloß zu fahren. Von nun an weilte sie dort jeden Abend bis zur Abreise des Kaisers aus Warschau.

Die vier Liebesbriefe Napoleons sind ganz außergewöhnliche Dokumente, besonders wenn man sie vor dem Hintergrund der damaligen Warschauer Ereignisse betrachtet.

Versetzen wir uns einmal mit Hilfe unserer Phantasie in die Atmosphäre des historischen Januar 1807. Das »vom patriotischen Rausch ergriffene« Warschau erlebt große Tage der Freude und der Hoffnung. Die befreite Hauptstadt des Landes hat den berühmtesten Mann der Welt zu Gast, den »Helden zweier Jahrhunderte«, den »Gesetzgeber der Völker«, den »Bezwinger der Bedrücker«. Alle Blicke richten sich auf das Schloß, das man zu Ehren des Gastes Kaiserliches Schloß nannte. Wo immer der Kaiser auftaucht, grüßt ihn die enthusiastische Menge der Patrioten. Es lebe Napoleon der Große! Es lebe der Erretter des Vaterlandes! Das aus preußischer Knechtschaft befreite Polen verehrt seinen Befreier und ist bemüht, all seine Forderungen zu erfüllen. Der Kaiser verlangt die Aufstellung eines Heeres von 40 000 Mann, also soll er dieses Heer haben, und wenn das ruinierte Land es sich aus den Eingeweiden schneiden müßte. Der Kaiser beklagt sich über die schlechte Versorgung seiner Armee, also waten die ehrwürdigsten Warschauer Notablen nächtelang durch den Schlamm von einer kleinen Mühle zur anderen, damit nur das polnische Mehl rechtzeitig die französischen Magazine erreicht. Alles für den großen Kaiser! Es lebe der große Kaiser! Denn nur er kann die Armeen der Teilungsmächte zerschmettern und das von der Karte getilgte Königreich Polen wiederherstellen!

In dieser Atmosphäre allgemeiner Verehrung bringt der Befreier einen neuen, besonderen Wunsch vor; er möchte, daß eine der polnischen Damen, eine junge verheiratete Frau aus einem ländlichen Schloß, seine Geliebte wird. Vom Standpunkt des Kaisers aus hat dieser Wunsch nichts Abwegiges an sich. Es paßt ausgezeichnet in die moralischen Konventionen der Epoche. Und die bisher gemachten Erfahrungen berechtigen Napoleon voll und ganz dazu, solch einen Wunsch zu äußern. Umgibt ihn nicht überall eine fast religiöse Verehrung? Haben ihm deutsche Fürsten aus regierenden Häusern nicht die Hände geküßt? Haben sich ihm die schönsten Aristokratinnen Österreichs und Preußens mit ihren Reizen nicht geradezu aufgedrängt? Es ist eine Ehre für das besetzte Land, wenn der »Held zweier Jahrhunderte« mit einer seiner Bewohnerinnen zu schlafen wünscht. Es ist ein Glück für die sterbliche Danae, wenn der Blitzeschleuderer Zeus bereit ist, als goldener Regen auf sie herabzufallen.

Doch die polnische Danae aus Walewice weiß das ihr angebotene Glück nicht zu schätzen und wehrt sich gegen den französischen Zeus. Von ihrem Standpunkt aus sieht alles anders aus. Auf einem patriotischen Gutshof erzogen, der Tradition der Legionen verbunden, verehrt sie seit langem den legendären Kaiser der Franzosen. Unabhängig von allem, was oben über die Begegnung in Błonie gesagt wurde, darf man ihr glauben, daß sie sich eines Nachts aus der wachsamen Obhut der Familie fortstahl, um zu einer nicht näher bestimmten Zeit, an einem nicht näher bestimmten

Ort dem ersehnten Erretter in den Weg zu treten und ihm spontan die Huldigung einer polnischen Patriotin darzubringen. Dann blickte sie auf der feierlichen Vorstellung im Schloß tief bewegt dem Kaiser mit genauso treuer Ergebenheit in die Augen wie die anderen Warschauer Damen. Und wie die anderen Warschauer Damen war sie zu jedem Opfer bereit für den Befreier des Vaterlandes. Zu jedem – mit Ausnahme des einen, das er persönlich von ihr forderte.

Die Verwandlung des mythischen Helden in einen verliebten, nach einem Stelldichein verlangenden Mann muß für Madame Walewska eine über die Maßen brutale und schmerzliche Überraschung gewesen sein. Das Leben stellte diese junge Frau auf schwere Proben. Vor kurzem hatte die Familie »ihren Gefühlen Gewalt angetan«, indem sie sie mit einem Greis vermählte; jetzt, da die seit zwei Jahren verheiratete Frau sich mit ihrem Los abgefunden hat, bemüht sich der verehrte Kaiser, die einzige Basis ihres mühsam errungenen Friedens, den Glauben an die Heiligkeit der ehelichen Verbindung, ins Wanken zu bringen.

Aus den Briefen des Kaisers atmet ehrliches Gefühl, sie sind voller Reiz und Versprechungen, doch Madame Walewska sieht in ihnen eine Beleidigung. Sie will diese Briefe nicht lesen, sie will sie nicht beantworten. Die arme, naive polnische Danae! Sie glaubt, sich mit den Tränen verletzten Stolzes gegen den goldenen Regen göttlichen Verlangens schützen zu können!

Die Urteile des Olymps sind unumkehrbar. Die Liebe des Kaisers setzt (vielleicht sogar ohne sein Wissen) eine mächtige Maschinerie des moralischen Drucks in Bewegung. Viele Personen stimmen ihre Bemühungen darauf ab, die Sache zu einem guten Ende zu bringen.

Diese Menschen kennen die empfindlichen Stellen des auserwählten Opfers gut und wissen, wie sie auf dieses Opfer einwirken können. Nicht mit Gewalt, nicht mit Drohungen, sondern mit hinterlistiger patriotischer Erpressung zieht man Madame Walewska in Napoleons Bett. Und gerade da beginnen die Schwierigkeiten des polnischen Biographen. Denn er möchte den wahren Mechanismus der Geschehnisse enthüllen, die sich hinter der kaiserlichen Korrespondenz abspielten; er möchte die wirklichen Protagonisten des historischen Melodramas identifizieren. Das aber ist gar nicht so leicht.

VIII

Aus den gedruckten Quellen scheint, wie schon erwähnt, ohne jeden Zweifel hervorzugehen, daß Talleyrand der Inspirator und Organisator der kaiserlichen Romanze war. Nur wenige Chronisten schreiben das kupplerische Haupt-verdienst dem Marschall Murat zu, dessen Adjutant der junge Flahault war, der Held des »schlammigen Abenteuers« in Walewice. Die technische Realisierung des Liebes-Dreh-buches überwachte General Duroc, Napoleons »Offizier für intime Aufträge«. Unmittelbaren Einfluß auf Madame Wa-lewska übten ihre beiden Freundinnen aus: die »in Kuppler-geschäften ergraute« und Talleyrand gern gefällige Frau de Vauban sowie ihre vertraute Schülerin Emilia (Elżbieta) Cichocka, die »Blondine mit dem Engelsgesicht, deren Leben eine einzige Kette von Liebesabenteuern war«. Ich meine, diese erfahrene Mannschaft genügte völlig, um mit energi-scher Unterstützung seitens der jungen Łączyńskis und bei völlig passiver Haltung des bejahrten Walewski den Wider-stand der zwanzigjährigen Frau Kammerherr zu brechen.

Doch in der Beleuchtung Massons und Ornanos, der ein-zigen Kommentatoren von Madame Walewskas Memoiren, sieht die Anbahnung ihrer Verbindung mit Napoleon ganz anders aus. Das Sitten-Melodrama wächst zur nationalen Tragödie. In den Rollen der »Brautwerber« treten die füh-renden Persönlichkeiten des napoleonischen Polen auf. Wir werden uns jedoch binnen kurzem davon überzeugen, daß die Bekenntnisse der Frau Kammerherr viele (begründete) Vorbehalte wecken.

Madame Walewska präsentiert ihre Romanze als *par ex-cellence* politische Angelegenheit. Sie behauptet, Napoleon nachgegeben zu haben unter dem Druck der Bitten und patriotischen Überredungskünste der obersten Warschauer Behörden. Ihr zufolge lenkte Fürst Józef Poniatowski die ganze Intrige vom ersten Augenblick an. Er brachte ihr angeblich den ersten Brief von Napoleon, er versuchte – auf einem Ball im Palais unter dem Blechdach –, ihre erste Annäherung an den Kaiser zu organisieren. Als die individuellen Bemühungen des Fürsten sich wirkungslos erwiesen, habe auf seine Initiative hin eine besondere Sitzung der Regierung stattgefunden, auf der die Mittel zur Brechung ihres Widerstandes besprochen worden seien. Der Verlauf dieser Regierungssitzung sieht in Madame Walewskas Bericht ziemlich sonderbar aus. Einer der Minister schlug angeblich vor, sie einfach zu rauben und »gefesselt und geknebelt in des Kaisers Zimmer zu liefern« (so schreibt Ornano). Schließlich siegte jedoch Poniatowskis Antrag, an ihren Patriotismus zu appellieren. Diesem Antrag entsprechend, setzte Pfarrer Hugo Kołłątaj[35] einen flehentlichen schriftlichen Appell auf, den alle Regierungsmitglieder unterschrieben. Am nächsten Tag händigten Poniatowski und Kołłątaj ihr das Dokument persönlich aus. Erst unter der Pression der Regierungsdelegation habe sie eingewilligt, zum ersten Mal in das Schloß zu fahren.

Gerade die Szene, in der Madame Walewska das Memorandum der Regierung ausgehändigt wird, stellt Graf Ornano ungewöhnlich suggestiv dar.

Sie spielt sich in der Warschauer Residenz der Walewskis ab. Maria ist noch beim Frühstück, da erscheinen ohne Ankündigung Poniatowski und Kołłątaj als Abgesandte der Provisorischen Regierung. Poniatowski informiert Madame Walewska über die schwierige politische Situation:

».. . Der Kaiser zögert, ob er diesen langen, blutigen und in seinen Folgen zweifelhaften Feldzug fortführen soll. Was wird aus uns, wenn Napoleon es ablehnt, gegen Polens Feinde zu kämpfen? Russen und Preußen würden aufs neue unser unglückliches Land überfallen und ihm Elend und Rache bringen.«

Madame Walewska will nicht glauben, daß Napoleon Polen seinem Schicksal überlassen könne.

»Ich sage Ihnen, was wir vom Kaiser gehört haben«, antwortete Poniatowski brüsk. »Ich bedaure, Sie an unsere Unterhaltung auf dem Ball erinnern zu müssen, Gräfin, aber Ihr Verhalten gegenüber Seiner Majestät ist nicht so, wie ich es erwartet habe, besonders seit wir, wie Sie sich erinnern werden, gerade dieses Problem seinerzeit besprochen haben. Wenn er auch, was Sie betraf, nachgiebig war, ist er doch leider nicht so gnädig unserem Volk gegenüber. Und wenn die bedrohliche Lage ihn veranlaßt, sich aus Polen zurückzuziehen, um seinen Feinden anderswo eine Schlacht zu liefern, können wir ihm keine Vorwürfe machen. Ist es nicht so, Herr Vizekanzler?«

»Ich bin derselben Ansicht, Eure Hoheit«, stimmte Kołłątaj traurig zu . . .

»Gräfin«, fuhr Poniatowski fort, »auf der letzten Kabinettssitzung wurde beschlossen, einen Appell an Sie zu richten. Es ist dringend erforderlich, daß jemand, der unser Vertrauen genießt, jederzeit Zugang zu Seiner Französischen Majestät hat . . . jemand, dessen Anwesenheit ihm angenehm ist. Glauben Sie mir, Gräfin, wenn ich es Ihnen sage, eine tiefschürfende Untersuchung der Situation hat uns eindeutig bewiesen, daß der Vertreter, den wir so dringend benötigen, nicht ein Botschafter, sondern eine Botschafterin sein muß.«

»Leider bin ich für diesen hohen Posten nicht geeignet«, entgegnete Maria. »Sie verlangen von mir ganz einfach, daß ich zu einem Mann gehe –«

»Zu einem Kaiser, Gräfin!«

»Egal, zu einem Mann!«

»Maria, Sie *müssen* zu diesem Mann gehen. Nicht wir, sondern ganz Polen verlangt das von Ihnen. Ich appelliere an Ihren Patriotismus –«

»Vergessen Sie, daß ich einen Mann habe?«

»Sind Sie ganz sicher, daß Sie nicht übertreiben?« fiel ihr Poniatowski zornig ins Wort. »Ich weiß alles über Ihre Jugend und die Gründe Ihrer unpassenden Ehe! Lassen Sie uns unterstellen, daß Ihre Schönheit und Ihr Charme Napoleon fasziniert haben, daß er hofft, Sie würden – sagen wir einmal – seine Freundin ... Wäre das letzten Endes so schlimm? Der Kaiser besitzt alles, was das Herz einer Frau begehrt: Macht, Ruhm, Anziehungskraft. Er ist noch jung und würde fast alles für die Frau tun, die er liebt. Sind Sie denn so glücklich, daß diese Dinge Ihnen nichts bedeuten? Warum sagen *Sie* denn nichts?« rief er ungeduldig aus und wandte sich an Kołłątaj. »Wenn ich mich recht erinnere, erwähnten Sie bei der letzten Kabinettssitzung eine höchst tugendhafte Frau, die ihre tiefsten Instinkte und ihren Widerwillen gegen einen Monarchen unterdrückte, um ihr Volk vor der Knechtschaft zu bewahren.«

»Das stimmt, Eure Hoheit«, antwortete Kołłątaj, »und obwohl ich es vorgezogen hätte, wenn der Gräfin Walewska Zeit für einen selbständigen Entschluß gelassen worden wäre, muß ich sagen, daß ihre Pflicht klar und deutlich sichtbar ist. Napoleon *ist* ein Mann, Gräfin, aber unser Herr und Ihr Sklave ...«

»Soll ich also verstehen, meine Herren, daß Sie gekommen sind, um mir die Ehre anzutragen, Mätresse des Kaisers zu werden?«

Der Vizekanzler verzog das Gesicht und bewegte seine Lippen, als wollte er etwas sagen, aber der galante Fürst kam ihm zuvor:

»Keineswegs, keineswegs, Gräfin, ich sagte: Botschafterin!«

Er trat auf sie zu und umschloß mit väterlicher Geste ihre Hände. In freundlicherem Ton fuhr er fort: »Haben Sie Angst um Ihren Ruf, mein Kind? Ich werde Ihr Beschützer sein. Ganz Polen wird Ihren Ruf schützen. Ihre geliebten Landsleute werden nur Ihren Patriotismus und Ihre Selbstlosigkeit wahrnehmen. In ihren Augen werden Sie nicht Napoleons Mätresse sein, sondern die Retterin Ihres Vaterlandes. Und in den Augen derer, die *wissen*, werden Sie seine polnische Gattin sein, vielleicht eines Tages eine Kaiserin.«

Nach dieser Unterredung händigten die Delegierten Maria ein Schreiben der Regierung folgenden Inhalts aus:

»Gräfin Walewska, triviale Ursachen haben oft weitreichende Folgen. Zu allen Zeiten übten Frauen einen tiefgründigen Einfluß auf die Staatsgewalt aus. Die Geschichte vergangener Zeiten wie die unserer Gegenwart beweist uns diese Wahrheit. Solange Leidenschaften die Männer regieren, werden Frauen eine der gewaltigsten Mächte sein!

Ein Mann mag sein Leben auf dem Schlachtfeld für sein Vaterland opfern, was die Frau nicht kann, weil die Natur das verhindert, doch zum Ausgleich gibt es Opfer, die eine Frau bringen kann und bringen sollte ohne Rücksicht auf ihren verletzten Stolz und ihre Sittsamkeit. Glauben Sie, daß Esther sich dem Ahasverus aus Liebe zu ihm hingab?

Ihre schreckliche Angst, die sie bei seinem Anblick ohnmächtig niedersinken ließ, beweist das völlige Fehlen von Zuneigung in der Verbindung, der sie zugestimmt hatte. Esther opferte sich für ihr Volk und errang die Ehre, seine Retterin zu sein.

Wir hoffen, dasselbe von Ihnen sagen zu können im Interesse Ihres Ruhmes und unseres Wohlergehens.

Sind Sie nicht die Tochter, Schwester und Frau eifriger Polen, die zusammen mit uns allen das nationale Rutenbündel bilden? Seine Stärke besteht nur in der Einheit seiner Teile. Und Sie sind ein Teil davon. Gewiß erkennen Sie die Macht dessen, was der fromme Geistliche Fénélon gesagt hat. Hören Sie! ›Die Männer haben in öffentlichen Angelegenheiten volle Autorität, doch ihre Ratschläge und Entscheidungen können nur zu endgültigem Erfolg führen, wenn die Frauen ihre Maßnahmen unterstützen.‹

Gräfin Walewska, vernehmen Sie diese heilige Stimme, die sich der unseren anschließt, und Sie werden zwanzig Millionen Polen Freude und Freiheit bringen!«

So also sieht die Überredung Madame Walewskas zu der Romanze mit Napoleon in ihrer eigenen, uns durch ihren Urenkel übermittelten Darstellung aus.

Graf Ornanos Buch hat zwar die Form eines Romans, doch versichert der Autor im Vorwort, die in ihm enthaltenen Gespräche und Ereignisse seien aufgrund schriftlicher Notizen seiner Urgroßmutter wiedergegeben. Im übrigen stimmt Ornanos »belletristische« Überlieferung in allen grundsätzlichen Punkten mit Massons »wissenschaftlicher« überein.

Kurz und brutal gesagt, lautet also Madame Walewskas

These folgendermaßen: Die Warschauer Behörden mit Fürst Józef Poniatowski an der Spitze hätten sie vor die Alternative gestellt, entweder lege sie sich in Napoleons Bett und sichere auf diese Weise der polnischen Nation die Freiheit und eine glückliche Zukunft, oder Napoleon werde sich an Polen rächen und sich aus dem Krieg mit den beiden Teilungsmächten zurückziehen.

Aber diese bis heute in allen französischen Walewska-Biographien wiederholte These weckt ernstliche Zweifel, besonders weil gewisse sachliche Fehler in der Überlieferung des der Familie entstammenden Biographen darauf hinweisen, daß unsere Danae aus der Gegend von Łowicz in ihren Erinnerungen manches durcheinandergeraten sein muß.

Zum Beispiel – wieso tritt Kołłątaj auf? Madame Walewska weist ihm in der Genesis ihrer Romanze eine ziemlich bedeutsame Rolle zu. Er redigiert das Memorandum der Regierung, er beredet sie neben Fürst Józef am heftigsten, sich mit Napoleon zu verbinden. Aber das ist alles unwahr. Kołłątaj hat nie den Behörden des napoleonischen Polen angehört und war zu jener Zeit überhaupt nicht in Warschau. Nach seiner Befreiung aus dem österreichischen Gefängnis hielt er sich ständig unter der wachsamen Aufsicht der zaristischen Polizei in Wolhynien auf, und im Januar 1807 unternahm er gerade zwangsweise eine Reise nach Moskau. Auf dem Gebiet des Herzogtums Warschau erschien er erst 1810.

Dieser krasse Fehler (oder diese absichtliche Fälschung) bei einer so wesentlichen Einzelheit erschüttert die Echtheit des ganzen Berichts. Denn wenn Madame Walewska sich Kołłątajs Mitwirkung ausgedacht hat, kann sie sich ebenso Fürst Józefs Mitwirkung ausgedacht haben und auch das berühmte »von allen Regierungsmitgliedern unterschriebene« Memorandum. Die Möglichkeit einer solchen Mystifikation kommt mir sehr viel wahrscheinlicher vor als die offizielle Mitwirkung der Warschauer Regierung an der Verkuppelung der Geliebten Napoleons.

Es kann sehr wohl sein, daß sich an Napoleons Liebe zu einer Polin anfangs tatsächlich gewisse politische Hoffnungen knüpften. Es kann sehr wohl sein, daß der Widerstand der Frau Kammerherr mit patriotischer Erpressung gebrochen wurde. Aber es fällt schwer zu glauben, das habe so ausgesehen wie in Madame Walewskas uns durch Ornano und (mit kleinen Abweichungen) Masson überliefertem Bericht.

Madame Walewskas Behauptungen mögen von den französischen Interpretatoren ihrer Memoiren guten Glaubens übernommen worden sein, ein polnischer Biograph muß sie mißtrauisch und mit Verdacht behandeln. Vor allem deshalb, weil die Einstellung zu den Favoritinnen der Monarchen in Frankreich anders war als in Polen. In Frankreich war, jahrhundertelanger Tradition gemäß, die Favoritin des Königs eine anerkannte politische Institution. Ludwigs XV. Geliebte, die Madame de Pompadour, stürzte Regierungen, empfing fremde Botschafter, gab dem Armeebefehlshaber Befehle, führte Verhandlungen mit den Monarchen Europas. Bei ihrer Nachfolgerin Madame de Dubarry antichambrierten Minister und Bischöfe, und gekrönte ausländische Gäste des Hofes von Versailles hielten es für ihre Pflicht, ihr einen Höflichkeitsbesuch abzustatten.

In Polen sahen die Dinge anders aus. Die Favoritin des Monarchen war seine private, vor aller Welt schamhaft verborgene Schwäche. Sie hatte keinen Einfluß auf das politi sche Leben und trat nicht offiziell auf. Man nutzte gern ihre Protektion, aber man tat das diskret, so wie man die Protektion eines vertrauten Lakaien nutzt. Wenn man sie in der Gesellschaft empfing, dann einzig und allein als die legale Ehefrau eines anderen, ihre intimen Beziehungen zu dem Monarchen blieben ein verabredetes Geheimnis. Selbst die berühmte Frau Grabowska, Stanisław Augusts[36] langjährige Konkubine, deren aus der Verbindung mit dem König stammende Kinder im Schloß erzogen wurden, schrieb diese bis zum Schluß auf die Rechnung des armen Generals Grabowski. Favoritinnen, die nicht vom Anschein der Legalität geschützt wurden, sah man allgemein als gewöhnliche Dirnen an. Das war eine tief eingewurzelte Tradition. Die Leser meines Buches *Ein unbekannter Fürst Poniatowski*[37] werden sich erinnern, wie scharf der junge Fürst Stanisław in Versailles mit der mächtigen Madame Dubarry umsprang.

Deshalb kommt es mir wenig wahrscheinlich vor, daß die exponiertesten Mitglieder der Warschauer Regierung und die Regierung als ganze sich offiziell in Napoleons Amouren eingemischt haben könnten. Zudem ist Madame Walewskas Bericht über dieses Thema inkonsequent, es wimmelt darin von Rätseln. Auf die »Notizen« seiner Urgroßmutter gestützt, präsentiert Ornano als »Brautwerber« Poniatowski und Kołłątaj, Masson dagegen, der Madame Walewskas »Memoiren« benutzt, gibt Poniatowski einen namentlich nicht erwähnten Helfer mit, »den ältesten, am meisten geachteten und mit der größten Autorität versehenen Chef der Regierung«, also eher Stanisław Małachowski als Kołłątaj. Unterschiedlich beschreiben die beiden Interpretatoren von Madame Walewskas Erinnerungen auch den Verlauf ihrer Unterredung mit den Regierungsmitgliedern sowie die Art

94

der Übergabe des Regierungsmemorandums. Der Inhalt des Memorandums selbst ist in beiden Versionen identisch. Aber auch das befreit nicht von Zweifeln. Denn diese pompöse und zugleich unbeholfene Epistel macht einen seltsam unpolnischen Eindruck. Man könnte die Urheberschaft eher einer exaltierten und romantischen Leserin französischer Philosophen, Frau de Vauban, zutrauen als einem der Warschauer Minister. Und noch ein schwer zu lösendes Rätsel: Masson und Ornano behaupten übereinstimmend, die erste Warschauer Begegnung mit Napoleon habe Fürst Józef auf einem eigens zu diesem Zweck gegebenen Ball in seinem Palais unter dem Blechdach organisiert; dagegen bezeugen Presse und Gesellschaftschronik der Zeit unwiderleglich, es habe im Januar 1807 keinen Ball bei Fürst Józef gegeben. Ähnlich verhält es sich mit der Übergabe des ersten Briefes. Aus Constants Erinnerungen und aus dem Inhalt der Briefe ergibt sich, daß Napoleons vertrauter Freund General Duroc sie überbrachte. Das Verhältnis des Kaisers zu Poniatowski war damals noch so kühl und offiziell, daß eine Verwendung des Fürsten für derart intime Aufträge nicht in Frage kommen konnte.

Hat man dieses Dickicht von Rätseln und Ungenauigkeiten hinter sich gebracht, verliert man endgültig das Vertrauen zu Madame Walewskas Behauptungen. In diesem Teil ihrer »Memoiren« und »Notizen« muß die schöne Frau Kammerherr viel Belletristisches eingefügt haben. Die imposante Konstruktion eines »nationalen Dramas« zerfällt in Trümmer. Es verschwinden Kołłątaj, Poniatowski, Małachowski und die gesamte Regierung. Auf dem Platz bleiben nur zwei Damen, die Gräfin de Vauban und Frau Cichocka. Ihr Anteil daran, daß die polnische Danae sich zu der Operation des goldenen Regens verleiten ließ, ist unbezweifelbar. Das bestätigen Masson und Ornano, die polnischen und die französischen Memoirenschreiber, das bestätigt auch Madame Walewska, indem sie in einem Brief an ihre Mutter auf diese beiden Freundinnen als die Haupturheberinnen ihrer Kapitulation hinweist.

Wer der Regisseur dieser im Vordergrund agierenden Schauspielerinnen war, wer das ganze Spiel von oben her lenkte, werden wir nie mehr erfahren. Höchstwahrscheinlich wußte das auch Madame Walewska selbst nicht. Möglich ist indessen, daß die beiden Damen aus dem Palais unter dem Blechdach bei ihrem Appell an die Gefühle und den Patriotismus der widerspenstigen Freundin dieser einredeten, sie handelten im Auftrag des Fürsten Józef und anderer hoher politischer Persönlichkeiten. Möglich, daß sie sich für Maria jene Kabinettssitzung ausgedacht haben. Möglich sogar, daß sie ihr ein anonymes, *ad hoc* präpariertes Schreiben unterschoben, es als Memorandum der Regierung darstellten und mündlich mit den Namen der angeblichen Unterzeichner vervollständigten. Vielleicht hat Madame Walewska später – schon nach ihrer »Kapitulation« – das falsche Spiel ihrer Freundinnen durchschaut und genau dann über sie an ihre Mutter geschrieben: »Ich will sie nicht mehr sehen – sie haben mich verraten.« Aber noch später, nach Jahren, als sie sich hinsetzte, um ihre Erinnerungen zu ordnen, die in den Augen ihres zweiten Mannes und ihrer Söhne die Romanze mit dem Kaiser rechtfertigen sollten, kann sie das falsche Spiel für die Wirklichkeit gehalten haben. Sie kann mit dem gleichen belletristischen Talent, das ihr Urenkel von ihr geerbt hat, Erfindungen und Vermutungen in reale Personen und reale Fakten umgeformt haben.

Man kann ihr deswegen schwerlich besondere Vorwürfe machen. Sie hatte sich Napoleon aus emotionalen Beweggründen ergeben, in der tiefen Überzeugung, sie bringe ein Opfer auf dem Altar des Vaterlandes. Also konnte sie wünschen, ihre Nächsten möchten dieses Opfer in dem würdigsten und überzeugendsten Rahmen sehen. Berichtigungen brauchte sie nicht zu fürchten. Zu der Zeit, da sie ihre Memoiren diktierte, lebten die berühmten Polen nicht mehr, die sie als Protagonisten ihres Dramas ausgewählt hatte.

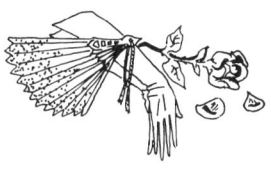

IX

Masson und Ornano beschreiben die beiden ersten Besuche Madame Walewskas bei Napoleon ziemlich genau. Der polnische Biograph hat wenig Gelegenheit zu einem eigenen Beitrag oder zur Polemik. Er muß sich völlig auf den ihm überlieferten Bericht der Heldin der Romanze verlassen. Etwas anderes wäre auch kaum möglich. Nur Madame Walewska konnte wissen, was zwischen ihr und Napoleon im kaiserlichen, von dem diskreten Constant bewachten Privatgemach geschah.

Dem eigentlichen Bericht geht ein Prolog voran. Masson schildert den dramatischen Morgen in der Warschauer Wohnung der Walewskis. Die arme, von den fortwährenden Überredungsversuchen tödlich erschöpfte Danae verkündet schließlich ihre Kapitulation: »Macht mit mir, was ihr wollt.« Die Sache ist also erledigt. Die ihr zugeredet haben, eilen zu ihren Auftraggebern, um weitere Instruktionen einzuholen. Frau de Vauban schließt die »Kleine mit den traurigen Augen« sicherheitshalber ein, damit sie sich nicht besinnt und entflieht.

Bis zum Abend bleibt Maria eingeschlossen.

»Langsam fließen die Stunden«, schreibt der sentimentale Masson gerührt. »In ihrer Angst betrachtet die arme Frau abwechselnd den Zeiger der Wanduhr und diese verschlossene, stumme Tür, durch die das Todesurteil kommen wird.«

Das weitere Geschehen verläuft wie in einem amerikanischen Ausstattungsfilm.

»Um halb elf Uhr klopft jemand. In aller Eile wird ihr ein großer Schleierhut aufgesetzt und ein Mantel übergeworfen. Die Ahnungslose und wie Verwirrte führt man zur Straßenecke, wo ein Wagen hält. Sie wird hineingestoßen. Ein Mann mit langem Mantel und rundem Hut hält die Wagentür, klappt den Tritt hoch und setzt sich neben sie. Ohne ein Wort zu wechseln, fährt man zu einem geheimen Eingang des Schlosses, läßt sie aussteigen und führt sie zu einer Tür, die sich hastig von innen öffnet. Sie wird in einen Sessel gesetzt. Napoleon ist anwesend, aber vor Tränen sieht sie ihn nicht. Er steht vor ihr und spricht leise, aber plötzlich entfahren ihm die Worte: ›Dein alter Mann‹. Sie schreit auf, springt hoch und will fliehen. Heftiges Schluchzen schüttelt sie. Bei diesen Worten stehen die Abscheulichkeit, die Gemeinheit und die Schändlichkeit ihres Handelns greifbar vor ihr. Er hingegen ist erstaunt und begreift nicht. Zum ersten Mal befindet er sich in einer solchen Lage.«

Wie brav dieser Frédéric Masson ist. Gewiß gibt er den melodramatischen Ton von Madame Walewskas Memoiren treulich wieder. Aber die Wut packt den Biographen, daß er diese Dinge nicht aus Madame Walewskas originalen Bekenntnissen erfährt, sondern aus der stilisierten Erzählung des alten Napoleonisten, der die Exaltiertheit der Memoiren noch durch seine eigene Rührseligkeit vertieft, denn er liebt seinen großen Kaiser über alles und hat doch zugleich Mitleid mit der »kleinen polnischen Gräfin«.

Auf Madame Walewskas Darstellung und wohl auch auf sein eigenes Wissen von der Heldin gestützt, beschreibt Masson Napoleons inneren Zwiespalt während des ersten Rendezvous. Der Kaiser weiß nichts von dem moralischen Zwang, der auf seine Auserwählte ausgeübt wurde, er kann also ihr Verhalten nicht verstehen. Denn was geht eigentlich vor? Eine junge Frau kommt freiwillig zu einer nächtlichen Begegnung, und dann zerfließt sie in Tränen und versucht zu fliehen. Ist das raffinierte Koketterie oder extreme Naivität? Oder spielt man ihm eine Komödie vor, um sein Verlangen zu steigern? Nein, dieses blutjunge Wesen könnte sich nicht so perfide verstellen? Mit sanfter Gewalt zieht er sie fort von der Tür, an die sie sich verzweifelt klammert. Er setzt sie in den Sessel und fragt sie nach allem aus. Er spricht mit zärtlicher Stimme zu ihr, er achtet darauf, sie nicht mit einer unpassenden Wendung zu verletzen; nichtsdestotrotz ist es ein regelrechtes Verhör. Er holt alle Informationen aus ihr heraus und beseitigt mit der unwiderlegbaren Logik seiner Argumente ihre Skrupel. Hat sie sich dem, dessen Namen sie trägt, freiwillig ergeben? Nein, die Familie hat ihre Jugendlichkeit und kaum erblühte Schönheit mit dem greisenhaften Alter verbunden. »Und du konntest Gewissensbisse haben!« ruft er zornig aus. Da versteckt sie sich hinter der Religion: »Was auf Erden verbunden wurde, kann nur im Himmel geschieden werden.« Er beginnt zu lachen, sie weint noch heftiger.

Unter solchen Gesprächen vergeht die halbe Nacht. Napoleon ist von der ungewöhnlichen Situation gerührt und amüsiert. Er fragt Madame Walewska nach ihrem Vornamen. Von nun an wird er sie Marie nennen, seine süße Marie. Um zwei Uhr früh kündigt ein diskretes Klopfen an der Tür das Ende der Begegnung an. Dieses Mal ist Danae noch gerettet. Das Weinen hat sie vor der Schande bewahrt. »Nun gut, mein sanftes, armes Täubchen«, vernimmt sie zum Abschied, »trockne die Tränen und ruhe dich aus. Fürchte nicht mehr den Adler. Dir gegenüber hat er die Kraft leidenschaftlicher Liebe, die nur dein Herz will. Schließlich wirst du ihn lieben, denn er wird dir alles bedeuten, alles, verstehst du?« (Es wäre interessant zu wissen, wer eigentlich der Autor

dieser schönen Verabschiedung war; Napoleon, Madame Walewska oder der brave Masson?) Der Kaiser hilft Maria in
den Mantel, er führt sie zur Tür, dort aber, mit der Hand auf
der Türklinke und der Drohung, er werde nicht öffnen,
heißt er sie schwören, morgen wiederzukommen.

Der Film läuft weiter. Man bringt sie unter Einhaltung
der gleichen Vorsichtsmaßregeln nach Hause. Glücklich
schläft Maria ein. Nichts Schlimmes ist passiert. Der Kaiser
hat sie »verschont«, er ist gut, zärtlich, nachsichtig gewesen.
Ihre Befürchtungen haben sich als grundlos erwiesen. Doch
am nächsten Morgen weckt man sie früh. Neue Anzeichen
kündigen an, daß die Geschichte durchaus nicht beendet ist,
sondern erst beginnt. Die dienstfertigen Freundinnen überbringen ihr einen neuen Brief Napoleons und eine schöne
Diamantenbrosche in Form eines Bouquets. General Duroc
lädt sie zu einem Mittagessen in Anwesenheit des Kaisers ein.
Vertraulich informiert er sie, Napoleon wünsche sie mit dem
Diamantenbouquet an der Brust zu sehen. Und aufs neue
wiederholt sich die gleiche Betriebsamkeit: Zureden, Über-
reden, große Worte über Polen und die Pflicht einer Patriotin.
Sie gibt nochmals nach; sie ist einverstanden, zu dem Mittagessen zu gehen, aber ohne die Diamantenbrosche.

Während des Mittagessens durchlebt sie wahre Martern.
Sie ist sicher, daß alle von dem gestrigen Geschehnis wissen.
Jeder Blick verletzt sie und treibt ihr die Schamröte ins
Gesicht. Der Kaiser wirft ihr blitzende Blicke zu, er ist
zornig, weil sie ohne das Bouquet gekommen ist. General
Duroc benutzt die Gelegenheit, um an ihr Versprechen vom
Vorabend zu erinnern. In der Zeit zwischen dem Mittagessen
und dem neuen Rendezvous schreibt sie den Brief an ihren
Mann, den Graf Ornano in seinem Buch anführt.

Lieber Anastazy!

Zunächst werden Sie mir vielleicht Vorwürfe machen, aber nicht mehr, nachdem Sie festgestellt haben, daß auch Sie in meine Entscheidungen mit einbezogen sind. Ich habe oft versucht, Ihnen die Augen zu öffnen, doch Sie haben, entweder halsstarrig und von Ihrem falschen Stolz geblendet oder vielleicht infolge Ihrer Liebe zu unserem Land, es nicht fertiggebracht, die Gefahr zu erkennen. Nun ist es zu spät.

Die würdigen Mitglieder unserer Provisorischen Regierung haben mich veranlaßt, gestern abend zum Kaiser zu gehen. Mein Wille wurde von ihren leidenschaftlichen Argumenten überwältigt (es scheint, als ob die ganze Welt sich zu meinem Sturz verschworen hätte), und nur durch ein Wunder bin ich gestern abend noch als Ihre Frau nach Haus zurückgekehrt. Heute hat man mir die größte Beleidigung zugefügt, die einer Frau geschehen kann, mindestens in meiner Position. Wenn ich heute abend wieder ins Kaiserliche Schloß gehe, Napoleons Bitte und Polens Befehl folgend – wird dann ein neues Wunder geschehen? Wenn ich kein Gewissen hätte und gezwungen wäre, zwischen dem Wohlergehen meines Landes und meinem persönlichen zukünftigen Glück zu wählen, wäre es wahrscheinlich besser, mich für das erste zu entscheiden, aber nachdem ich beides sorgfältig durchdacht habe, ziehe ich das zweite vor. Mindestens gefährdet es nicht mein Seelenheil. Andere Gründe, ebenfalls religiöser Natur, hindern mich daran, nach der dritten Alternative zu greifen, dem Tod. Ich habe so lange geweint, daß nun keine Tränen für Sie oder für Antoni übrig sind, der bei Ihnen in Sicherheit sein wird. Ich küsse Sie zum Abschied. Was mich betrifft, denke an mich wie an eine Tote, und Gott erbarme sich meiner Seele.

Maria

Ist der Brief echt? Wenn man das wüßte! In dieser seltsamen Geschichte kann man gerade deshalb die Wut kriegen, weil man nie etwas genau weiß. Marias Nachkomme führt ihn als authentisches Dokument an. Doch in der verbesserten französischen Version sieht derselbe Brief etwas anders aus, von den Mitgliedern der provisorischen Regierung ist nicht mehr die Rede.

Ihr erster Gedanke, Anastazy, wird es sein, mich wegen meines Verhaltens zu tadeln, wenn Sie den Grund erraten, warum ich Ihnen geschrieben habe. Doch nach der Lektüre dieses Briefes werden Sie nur noch sich selbst anklagen. Ich habe alles getan, um Ihnen die Augen zu öffnen. Auch Sie waren geblendet durch eine unbeschreibliche Eitelkeit und – ich erkenne es an – durch Ihre Vaterlandsliebe. Sie wollten die Gefahr nicht sehen. Gestern abend habe ich einige Stunden bei . . . verbracht. Ihre politischen Freunde werden Ihnen sagen, wer mich dort hingeschickt hat. Ich bin von dort unbescholten weggegangen mit dem Versprechen, heute abend wiederzukommen. Ich kann es nicht, da ich jetzt zu viel von dem weiß, was geschehen würde! Einige werden denken, daß ich fliehe, einige werden es Ihnen gewiß auch sagen. Antworten Sie ihnen bitte, daß vor dem Opfer für das Vaterland das Gewissen und die Überzeugung stehen, und daß nur diese allein mich am Selbstmord gehindert haben. Ich habe heute so viel geweint, daß mir für Sie und Antoni keine Tränen bleiben. Seien Sie trotzdem versichert, daß mich der Gedanke, Sie beide zu verlassen, unendlich traurig stimmt. So weit Sie auch von mir entfernt sind, zerreißt es mir doch das Herz. Gott segne und beschütze Sie beide. Ihre Frau für immer,

Maria

Aus dem veränderten Text geht hervor, daß Maria entschlossen war, einer erneuten Begegnung mit Napoleon auszuweichen. Aus dem Buch *Maria Walewska – l'épouse polonaise de Napoléon* erfahren wir, daß sie sogar versuchte, aus Warschau zu fliehen (deshalb in dem Brief die Worte vom Desertieren), doch hat man ihr die Flucht unmöglich gemacht.

Das zweite Rendezvous im Schloß beginnt in einer unerfreulichen Atmosphäre. Der Kaiser ist besorgt und düster. Er begrüßt Maria beinahe unhöflich: »Ich habe nicht mehr gehofft, Sie zu sehen.« Er hilft ihr, Mantel und Hut abzulegen, setzt sie in einen Sessel, bleibt dann vor ihr stehen und fordert mit strenger Stimme eine Rechtfertigung. (In des Kaisers Ausführungen nimmt jene legendäre Begegnung in Błonie viel Raum ein.) Warum ist sie nach Błonie gekommen? Warum wollte sie in ihm Gefühle wecken, die sie nicht teilte? Warum hat sie seine Blumen und sogar seine Lorbeerzweige verweigert? Was hat sie damit getan? Er hatte daran so viel Hoffnung geknüpft, und sie hat alles zerstört.

Plötzlich schlägt er sich mit der Hand vor die Stirn und ruft aus: »Eine wahre Polin! Sie bestärken mich in der Meinung, die ich von Ihrem Volk habe.«

Erschüttert von dieser Begrüßung, eingeschüchtert durch seine Worte, flüstert sie: »Sire, Gnade, sagen Sie mir diese Meinung.«

Da bricht er in eine lange Tirade aus: Er halte die Polen für leidenschaftlich und leichtsinnig. Bei ihnen sei alles Fantasie und nichts Plan, ihre Begeisterung stürmisch, heftig und spontan, aber zügellos und nicht von Dauer. Und dieses Bild von den Polen passe auch auf sie. Sei sie nicht wie eine Irre gerannt, um ihn bei seinem kurzen Aufenthalt zu erblicken? Dieser so sanfte Blick und der leidenschaftliche Ausdruck habe sein Herz ergriffen und sie – sie sei verschwunden. So viel er sie auch gesucht, nirgends habe er sie finden können! Und als sie schließlich als eine der letzten eintraf, sei sie wie Eis gewesen. Um es ihr deutlich zu sagen: Immer wenn er eine Sache für unmöglich ansehe, habe er sie besonders eifrig gewünscht. Nichts entmutige ihn. Diese Vorstellung des Unmöglichen feuere ihn an und bringe ihn weiter. Gewöhnt daran, daß stets alles nach seinen Wünschen verlaufe, gehe ihm ihr Widerstand zu Herzen.

Langsam erregt er sich immer mehr, echter oder vorgetäuschter Zorn steigt in ihm auf. »Ich will, hörst du mich, ich will dich zwingen, mich zu lieben! Ich habe den Namen deines Vaterlandes wiederaufleben lassen, nur durch mich besteht noch dieser Volksstamm. Ich werde noch mehr tun. Aber denke daran, daß sein Name und deine ganze Hoffnung dahingehen wie diese Uhr, die ich in der Hand halte und vor deinen Augen zerbreche. Du treibst mich zum Äußersten, wenn du mein Herz zurückstößt und mir das deinige verweigerst.«

Angesichts einer solchen Wut zittert sie vor Angst und wird ohnmächtig. »Seine Augen blitzten mich an«, zitiert Graf Ornano in einem anderen Werk wörtlich eine Notiz seiner Urgroßmutter. »Mir war, als träumte ich einen furchtbaren Traum; mit aller Willenskraft versuchte ich zu erwachen, doch sein Raubtierblick fesselte mich. Ich hörte, wie seine Absätze die unselige Uhr zertraten. Ich war in die Sofaecke gedrängt... kalter Schweiß lief an mir herunter, ich zitterte...«

»Die unglückliche Frau fällt starr zu Boden«, beschließt Masson diese Szene. »Als sie aus der Ohnmacht erwacht, ist sie nicht mehr dieselbe. Er ist dicht bei ihr, trocknet die Tränen, die Tropfen für Tropfen aus ihren Augen fließen.«

So also hat sich das zugetragen: eine ganz gewöhnliche Vergewaltigung am Beginn einer der berühmtesten Romanzen der Geschichte! Das behauptet mindestens Madame Walewska. Masson hat sich das nicht ausgedacht.

Madame Walewskas polnische Biographen Gąsiorowski und Wasylewski haben in ihren Büchern diese drastische Episode taktvoll verschwiegen, in Frankreich dagegen kommt man oft auf sie zurück. Vor drei Jahren veranstalteten zwei bekannte Historiker und Biographen, André Castelot (Autor berühmter biographischer Bücher über die napoleonische Zeit: *Josephine* und *Bonaparte*) und Alain Decaux, im Pariser Fernsehen und in dem populären Frauenmagazin *Marie-Claire* zu diesem Thema eine interessante Diskussion. Ich zitiere das Gespräch in seinen wichtigsten Fragmenten.

André Castelot, der deutlich Madame Walewska zugeneigt ist, beginnt. Er bezeichnet Napoleon als »einen der größten Menschen aller Zeiten«, seine Tat an der ohnmächtigen Maria aber hält er für »ein Verhalten, würdig eher eines Söldners als eines Monarchen«. Alain Decaux bemüht sich, die Tat des Kaisers durch seine »geringe Gewandtheit im Umgang mit Frauen« zu rechtfertigen. Und weiter wörtlich:

Castelot: Sie sagen mir eben, daß Napoleon nicht anders mit den Frauen sprechen konnte als sie auszufragen wie Rekruten, daß er sich linkisch und unbeholfen vor ihnen zeigte, daß er unbewußt und wie selbstverständlich unhöflich zu ihnen ist. Sie sagen mir, daß er in seiner Jugend und während seiner Pubertät keinen Umgang mit Frauen hatte, nicht durch sie und für sie erzogen wurde; das, was man als Schüchternheit bei einem anderen Mann bezeichnen könnte, hat ihn dazu geführt, eine entschuldbare Gemeinheit zu begehen . . .

Decaux: Gewiß, bei der Suche nach Entschuldigungen für das Verhalten des Kaisers könnte ich dies alles anführen – denn ich billige natürlich nicht, was Sie zu Recht fast eine Gemeinheit nennen . . .

Castelot: Fast? Ganz einfach eine Gemeinheit, ja!

Decaux: Ich möchte lieber die Gründe für sein Verhalten zu erklären versuchen, genauer gesagt für ein Verhalten, das offensichtlich einmalig in der Geschichte seiner Liebesabenteuer war. Denken wir darüber nach, und versetzen wir uns für einen Moment in seine Lage: eine junge Polin, die keineswegs ein junges Mädchen ist, sondern eine neunzehnjährige Mutter, zudem sehr unglücklich verheiratet, wirft sich ihm wortwörtlich an den Hals, verkleidet sich sogar, um sich ihm zu nähern und mit ihm zu sprechen. Napoleon kann völlig sicher annehmen, daß Marie Walewska bereit ist, sich ihm hinzugeben. Er weiß fast nichts von dem abscheulichen Druck, dem die junge Gräfin ausgesetzt war, damit sie seine Geliebte werde. Fürst Poniatowski ebenso wie die Mitglieder der provisorischen polnischen Regierung fürchten mit Recht, ihrem Herrn zu mißfallen, und haben ihn nur so weit über den Stand der eigentlichen Belagerung informiert, als für ihre Ziele notwendig war: Marie nachgiebig zu machen und sie zum großen Nutzen Polens in das Bett des Kaisers zu führen. Sie haben ihm die Rolle verheimlicht, die Madame de Vauban als Kupplerin spielte. Und er hat nur die eine Sache gesehen: nach anfänglicher Zurückhaltung stimmt die junge Frau in voller Kenntnis der Lage den nächtlichen

Verabredungen zu und geht darauf ein, seine Geliebte zu werden.

Castelot: Zurückhaltung, sagen Sie? Hat Marie nicht die Lektüre der kaiserlichen Briefe verweigert? Hat sie nicht das Tragen der Schmuckstückes abgelehnt, das er ihr geschickt hatte?

Decaux: Hatte man ihm das wirkliche Verhalten von Marie geschildert? Nichts beweist es. Napoleon befand sich völlig im Recht, als er Marie Walewskas Reaktionen für Manöver weiblicher Koketterie und Verhaltensweisen einer slawischen Frau hielt, die bald feurig, bald eiskalt ablehnend in Liebesdingen eine Spezialistin für den Walzer des Zögerns (de la valse hésitation) ist!

Castelot: Angenommen, der Kaiser war blind durch sein Begehren und naiv infolge seiner vorangegangenen, allzu leicht errungenen Eroberungen, angenommen, er erkannte Maries wahre Natur nicht richtig – ist das ein Grund, eine Ohnmacht auszunutzen, keine vorgetäuschte, wie die der Josephine, sondern eine echte, und sich wie ein Wilder zu gebärden? Hier zeigt sich kaum, und das ist das wenigste, was man sagen kann, die Haltung eines echten Kavaliers. Außerdem stört mich eine andere Sache: Maries Vaterlandsliebe als Ausgleich für ihre mangelnde Tugend. Der Kaiser erpreßt Madame Walewska, um sie zu Verabredungen zu zwingen. Diese Wiedererrichtung des polnischen Staates, unaufhörlich dargestellt als Lockmittel, obwohl Napoleon nur eine einzige Idee im Sinn hatte: die Verständigung mit dem Zaren. Wußte er nicht ganz genau, daß wiederum das Großherzogtum Warschau die Rechnung für die Versöhnung zahlen würde?

Decaux: Auch hier, glaube ich, hat die Umgebung der

Gräfin Walewska, wenn ich so sagen darf, das polnische Argument benutzt, um Maries Widerstand zu besiegen. Der Kaiser hat aber kaum gewußt, wie weit man gegangen war, um den Sturz der Frau des alten Grafen Walewski in seine Arme zu beschleunigen.

Castelot: Ach was! Er war der erste, der sich dieses Arguments bediente! Sie vergessen diesen Satz aus einem der Briefe Napoleons an Marie: »Ihr Vaterland wird mir noch teurer sein, wenn Sie Erbarmen mit meinem armen Herzen zeigen«.

Decaux: Er war aufrichtig, als er diese Zeilen schrieb, genauso aufrichtig wie jeder Liebhaber. Er dachte wirklich, er sähe die Polen mit den Augen Maries, die er ersehnte und zu lieben glaubte. Wenn man nach erloschener Leidenschaft, verblichenen Erinnerungen und erfüllten Wünschen die geschriebenen Schwüre und Versprechungen wiederliest – zuckt man nicht oft die Achseln?

Castelot: Gewiß . . . Und manchmal schämt man sich ein bißchen. Ich hoffe, daß Napoleon bei dem Gedanken an die Szene, die sich im Laufe jener Nacht in Warschau abspielte, als er seine Uhr mit einem Fußtritt vernichtete und sich aufführte, wie wir beschrieben haben, also hoffe ich nur, daß Napoleon nicht sehr stolz auf sich war!

Decaux: Auf jeden Fall hat Marie – und ihre Haltung beweist es – dem Kaiser seine Heftigkeit nie vorgeworfen . . . Seien wir nicht strenger als die Hauptbeteiligten, selbst wenn einige wie Sie Maria Walewska als Opfer ansehen.

So verlief die letzte öffentliche Diskussion über den »Fall Walewska«. Ich habe das Gespräch nicht nur als Beispiel für die ungezwungene und leichte Auffassung der Franzosen selbst von höchst heiklen Dingen angeführt, sondern auch um den Lesern zu zeigen, welch erstaunliches Vertrauen die heutigen Historiker in die vor siebzig Jahren durch Masson veröffentlichten Mitteilungen der »polnischen Favoritin« setzen. Manche Behauptungen Madame Walewskas in den späteren Partien der Memoiren werden von Zeit zu Zeit korrigiert, wenn sich in den französischen Archiven neue Angaben finden. Aber die erste und wichtigste »polnische Etappe« wird seit siebzig Jahren in alten Büchern über Napoleon unverändert wiederholt. Die in Zeitschriften verstreuten Entdeckungen und Vorbehalte polnischer Napoleonisten dringen nicht zu ihren französischen Kollegen durch. In den französischen Biographien begegnet Napoleon Madame Walewska weiterhin am 1. Januar 1807 in Błonie, obwohl die polnischen Historiker das für unmöglich halten. Poniatowski und andere Mitglieder der Warschauer Regierung werden weiterhin in der unwahrscheinlichen Rolle offizieller Kuppler Napoleons dargestellt. Marian Kukiels vernichtende Rezensionen der Arbeit des Grafen Ornano hatten keinerlei Änderungen in den weiteren Auflagen des Buches zur Folge. Auch Mauersbergers Entdeckungen aus dem Jahre 1938 über die Familie und die Scheidung sind nicht nach Paris gelangt. Joseph Valynseele, Autor der 1964 erschienenen vorzüglichen Arbeit *La descendance naturelle de Napoleon I.*, schreibt: »...Seit Maries Verbindung mit dem Kaiser (bis zum Tode Anastazy Walewskis, der 1815 starb), lebten die Eheleute faktisch getrennt, doch gab es weder eine Scheidung noch eine offizielle Separation.« Dabei hatte Mauersberger schon dreißig Jahre zuvor nachgewiesen, daß die Ehe der Walewskis 1812 in aller Form durch Urteile zweier Warschauer Gerichte, des geistlichen und des zivilen, aufgelöst wurde.

All das bestärkt mich in der Überzeugung, daß man unsere Berichtigungen und Zweifel möglichst weit und möglichst laut verbreiten sollte.

Andererseits – wie viele hervorragende geschichtliche Persönlichkeiten können durch die Memoiren einer einzigen schönen Blondine »erledigt« werden.

X

Fortan ist es ein Liebesverhältnis, wenn man ihre Gewohnheit so nennen kann, jeden Abend ins Schloß zu kommen, um dort mit passiver Duldung Zärtlichkeiten zu ertragen, wofür sie immer den einen Preis erhoffte. Denn es waren keine Kleinigkeiten, wofür sie sich hingab oder nehmen ließ: nicht damit eine Provisorische Regierung ernannt, der Grundstock einer Armee gelegt und einige Schwadronen leichter Reiterei in die Garde des Kaisers der Franzosen aufgenommen würden. Der einzige Preis, der sie zufriedenstellen und in ihren eigenen Augen freisprechen konnte, war das als Nation und Staat wiederhergestellte Polen.«

Das Zitat stammt aus Massons Skizze *Madame Walewska*. Auf diese Weise charakterisiert der französische Historiker Marias Zusammenleben mit Napoleon in den zwei Wochen zwischen dem zweiten Rendezvous im Schloß und der Abreise des Kaisers aus Warschau. Eine Anmerkung zu der Skizze heißt uns glauben, daß der Autor uns in objektivisierter Form ein Fragment von Marias Memoiren übermittelt oder daß er längere Ausführungen von ihr dem Sinne nach getreu zusammenfaßt.

Dieses Zitat gibt zu denken. Ohne Kenntnis der (zum Glück unbestreitbaren) historischen Fakten könnte man meinen, Napoleon habe die Aufstellung des polnischen Heeres und die Ernennung der Provisorischen Regierung von der endgültigen Erledigung seiner »männlich-weiblichen« Angelegenheiten mit Madame Walewska abhängig gemacht. Was die Chevaulegers angeht, gibt es nicht einmal einen Beweis dafür, daß es anders war, denn die Konzeption einer polnischen Garde-Einheit entstand erst ein paar Wochen nach der dramatischen Episode im Schloß. Aber Scherz beiseite. In Marias von Masson überlieferten Behauptungen schwingt ein wahrlich beunruhigender Ton mit. Es scheint, als wäre der patriotischen Danae unter dem Einfluß ihrer hysterischen Umgebung und des Ansturms des Blitzeschleuderers in ihrem hübschen Köpfchen einiges durcheinandergeraten. Oder – und das ist das Wahrscheinlichste – sie hat diesen Ton erst später angeschlagen, nach Jahren, als sie ihr für die Familie und die Nachfahren bestimmtes idealisiertes Selbstporträt retuschierte und abschloß. Jedenfalls veranlaßt uns dieses kurze Zitat aus Massons immerhin wissenschaftlicher Skizze zu einer etwas anderen Betrachtungsweise der kühnen Belletristik des Grafen Ornano und gestattet uns, den Versicherungen dieses Autors, er habe die Faktur seiner biographischen Erzählung den »handschriftlichen Notizen« seiner Urgroßmutter entnommen, etwas mehr Glauben zu schenken. Bisher waren die Kritiker von Ornanos Buch der Ansicht, die blühende Einbildungskraft des Urenkels habe Madame Walewskas politische Rolle zu unwahrscheinlichen Ausmaßen vergrößert. Die Lektüre der Skizze Massons läßt vermuten, daß Madame Walewska sich einen bedeutenden Teil dessen, was bei Ornano unwahrscheinlich wirkt, selbst ausgedacht hat.

Masson wundert sich darüber – Julian Ursyn Niemcewicz und Anetka Potocka erwähnen das ebenfalls –, daß Maria Napoleon zu ständigen Gesprächen über Polen zwingen konnte. Der erfahrene Napoleonist hält das Vorgehen des Kaisers in diesem Fall für »seltsam und überraschend, denn nie hat jemand weniger zugelassen, daß eine Frau zu ihm von Politik sprach«. Doch die junge Polin bezauberte ihren mißtrauischen Liebhaber durch Uneigennützigkeit und Patriotismus, ». . . er gibt seine Geheimnisse diesem treuherzigen und aufrichtigen Kind preis. Für ihn ist sie völlig frei von allem, was den Ehrgeiz anderer Frauen ausmacht«.

Masson führt ein paar Beispiele für die politischen Geheimnisse an, die Napoleon während der abendlichen Gespräche im Warschauer Schloß Maria enthüllte. Aber da gibt es nichts Interessantes oder Geheimes. Dieselben Formulierungen, die der Kaiser in seinen offiziellen Ansprachen an die Polen benutzte, wiederholen sich genau. Eines dieser Beispiele muß ich trotzdem zitieren, denn es rückt den Hauptinterpretator der Walewski-Memoiren in ein eigentümliches Licht.

»Du kannst sicher sein«, sagt Napoleon zu Maria, »daß das Versprechen, das ich dir gab, eingelöst wird. Ich habe Rußland bereits gezwungen, den besetzten Teil zu verlassen, die Zeit wird das Übrige tun.«

Möglicherweise nimmt der französische Leser diese Information mit ungetrübter Befriedigung auf. Der polnische Leser dagegen weiß, daß Napoleon so zu Madame Walewska nicht gesprochen haben kann, denn im Januar 1807 war lediglich das preußische Teilgebiet des früheren Polen befreit. Selbst wenn man voraussetzt, daß die Person, der die Memoiren diktiert wurden, eine undeutliche Handschrift hatte und Masson das Wort *Prusse* als *Russie* las, bezeugt die Wiederholung dieses Fehlers in dreiundzwanzig Auflagen des historischen Werkes deutlich, daß sich mit Madame Walewskas handschriftlicher Hinterlassenschaft Leute beschäftigten, die von den damaligen polnischen Realien nichts wußten. Kein Wunder also, daß sie allen Behauptungen der Autorin so unkritisch Glauben schenkten.

Unabhängig von den Geheimnissen, die der Kaiser Maria

anvertraute, erwähnt Masson auch Geheimnisse, die der Kaiser aus Maria herausholte. Napoleons Forderungen waren weniger hochfliegend, der Nutzen für ihn aber konkreter und aktueller.

»Von diesen hohen Gedankengängen fällt er in das Geschwätz der Salons zurück, in sonderliche Geschichtchen und geheime Anekdoten – ein Wechsel, der seine Gesprächspartnerin bestürzt. Sie soll ihm das Privatleben jeder einzelnen Person erzählen. Seine Neugierde ist unersättlich und erstreckt sich auch auf Lappalien. Auf diese Weise bildet er sich immer eine Meinung von der herrschenden Klasse, besonders da hier so große Interessen auf dem Spiele stehen. Er zieht seine Schlüsse aus diesem Mosaik kleiner Ereignisse, die sich in sein Gedächtnis einprägen und nach denen er so ›lüstern‹ ist, daß sein Wissen die Frau erstaunt, die ihm zuhört. Doch dann stellt sie fest, daß sie Waffen gegen sich selbst geliefert hat, sie widerspricht, sie entrüstet sich über das Urteil, das er fällt, und der Streit endet mit einem leichten Schlag auf ihre Wange und den Worten: ›Meine gute Marie, du bist würdig, eine Spartanerin zu sein und ein Vaterland zu besitzen.‹«

In dem zu Beginn dieses Kapitels zitierten Fragment aus Massons Skizze überrascht ein Satz. Masson gibt zu verstehen, es sei Madame Walewska sehr daran gelegen gewesen, »in ihren eigenen Augen freigesprochen« zu sein. Mir scheint, in diesem Satz verbirgt sich der Schlüssel zu allen Rätseln, die die Biographen der »polnischen Gattin Napoleons« plagen. Sowohl aus Massons als auch aus Ornanos Bericht kann man entnehmen, daß Maria ihre »Kapitulation« vor dem Kaiser als schwere, Religion und Moral verletzende Sünde ansah. Sie verhehlte das in den Geprächen mit Napoleon nicht, sie bekannte das in dem Brief an ihren Mann und in den »Notizen«, die sie nach dem zweiten Stelldichein im Schloß anfertigte. Aus ihren französischen, von Ornano zitierten Notizen ertönt wie ein Verzweiflungsschrei ein einziger, auf polnisch geschriebener Satz: ES WAR NICHT MEINE SCHULD. Das Schuldgefühl muß Madame Walewska all die späteren Jahre hindurch begleitet haben; es legte ihr die Pflicht zu ständiger Rechtfertigung in den eigenen wie in fremden Augen auf, es formte den Inhalt ihrer Erinnerungen, es brachte in diese Erinnerungen Entstellungen und Mystifikationen.

Im übrigen bin ich der Meinung, daß man Maria recht oft ihre Sünde vorgehalten hat, vor allem zu Beginn der Romanze. Masson bemüht sich deutlich, die Reaktion der großen Welt der Hauptstadt auf den »Fall« der Frau Kammerherr zu bagatellisieren. »Ihr Abenteuer«, schreibt er, »hätte nichts Anstößiges für eine Gesellschaft, die einfach die Gewohnheiten orientalischer Vielweiberei mit dem verfeinerten Skeptizismus aus Versailles verbindet ... Zu dieser Zeit gab es keinen großen Herrn, der nicht neben seiner Frau eine offizielle Mätresse aus der Gesellschaft hatte und auf einem seiner Schlösser eine oder mehrere bevorzugte Georgierinnen unterhielt ... Das Leben, das diese (polnischen) Adligen führten, schien ihnen nicht nur natürlich, sondern streng verpflichtend. Bei seinem Aufenthalt in Warschau brauchte Napoleon eine Frau, und man mußte ihm die anbieten, die ihm am besten gefallen konnte.«

Ich weiß nicht, welchen Quellen Masson seine Informationen über das Warschauer Leben in den ersten Jahren des 19. Jahrhunderts entnommen hat, aber seine generalisierende Beurteilung der polnischen Sitten scheint mir ein wenig vereinfacht. Jedenfalls nützt sie im Falle Walewska gar nichts.

Es stimmt, in den höheren Gesellschaftskreisen Warschaus hielt man wie in den höheren Kreisen ganz Europas die Sittengesetze nicht allzu streng ein. Es stimmt, in den ersten Wochen der Freiheit war die Warschauer Gesellschaft in ihre französischen Befreier geradezu »rasend« verliebt. Es stimmt, daß man sich damals ein frivoles polnisch-französisches Liedchen ausdachte:

> Erinnerst du dich, ma chérie,
> noch an den Colonel?
> Ach, comme je voudrais,
> seine femme zu werden.

Doch all das zusammen ändert nichts an der Tatsache, daß der Fall Walewska ein Sonderfall war, der alle existierenden Konventionen durchbrach, und als solcher mußte er keine geringe Erschütterung in der Meinung der Gesellschaft erzeugen.

Man möge bedenken, wie sich die Angelegenheit für außenstehende Beobachter ausnahm. Fast gleichzeitig mit dem großen Kaiser der Franzosen, dem »Erretter Polens«, taucht in der Hauptstadt eine blutjunge verheiratete Frau aus der Gegend von Łowicz auf. Hübsch ist sie zwar, aber darüber hinaus nichts Besonderes. Während der vorigen Saison hat man sie auf den Warschauer Fêten selten gesehen, weil ihr betagter Gatte dort nicht »zu weilen« beliebt. In der Gesellschaft rechnet niemand besonders mit ihr. Und nun plötzlich – die Sensation: Auf dem Eröffnungsball des historischen Karnevals fordert der große Kaiser ausgerechnet dieses provinzielle Gänschen zum Tanz auf. Am nächsten Tag erscheinen in allen Zeitungen Berichte, Napoleon habe seinen ersten Warschauer Kontertanz mit Frau Walewska absolviert, in der ganzen Stadt spricht man nur davon. Wenige Tage später – die Bombe! Die Pantoffelpost trägt die ersten Gerüchte über die intimen Begegnungen im Schloß aus. Und nun verwandelt sich vor den Augen der Warschauer Gesellschaft das graue Entlein in einen königlichen Schwan. Madame Walewska wird zur Zentralfigur aller Bälle und Empfänge. Der Kaiser bezeigt ihr öffentlich seine Sympathie. Französische Generäle, polnische Würdenträger und deutsche Fürsten umdrängen sie. Zu allem Übel hält ihr alter Mann, ohne etwas zu wissen oder wissen zu wollen, seine Hand über der ganzen Angelegenheit. Vergeblich versucht Graf Ornano in seinem Buch, Herrn Anastazys Ehre zu retten, und schickt ihn für diesen heikelsten Zeitabschnitt nach Italien. Gut informierte polnische Memoirenschreiber behaupten entschieden, der alte Kammerherr habe sich im Januar 1807 in Warschau aufgehalten und mit seiner Frau auf bestem Fuße gestanden. Unter anderem erwähnt das Anna Nakwaska, die Madame Walewska zur Zeit ihrer ersten gesellschaftlichen Triumphe häufig Besuche abstattete und einen dieser Besuche in einem pikanten Bildchen festgehalten hat:

»Ich erinnere mich, daß ich einmal, als ich nach dem Essen zu ihr (Walewska) kam, dort den Kronprinzen von Bayern, zwei Herren aus der Gegend von Łęczyca und ein paar junge Ehrengardisten um den runden Tisch im Salon sitzend antraf; der Gatte dieser ersten Schönheit von damals dagegen sprach im Durchgangszimmer mit zwei bärtigen Juden . . .«

Der Kronprinz von Bayern, den die Chronistin bei Madame Walewska traf, gehörte zu den glühendsten Verehrern der jungen Frau. Karl Ludwig August von Wittelsbach machte äußerlich keinen guten Eindruck, er war schwerhörig und stotterte; die Warschauer versetzte er dadurch in Erstaunen, daß er Napoleon bei jeder Gelegenheit mit großer Wonne die Hände küßte. Weil er jedoch beim Kaiser den kürzlich geschaffenen Rheinbund repräsentierte, weil er einer alten Dynastie entstammte und weil er später einmal den Thron eines selbständigen Königreichs besteigen sollte, nahm man ihn in Warschau mit großen Ehren auf und hielt ihn für eine der Hauptattraktionen des historischen Karnevals. Doch endete das binnen kurzem, und zwar durch Madame Walewskas Schuld. Der junge Deutsche nämlich verliebte sich Hals über Kopf in unsere blonde Maria und trug seine Liebe so deutlich zur Schau, daß jemand aus Napoleons Umgebung ihm diskret geraten haben muß, im eigenen, höchst begründeten Interesse für einige Zeit aus dem kaiserlichen Blickfeld zu verschwinden. Der entsetzte Kronprinz, dem trotz allem mehr an der Gnade des Rheinbundprotektors als an der seiner Favoritin gelegen war, packte schnell seine Koffer und verschwand still und leise aus der Hauptstadt des befreundeten Staates.

So viele gesellschaftliche Sensationen wegen einer provinziellen »Hübschen« hatte Warschau noch nie erlebt. Das war mehr, als die Nerven der Stars aus der hauptstädtischen Gesellschaft wie Frau Anetka Potocka, Frau Anna Nakwaska oder Frau Franciszka Trembicka ertragen konnten. Man spürt das deutlich in ihren Erinnerungen. Was gibt es da an Abneigung und Bosheit gegenüber dem ungebetenen Gast, der es gewagt hatte, ihnen die süßeste Crême des herrlichsten Warschauer Karnevals wegzuschnappen. Und dabei hat sich in den nach Jahren niedergeschriebenen Erinnerungen doch nur ein blasser Schatten einstiger Leidenschaften und einstigen Grolls erhalten. Man kann sich also vorstellen, wieviel tödliche Blicke, maskierte Beleidigungen und giftige Nachreden Madame Walewska zu Beginn ihrer Karriere als kaiserliche Favoritin hinnehmen mußte.

Aber von alledem wird nichts erwähnt, weder in den durch Masson überlieferten »Memoiren« noch in den von Ornano benutzten »Notizen«.

Die Autorin der Erinnerungen bleibt ihren Grundsätzen treu. Sie hat sich Napoleon »auf Befehl des Vaterlandes« hingegeben, also geht sie nur das eine etwas an: Sie bemüht sich, aufs beste die Pflichten eines politischen Botschafters an der Seite des Mannes zu erfüllen, der Polen erretten soll.

Ornano widmet der politischen Tätigkeit seiner Urgroß-mutter viel Raum. Diese Tätigkeit beginnt mit einem Ge-spräch mit Poniatowski. Madame Walewska verlangt von dem Kriegsdirektor genaue Informationen über den zahlen-mäßigen Bestand und die Dislozierung der polnischen Abtei-lungen. Als Fürst Józef vor der Aufdeckung militärischer Geheimnisse zurückschreckt, ruft sie ihn scharf zur Ord-nung, indem sie ihn daran erinnert, daß gerade er sie zum Botschafter an der Seite Napoleons bestimmt habe. Durch dieses Argument bezwungen, teilt ihr der Kriegsdirektor gehorsam die geforderten Nachrichten mit. Nachdem sie die militärische Lage gründlich kennengelernt hat, verkündet Madame Walewska ihren Entschluß: Die Polen müssen aktiv an der von Napoleon vorbereiteten Offensive teilnehmen. Sie empfiehlt dem Fürsten, »schnellstens und um jeden Preis« ein paar gut ausgerüstete Kampfabteilungen zu formieren. Gegen Ende des Gesprächs enthüllt sie Poniatowski ihre Zukunftspläne. (Ich zitiere wörtlich aus Ornanos Buch:) »Polen muß befreit werden, Fürst. Früher waren Sie es, der dies immer von neuem wiederholte, heute bin ich es. Seit achtundvierzig Stunden habe ich an nichts anderes gedacht, als daran, wie dies zu vollenden sei. Und ich könnte Ihnen noch mehr sagen: Der Zar hat vor einiger Zeit Verhandlungen angeboten . . . Nun, ich hege keine Sympathie für den Zaren, aber wenn Napoleon weiterhin Zeit zu gewinnen sucht, werde *ich* zum Zaren fahren, da Polen befreit werden *muß*. Hören Sie mich? Es *muß* befreit werden, und zwar sofort!«

Graf Ornano versucht, den Anschein zu erwecken, als sei das kein romanhaft erdachtes, sondern ein echtes, historisches, aufgrund von Madame Walewskas »eigenhändigen Notizen« wiedergegebenes Gespräch. Dem polnischen Biographen, für den Poniatowskis Name kein leerer Klang ist, fällt es schwer, daran zu glauben.

Kurz darauf erfahren wir von einem anderen Symptom der politischen Aktivität Madame Walewskas. Unmittelbar vor seiner Abreise an die Front sendet Napoleon seine Favoritin in geheimer Mission nach Wien (das behauptet jedenfalls Graf Ornano). Es geht darum, Österreich für die polnische Sache zu gewinnen. Um den Anstand zu wahren, reist Maria in Begleitung ihrer Mutter. Nach dem Eintreffen in Wien sollen beide Damen sich der Verbreitung napoleonischer Propaganda unter den ihnen bekannten polnischen und österreichischen Persönlichkeiten annehmen.

Nun ja – es könnte so gewesen sein. Man weiß, daß Napoleon an einer freundlichen Neutralität Österreichs außerordentlich gelegen war. Die Entsendung zweier polnischer Damen aus einer bekannten Gutsbesitzersfamilie in der Rolle politischer Emissionäre wäre gar kein schlechter Einfall gewesen. Man weiß nur nicht, ob sich eine solche Mission hätte geheimhalten lassen. Der österreichische Nachrichtendienst in Warschau sammelte sorgfältig den Gesellschaftsklatsch und mußte von Napoleons Romanze mit Madame Walewska wissen. Doch es lohnt nicht, darüber besonders nachzudenken, denn den Emissärinnen wurde ohnehin nicht gestattet, ihre Aufgabe zu erfüllen. Kaum waren sie in Wien angelangt, als man Maria durch Vermittlung der französischen Botschaft einen Brief Napoleons aushändigte:

Eylau, 9. Februar 1807

Meine süße Freundin!
Wenn Du diesen Brief liest, wirst Du schon mehr von dem wissen, was sich ereignet hat, als ich Dir jetzt sagen kann. Die Schlacht dauerte zwei Tage, und wir haben als Sieger das Feld behauptet. Mein Herz ist bei Dir; hinge es von ihm ab, wärest Du die Staatsbürgerin eines freien Landes. Leidest Du genauso wie ich unter unserer Trennung? Ich habe ein Recht, dies anzunehmen. Ich bin dessen so sicher, daß ich die Absicht habe, Dich zu bitten, nach Warschau oder auf Dein Gut zurückzukehren. Eine so große Entfernung kann ich nicht ertragen. Liebe mich, meine süße Marie, und vertraue Deinem   *N.*

Und wieder steht der Biograph vor einem unlösbaren Rätsel. Graf Ornano publiziert in seinem Buch sechzehn Briefe Napoleons an Madame Walewska. Fünf von diesen Briefen stammen aus dem Pariser Archiv der Grafen Colonna-Walewski (die vier ersten, mit dem Beginn der Romanze verbundenen Briefe sowie der vom 16. April 1814, geschrieben vor Napoleons Abreise nach Elba). Diese Briefe hat der erfahrene Masson verifiziert und sie als authentisch in seiner Skizze über Maria Walewska veröffentlicht. Was aber ist von den restlichen elf Briefen zu halten, die Masson nicht vorlagen? Ihre Originale ruhen anscheinend in dem geheimen, für Forscher unzugänglichen Archiv des Schlosses La Branchoire. Graf Ornano publiziert sie als echte Dokumente, und viel spricht dafür, daß sie wirklich echt sind. Denn Napoleons Korrespondenz mit Maria kann sich nicht auf die fünf von Masson veröffentlichten Briefe beschränkt haben. Man weiß, daß nach Madame Walewskas Tod ihre Papiere unter ihren Söhnen verlost wurden. Ein Teil der Briefe gelangte damals in das Archiv Walewski, andere können sich ebensogut im Archiv Ornano befinden. Aber die vielfach festgestellte Ungeniertheit ihres Urenkels und Biographen im Umgang mit den Papieren seiner Urgroßmutter zwingt dazu, diese Dokumente mit einer großen Dosis Mißtrauen zu behandeln. Solange die Archivalien aus La Branchoire nicht von kompetenten Spezialisten verifiziert werden, kann man über diese elf Briefe Napoleons an Madame Walewska nur wiederholen, was Marian Kukiel über sie in seiner Rezension des Buches von Ornano geschrieben hat: »Sind sie erfunden – eine vorzügliche Arbeit, sind sie echt – zeugen sie von Napoleons großer Liebe und von seinem wirklichen Interesse an der Zukunft Polens«.

Halten wir also vorläufig den Brief aus Preußisch-Eylau für echt, und folgen wir weiter Madame Walewskas Spuren, wie ihr Urenkel sie festgelegt hat.

Dem Verlangen ihres kaiserlichen Geliebten gehorsam, verläßt Maria Wien und kehrt nach Polen zurück. Jedoch nicht nach Walewice. Nach dem, was vorgefallen ist, kann sie nicht mehr bei ihrem Gatten und seiner Familie wohnen. Sie hält sich bei ihrer Mutter in Kiernozia auf. Aber sie bleibt dort nicht lange. Binnen kurzem klopft die Geschichte wieder an die Tür der »Botschafterin der Nation« und zwingt sie zu neuem politischen Wirken.

Eines Tages erscheint in Kiernozia Marias frühere Freundin Emilia Cichocka. Sie bringt keinen gewöhnlichen Gast mit: den General Józef Zajączek, einen der drei Divisionskommandeure des neuen polnischen Heeres. Zajączek sucht bei der kaiserlichen Favoritin Protektion. Er möchte einen Teil seiner Division zur Unterstützung des Kaisers ins Feld schicken, doch der Kriegsdirektor Poniatowski widersetzt sich dem. Der hitzige General überschüttet Maria eine Zeitlang mit Komplimenten und zieht Fürst Józef nach allen Regeln der Kunst in den Dreck, worauf er mit seinem konkreten Vorschlag aufwartet. Napoleon wird in Kürze sein unbequemes Feldquartier in Osterode verlassen und sich für längere Zeit nach Schloß Finckenstein (heute Kamieniec Suski) begeben. Dort wird man ihn besuchen können. Zajączek schlägt also vor, Madame Walewska möge nach Finckenstein fahren und sein Projekt beim Kaiser unterstützen. Anfangs zögert Maria. Sie möchte Zajączek bei seinen patriotischen Plänen gern helfen, will sich aber ihrem Liebhaber nicht aufdrängen. Die unverhoffte Ankunft ihres Bruders, des Offiziers, macht dem Zögern ein Ende. Łączyński schließt sich Zajączeks Vorschlag so eifrig an, daß Maria einen Augenblick lang überlegt, ob das Ganze nicht eine Intrige ist mit dem Ziel, sie in Napoleons Quartier zu locken. Am Ende jedoch entschließt sie sich zur Reise.

Eine schöne Arbeit – ohne Frage! Nichts ist in dieser biographischen Episode übergangen. Marias patriotische

Sendung ist gebührend hervorgehoben, die Stärke ihres politischen Einflusses unterstrichen, die Notwendigkeit ihrer Reise in das Quartier des Liebhabers auf höchst überzeugende Weise gerechtfertigt. Ornano versichert, er habe die Informationen über Zajączeks Besuch den »intimen Notizen« seiner Urgroßmutter entnommen, aber wieder haben wir es mit einer für diese Biographie charakteristischen »Materialmischung« zu tun. Die Beschreibung von Madame Walewskas Begegnung mit Zajączek – sie umfaßt in Ornanos Buch drei volle Seiten – scheint ebenso glaubwürdig wie die Beschreibung der früheren Begegnung mit Poniatowski. Dagegen sind die Grundzüge des Ereignisses wohl echt. Man weiß nämlich, wie bitter zerstritten die drei polnischen Divisionskommandeure untereinander waren; man weiß, daß die alten, verdienten Generäle Zajączek und Dąbrowski alles taten, um sich der Macht des jüngeren und weniger erfahrenen Fürsten und Kriegsdirektors zu entziehen. Gerade aus jener Zeit hat sich ein schändlicher Brief Zajączeks an Poniatowski erhalten, der mit den Worten beginnt: »Herr Kriegsdirektor! Ich bin der Korrespondenz mit Ihnen überdrüssig. Der Ton Ihrer Briefe gefällt mir nicht; es wäre das Klügste, überhaupt nicht mehr zu schreiben . . .« Zajączek kann also auch bei Madame Walewska Unterstützung gegen Poniatowski gesucht haben. Mehr noch, die Verständigung des zänkischen Generals mit Maria und ihrem Bruder, dem Oberstleutnant Benedykt Józef Łączyński, kann die Einleitung zu der ernstlichen politischen Intrige gewesen sein, die sich einige Zeit später im kaiserlichen Hauptquartier in Finckenstein abspielte.

XI

Anfang April 1807 verlegte Napoleon sein Hauptquartier nach Finckenstein, zwei oder drei Wochen später erschien Madame Walewska.

»Nachrichten aus dem Hauptquartier trafen... sehr oft ein«, erinnert sich die Warschauer Memoirenschreiberin Anna Potocka geb. Tyszkiewicz. »Der Feind zog sich zurück, um seine Kräfte mehr zu konzentrieren. Siegessicher ließ sich Napoleon dadurch nicht beunruhigen und schien den Angriff abzuwarten. Da das Wetter noch ungünstig war und Napoleon nicht wußte, womit er die Zeit füllen sollte, schickte er nach Frau Walewska. Der Bruder der schönen Dame, vom Leutnant, der er bislang gewesen, plötzlich zum Oberst avanciert, übernahm es, sie insgeheim in das Hauptquartier zu holen... Fast auf der Stelle erfuhr man allgemein, daß nachts ein Wagen mit sorgfältig zugezogenen Gardinen eingetroffen sei, der Rest war nicht schwer zu erraten. Allein der Ort, wo die Reisende ausstieg, blieb unbekannt...«[38]

Aus dem angeführten Fragment ergibt sich, daß nicht Zajączeks Überredungskunst, nicht eine politisch-militärische Mission (wie Graf Ornano aufgrund einer Notiz seiner Urgroßmutter verkündet), sondern eine Aufforderung des sehnsüchtigen Liebhabers die Ursache für Madame Walewskas Reise nach Finckenstein war. Frau Anetka erhält ihre Informationen aus guter Quelle, nämlich von Marias engster Freundin, Frau Cichocka oder Frau Sobolewska. Diese Informationen finden ihre Bestätigung bei Constant und einigen anderen Memoirenschreibern. Dennoch stürzt all das zusammen Ornanos Version noch nicht um. Nebenpersonen könnten von General Zajączeks Besuch in Kiernozia nicht gewußt haben.

Frau Potockas Bericht ist recht bissig, besonders in bezug auf den Bruder der Heldin. Es lohnt klarzustellen, um welchen von Marias beiden Brüdern es sich in diesem Fall handelte. Die meisten Biographen bestehen auf der Behauptung, Teodor Łączyński habe die Favoritin zum Kaiser gebracht. Aber diese Behauptung, hervorgerufen durch den biographischen Wirrwarr, von dem ich schon in früheren Kapiteln schrieb, ist irrig. Im Jahre 1807 hatte der jüngere Bruder Łączyński an der Karriere seiner Schwester noch keinen aktiven Anteil. Nachdem er mit dem Rang eines Leutnants die preußische Armee verlassen hatte, brach Teodor für längere Zeit mit dem Kriegshandwerk und schloß sich vom öffentlichen Leben aus; er ließ sich auf dem Lande nieder und wirtschaftete ruhig in Czerniew, einem Familiengut, das ihm bei der Erbteilung zugefallen war. Sehr viel mehr mit Marias Schicksal verbunden war zu jener Zeit ihr älterer Bruder Benedykt Józef, der Erbe von Kiernozia, höherer Offizier des polnischen Heeres, kurz vor dieser Unternehmung dem französischen Generalstab zugeteilt. Es gibt keinen Zweifel, daß er es war, der seine Schwester auf der Reise in das Hauptquartier begleitete. Aus den Notizen der verschiedenen Memoirenschreiber geht hervor, daß dieser tüchtige Legionsoffizier in moralisch-sittlichen Dingen durchaus kein Cato war. Nach der Rückkehr aus Italien soll er oft im Palais unter dem Blechdach gewesen, Pharao gespielt und mit der damaligen Kumpanei des »Herrn Szarmancki«[39] weidlich geschlemmt haben. Dort auch schloß er nähere Bekanntschaft mit zwei ehrbaren Damen, mit der Gräfin de Vauban und mit Emilia Cichocka. Außer verschie

127

denen kleinen Sünden, die den meisten jungen, von der preußischen Okkupation »frustrierten« Adligen geläufig waren, schreibt man Benedykt Józef auch erheblichen Anteil bei der Verleitung seiner Schwester zu der Romanze mit Napoleon zu. Ich glaube aber nicht, daß der verdiente Offizier dabei aus niedrigen Motiven handelte. Als Exlegionär verehrte er Napoleon seit langem, als Łączyński war er glühender Patriot, und da die Natur ihm außerdem Ehrgeiz nicht versagt hatte, mochte er an die Liebe des Kaisers zu seiner Schwester irgendwelche weitreichenden Pläne knüpfen. Ich fände es nicht verwunderlich, wenn er der Erfinder und Hauptregisseur der Konzeption von Massons »patriotischer Mission« wäre.

Die boshafte Frau Anetka übertreibt bei der Behauptung, Madame Walewskas Bruder sei »vom Leutnant ... plötzlich zum Oberst avanciert«. Die in den Archiven des französischen Kriegsministeriums erhaltene Konduitenliste des Generals Benedykt Józef Łączyński gibt die militärischen Beförderungen und Verwendungen genau wieder.[40] Aus der Aufstellung sieht man, daß die militärische Karriere des älteren Bruders Maria Walewskas im allgemeinen normal verlief. Zwar beschleunigt sich das Tempo seiner Beförderung deutlich nach dem Einmarsch der Franzosen in Polen, doch muß man bedenken, daß sich das zur Zeit der Aufstellung des neuen polnischen Heeres abspielte, als gute Offiziere mit militärischer Bildung und Kampferfahrung mit Gold aufgewogen wurden. Ein gewisses Mißtrauen weckt allein die letzte, mit der Versetzung in den französischen Stab verbundene Beförderung. Hier kann man in der Tat Madame Walewskas Protektion entdecken. Und das wäre nicht verwunderlich. Denn wenn der Senior der Familie Łączyński wirklich der politische Regisseur der kaiserlichen Favoritin sein wollte, konnte er diese Rolle erheblich leichter von den Höhen des Stabes Berthier aus spielen als in der Position eines polnischen Linienoffiziers. Er kann sich also darum bemüht haben, daß seine Schwester ihm den Weg zum Hauptaltar bahnte.

In den auf Napoleons Aufenthalt in Finckenstein bezüglichen französischen Militär-Archivalien kommt der Name des älteren Bruders der Madame Walewska mehrmals vor. Zum erstenmal finden wir ihn unter dem Datum des 28. April 1807. An diesem Tag übergab der Generalstabschef Marschall Alexandre Berthier dem Kaiser ein Schreiben, in dem er die Bitte des Obersten Łączyński um Zuerkennung der Ehrenlegion unterstützte. Am Rande des Dokuments hat sich eine handschriftliche Notiz des Kaisers erhalten: *A quelle bataille s'est-il trouvé?! N* Man sieht daraus, daß Napoleon in dienstlichen Angelegenheiten keine persönlichen Rücksichten nahm.

Doch die Sache war klar. Um die kaiserlichen Zweifel zu zerstreuen, legte der Bittsteller eine schriftliche Erklärung der Offiziere des 3. Bataillons der Ersten Polnischen Legion vor. Die ehemaligen Legionskameraden bestätigten seine Teilnahme an einer imponierenden Anzahl italienischer Schlachten und unterstrichen zugleich seine Tapferkeit und andere, einen guten Offizier kennzeichnende Eigenschaften. Kurz gesagt, der Bruder der Favoritin hatte voll und ganz das Recht, sich um die Ehrenlegion zu bewerben, und erhielt sie, ohne sich um irgendwelche Protektion bemühen zu müssen.

Leider beschränkte sich die Aktivität des Offiziers nicht auf die Bemühungen um eine verdiente Auszeichnung. Sein weiteres Verhalten im Bereich des Hauptquartiers ist schon von strittigerem Charakter und überschreitet die Grenzen privater und dienstlicher Angelegenheiten. Aus den erhaltenen Dokumenten geht hervor, daß der Oberst Benedykt Józef Łączyński eine der Hauptrollen in der zwielichtigen und unerfreulichen Intrige spielte, die personelle Veränderungen im Oberkommando der polnischen Streitkräfte zum Ziel hatte.

Die Atmosphäre von Finckenstein war politischen Klatschereien günstig. Im Frühjahr 1807 verwandelte sich das masurische Städtchen in die Hauptstadt des mächtigsten Imperiums. Die Residenz der preußischen Junker von Finckenstein wurde für zehn Wochen zum Dispositionszentrum der Macht über die Hälfte Europas. Jeden Tag wurden Dutzende von Kurieren mit Briefen an Könige und Kaiser abgefertigt. Beim »Siebzehn-und-vier« mit seinen Marschällen entschied Napoleon über das künftige Schicksal der Menschheit. Im einstigen Ballsaal des Schlosses wurden exotische Gesandtschaften aus der Türkei und aus Persien empfangen, und abends besuchte man die von Koryphäen des französischen Theaters gegebenen Vorstellungen. In den Zimmern neben dem kaiserlichen Appartement warteten die höchsten Würdenträger aus Paris und den verbündeten Hauptstädten auf Gehör. In den Vorzimmern drängte sich die vielsprachige Menge kleinerer politischer Akteure. In Finckenstein wurden die Grenzen des neuen Europa abgesteckt, man stritt sich um Posten in noch nicht existierenden Staaten, schloß konjunkturbedingte Bündnisse, fädelte komplizierte Intrigen ein, bemühte sich um Protektion und schwärzte sich gegenseitig an.

Im Hauptquartier des siegreichen Kaisers der Franzosen

entschieden sich auch die wichtigsten Heeres- und Verfassungsfragen des wiedergeborenen Polen. Viel Aufmerksamkeit wurde dem Streit der drei polnischen Divisionskommandeure, der Generäle Dąbrowski, Zajączek und Poniatowski, um den Oberbefehl der Armee gewidmet. Dieser seit der Ernennung Poniatowskis zum Kriegsdirektor schwelende Konflikt dehnte sich aus wie ein schmerzhaftes Geschwür und verlangte nach einem radikalen Schnitt. Am meisten interessierten sich dafür die ehemaligen Legionäre, deren es in Finckenstein damals recht viele gab. Angeführt wurden sie von dem ruhigen und über gute Beziehungen in französischen Stabskreisen verfügenden General Rożniecki. Die Legionäre konnten Poniatowski seine, wie sie meinten, ungerechte Erhöhung auf Kosten ihres geliebten Führers, des Generals Jan Henryk Dąbrowski, nicht verzeihen. Die Situation verschärfte sich nach der Schlacht bei Dirschau, wo Dąbrowski am Bein schwer verwundet wurde, was ihn zwang, sich für einige Zeit aus dem aktiven Militärdienst zurückzuziehen. Man war der Ansicht, das sei der entsprechende Augenblick, die Leitung des Kriegsressorts in seine Hände zu legen, weil ihm diese wegen seiner Verdienste und nach dem Ältestenrecht gebührte, andererseits aber keine volle physische Einsatzbereitschaft erforderte. Der hitzigste Aufwiegler in diesem Konflikt war der aus Neidenburg nach Finckenstein gekommene General Zajączek. Er liebte Dąbrowski nicht besonders, aber er unterstützte ihn aus Konjunkturgründen gegen Poniatowski, den er noch aus Kościuszkos Zeiten elementar haßte.

Wahrscheinlich gelang es Zajączek schon bei seinem Besuch in Kiernozia, den Exlegionär Benedykt Józef Łączyński und seine patriotische, von Kindesbeinen an in der Verehrung für den Schöpfer der Legionen erzogene Schwester zum Kampf gegen Poniatowski zu mobilisieren. Wenn dem so war, hat Maria nach der Ankunft der Geschwister in Finckenstein und der Wiederaufnahme der abendlichen Gespräche zwischen der Favoritin und dem Kaiser, bei denen man sich gegenseitig verschiedene politische »Geheimnisse« anvertraute, bestimmt nicht versäumt, ihrem Liebhaber die ihr eingeimpften Vorschläge in bezug auf Poniatowski und Dąbrowski zu übermitteln. Es ist also nicht ausgeschlossen, daß Madame Walewska zu dem Brief Napoleons an Talleyrand vom 29. April 1807 beigetragen hat: »Die Polen wollen Poniatowski gar nicht. Es wäre gut, wenn man das Kriegsministerium Dąbrowski gäbe und Poniatowski zur Armee einberiefe.«

Ein paar Tage später erschien auf Wunsch des Kaisers General Dąbrowski selbst im Hauptquartier. Er wurde von seinen früheren Untergebenen enthusiastisch begrüßt. Vom weiteren Verlauf der Intrige erfahren wir aus einem sonderbaren Brief an den Fürsten Józef, der aus Finckenstein abging und vom 5. Mai 1807 datiert ist. Verfasser dieses Briefes war niemand anderes als Madame Walewskas Bruder, der »Adjutant-Commandant« Łączyński.

»Am gestrigen Tage«, schrieb Benedykt Józef, *»wurde ich zu Herzog Murat gerufen, der mir befahl, an Euere Fürstliche Durchlaucht zu schreiben und folgendes mitzuteilen: General Dąbrowski hält sich seit drei Tagen im Hauptquartier auf und hatte eine Audienz beim Kaiser, bei der der Kaiser ihm befahl, einige Tage im Hauptquartier zu bleiben; am selben Tage rief der Kaiser Murat zu sich und sagte ihm: ›Ich habe gehört, Fürst Poniatowski wünsche ein Kommando in der*

Linie, er soll jetzt darum nachsuchen, und ich werde auf der Stelle ... akkordieren.‹ Herzog Murat hat mir also befohlen, Eurer Fürstlichen Durchlaucht zu schreiben und davon zu berichten, er hat hinzugefügt, der Kaiser habe im Sinn, Dąbrowski das Kriegsministerium zu geben, weil er selbst dessen Bein gesehen hat, das ihm so bald nicht gestatten wird, zu Pferde Dienst zu tun ... Kommen Sie, Durchlaucht, so schnell wie möglich nach Finckenstein, zu keinem anderen Zweck als dem, den Kaiser persönlich um ein Kommando zu bitten, und ich bin sicher, Durchlaucht werden zufrieden abreisen, denn über den Wechsel, der erfolgen soll, müssen sich alle freuen, die sich der Ehre der Freundschaft Eurer Fürstlichen Durchlaucht rühmen dürfen. Gerade das brauchen wir, es ist der richtige Augenblick, jedermann von den Talenten, dem Mut und dem devouement pour sa patrie Eurer Fürstlichen Durchlaucht zu überzeugen. Zögern Sie Ihre Abreise nicht hinaus, Durchlaucht ...«

Bedenkt man die Absicht des Briefes und den herablassenden Ton, mit dem der Adjutant im Stabe an den Kriegsminister schreibt, so kann man den Erbherrn von Kiernozia kaum für einen geschickten Diplomaten und besonders taktvollen Menschen halten. Fürst Józef ließ sich auch auf keine Korrespondenz mit dem einstigen Kumpan »unter dem Blechdach« ein. Er wandte sich direkt an Murat.

In einem umfangreichen Brief an den Marschall demaskierte der empörte Kriegsdirektor das hinterlistige Spiel seiner Gegner und erläuterte seine wahren Absichten. Er erinnerte daran, daß er sich um das Amt nicht beworben, sondern es nach Murats Willen und unter dessen Druck angenommen habe. Von sich aus wolle er das Direktorium nicht niederlegen, er sei aber jeden Augenblick bereit, darauf zu verzichten, falls »ich nicht glücklich genug gewesen wäre, mir den Beifall Seiner Kaiserlichen Majestät zu verdienen«; er warnte jedoch vor den schädlichen Folgen, die sich aus »einem so plötzlichen und durch nichts gerechtfertigten Wechsel in der obersten Führung« für das junge Heer ergeben könnten. Gleichzeitig erklärte er mit aller Entschiedenheit, er werde kein Kommando übernehmen, das ihn von seinen bisherigen Untergebenen abhängig machen würde, er kenne sie und wisse, sie würden »alle möglichen Schikanen« benutzen, »um sich an ihm für die Anstrengungen zu rächen, die er unternommen habe, um sie in Ordnung und Subordination zu halten«.

Poniatowskis Protest muß keine geringe Verwirrung im Hauptquartier hervorgerufen haben. Der dem Fürsten wohlgeneigte Murat wechselte, kaum hatte er begriffen, daß man ihn irregeleitet hatte, die Front und zog seine früheren Vorschläge eilig zurück. In einem herzlichen Brief vom II. Mai versicherte er Poniatowski seiner unwandelbaren Freundschaft und des Wohlwollens des Kaisers. Er forderte den Fürsten auf, seinen Posten als Kriegsdirektor zu behalten, »auf den ihn das Vertrauen seiner Landsleute berufen habe und auf dem er sich bestimmt weiterhin das Vertrauen Seiner Kaiserlichen Majestät verdienen werde«. Zugleich gab der Marschall ohne alle Skrupel die Drahtzieher der Intrige preis. »Ein paar polnische Offiziere, unter ihnen General Rożniecki und Oberst Łączyński... hatten mir mitgeteilt, Sie wünschten das Kriegsministerium zu verlassen und in den Dienst der Armee überzuwechseln«, schrieb er dem Fürsten und kehrte so die in Benedykt Józefs Brief dargestellten Fakten völlig um.

Die auf diese Weise seit Monaten gegen Poniatowski zusammengebastelte »Kabale« verwehte in wenigen Tagen endgültig. Der Fürst und Kriegsdirektor, dessen Sturz schon besiegelt schien, ging aus der Affäre stärker hervor als je, die Kompromittierung seiner Gegner war vollständig.

Wurden die in die Intrige verwickelten Offiziere bestraft? Klare Beweise dafür gibt es nicht, man darf aber annehmen, daß sich irgendwelche Konsequenzen ergaben. Bald darauf, aller Wahrscheinlichkeit nach im Zusammenhang mit dieser Angelegenheit, verließ der Oberst Łączyński den Stab Berthiers und kehrte in die Linie zurück. Am 1. September übertrug man ihm das Kommando über das frisch formierte 3. Ulanenregiment. Dank dieser Nominierung gelangte er in General Zajączeks Division, was sicher kein Zufall war.

Seltsam ist das alles zusammen. Die französischen Biographen unterstreichen hartnäckig Poniatowskis Beteiligung bei der Verkuppelung von Madame Walewska mit Napoleon; sie selbst gibt zu verstehen, daß Poniatowski sie zu seinem »politischen Botschafter« beim Kaiser ernannt habe, dabei aber zielt die einzige ernsthafte politische Intrige, bei der man eine Beteiligung der Favoritin vermuten kann, gerade auf die Absetzung Poniatowskis. Wie soll der Biograph mit diesen Widersprüchen zurechtkommen?

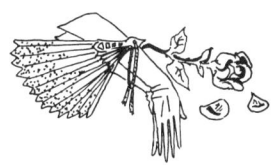

XII

Der gemeinsame Aufenthalt in Finckenstein brachte einen neuen Ton in Madame Walewskas Beziehungen zum Kaiser. Das waren nun nicht mehr geheime, eilige Stelldicheins im Warschauer Königsschloß, unterbrochen von Napoleons Zornesausbrüchen, begossen mit Madame Walewskas Tränen. Im masurischen Hauptquartier, in der Stille zweier nebeneinander liegender Zimmer, in der Absonderung von der übrigen Welt nahm die stürmische Romanze eheliche Solidität an.

»Seine Majestät ließ ein Appartement, das mit seinem verbunden war, für sie herrichten«, erinnert sich der Kammerdiener Constant. »Madame Walewska zog dort ein und verließ das Schloß Finckenstein nicht mehr; in Warschau hatte sie ihren alten Ehemann zurückgelassen, der, in seiner Ehre und in seinen Gefühlen gekränkt, niemals die Frau wiedersehen wollte, die ihn verlassen hatte. Madame W. wohnte drei Wochen bis zur Abreise des Kaisers im Schloß und kehrte dann zu ihrer Familie zurück. Während dieser ganzen Zeit bezeugte sie Seiner Majestät ständig ihre innigste und auch selbstloseste Zärtlichkeit. Der Kaiser seinerseits schien zu verstehen, was diese engelhafte Frau so anziehend machte. Ihr Wesen voll Sanftmut und Hingebung hinterließ in mir eine unauslöschliche Erinnerung. Alle Mahlzeiten nahmen sie gemeinsam ein. Nur ich bediente sie. So war ich in der Lage, ihre von seiten des Kaisers stets freundliche, lebhafte und zuvorkommende, von seiten der Madame W. zärtliche, leidenschaftliche und tiefsinnige Unterhaltung zu genießen. Wenn Seine Majestät nicht bei ihr war, verbrachte Madame W. ihre Zeit damit, zu lesen oder durch die Jalousien des kaiserlichen Zimmers die Paraden und Aufmärsche im Ehrenhof des Schlosses unter dem Kommando des Kaisers zu betrachten. So verlief ihr Leben, wie ihre Stimmung stets gleichmäßig und wenig abwechslungsreich.«

Madame Walewskas Urenkel und Biogaph, der Graf Ornano, gelangte, als er in den Jahren zwischen den Kriegen auf den Spuren seiner Urgroßmutter reiste, auch nach Finckenstein. Das Schloß, in dem sich einst Napoleons Hauptquartier befunden hatte, stand damals noch unversehrt und gehörte der Familie der Grafen Dohna. Man zeigte dem französischen Gast das »napoleonische Appartement« mit der alten, aus der Zeit der historischen Romanze stammenden Möblierung. Einen starken Eindruck auf den Urenkel machte das kaiserliche Schlafzimmer. Dort stand ein großes Ehebett mit Baldachin und Vorhängen aus purpurroter Seide und daneben ein kleines Feldbett, eines von denen, die Napoleon ständig mit sich führte und auf denen er am liebsten schlief. Man machte Ornano auf eine in den Vorhang des Ehebetts eingeschnittene Öffnung aufmerksam. Nach der Legende, an der die Schloßeigentümer festhielten, habe sich Madame Walewska vor der Abreise aus Finckenstein ein Stück Purpurseide als Andenken an die im Schlafzimmer des Kaisers verbrachten Nächte herausgeschnitten.

Vierzig Jahre nach Graf Ornanos Reise, als ich den Spuren der kaiserlichen Romanze nachging, lieferte man mir keine so suggestiven Phantasiereize mehr. Aus dem preußischen Finckenstein war inzwischen das polnische Kamieniec Suski geworden, und den Familienbesitz der Grafen Dohna hatten Fliegerbomben in eine düstere, ausgebrannte Ruine verwandelt. Kaum jemand wußte noch, daß sich dort vor anderthalb Jahrhunderten das Hauptquartier des französischen »Kriegsgottes« befunden hatte. Der letzte, von den Landsleuten der einstigen Schloßeigentümer entfesselte Krieg hatte die Spuren aller früheren Kriege verwischt. Die Ortsansässigen teilten mir zum Trost mit, das Schloß sei unter Denkmalschutz gestellt, der Wiederaufbau werde demnächst beginnen; aber meine Lage als Biograph der »polnischen Gattin Napoleons« wurde dadurch keineswegs besser.

Und dennoch – ich verließ Kamieniec Suski weder enttäuscht noch unwillig. Die vorabendlichen Stunden, die ich beim Herumirren in den Schloßruinen verbrachte, halte ich durchaus nicht für verlorene Zeit. Weil es dort nicht viel anzuschauen gab, dachte ich ständig an Madame Walewska. Aber anders, als ich gewöhnlich an die Helden meiner biographischen Erzählungen denke. Ich zerbrach mir nicht den Kopf über die Harmonisierung der Daten und Fakten, die sich in dieser verworrenen Biographie sowieso nicht harmonisieren lassen; ich versuchte nicht, die Rätsel der Vergangenheit zu lösen, die sowieso nie zu lösen sind. Ich ergab mich der Magie der historischen Mauern rundum und dachte einfach an die junge Frau, die in jener Aprilnacht des Jahres 1807 in Napoleons Hauptquartier eintraf.

Diese Fahrt nach Finckenstein war, von Maria aus gesehen, eine sehr mutige Tat. Sie mußte wissen, wieviel sie riskierte. In Warschau hatte sie die ganze Angelegenheit in den Grenzen des gesellschaftlichen Anscheins gehalten. Ihr Mann war da, ihre Kusinen und Freundinnen, es gab Vorwände in Mengen. Dort konnte man alles noch umgestalten, sich aus allem noch zurückziehen. Skandalöse Liebesabenteuer passierten den ehrwürdigsten Damen der Gesellschaft.

Man erledigte sie mit Hilfe eines mehrere Monate dauernden Aufenthalts auf dem Lande, und sie wurden schnell vergessen. Aber nach diesem Entschluß gab es keinen Rückweg mehr. Er bedeutete den Bruch mit ihrem Mann, den Verzicht auf ihren Sohn, auf ihr ganzes bisheriges Leben. Offenbar hat Madame Walewska sich bei Napoleon ausbedungen, daß niemand von ihrem Aufenthalt in Finckenstein etwas erfahren sollte. Der Kaiser tat, was er konnte, um diesen Wunsch zu erfüllen. Das Schlafzimmer der Liebenden und das benachbarte Zimmer der Favoritin wurden durch strengste Klausur vom übrigen Schloß abgetrennt. Frau Potocka, die – wie bereits erwähnt – ihre Informationen von Marias engster Vertrauten erhielt, also als glaubwürdige Zeugin angesehen werden kann, führt in ihren Memoiren folgendes Geschehnis an. Marschall Alexandre Berthier, der Kriegsminister, der zu jeder Tages- und Nachtzeit Zutritt zum Kaiser hatte, überraschte eines Morgens die Liebenden beim gemeinsamen Frühstück. Madame Walewska konnte sich noch in das Nebenzimmer zurückziehen, aber der kompromittierende Beweis in Form der Frühstücksgedecke war geblieben. Als er auf dem Tablett zwei Tassen sah, gestattete sich Berthier ein vielsagendes Lächeln. Er wurde aber von Napoleon so streng angefahren, daß er, wie die Memoirenautorin schreibt, »sofort zu der wichtigen Angelegenheit überging, derentwegen er gekommen war, und sich für die Zukunft vornahm, sein Recht, ohne Anmeldung beim Kaiser einzutreten, vorsichtiger wahrzunehmen«.

Trotz Napoleons bestem Willen scheint es nicht leicht gewesen zu sein, das Geheimnis zu hüten. Es wimmelte im Hauptquartier von Polen. Fast täglich traf jemand aus der Warschauer Gesellschaft ein. Unter den Fenstern des Schlosses exerzierten Offiziere mit den Soldaten des neugebildeten Garderegiments der Chevaulegers. Ständig hielten sich in Finckenstein Józef Wybicki, Aleksander Sapieha, Wincenty Krasiński, Aleksander Rożniecki auf. Häufig kamen Józef Zajączek und Stanisław Kostka-Potocki. Sie alle kannten Madame Walewska persönlich, manche von ihnen wie Jan Leon Hipolit Kozietulski, der einstige Nachbar aus der Gegend von Łowicz, oder die mit den Łączyńskis befreundeten Brüder Tomasz und Franciszek Łubieński zählten sich zum Kreis ihrer guten Bekannten. Außerdem amtierte in Finckenstein der voll eingeweihte Benedykt Józef Łączyński, der sich gern mit seinen Warschauer Freunden traf und mit den Chevaulegers-Offizieren trank.

Um sich vor der Neugier der Menschen zu schützen, mußte sich Maria eine ungewöhnlich strenge Zurückhaltung auferlegen. In den ganzen drei Wochen überschritt sie kein einziges Mal die Schwelle ihres freiwillig bezogenen Gefängnisses. Ans Fenster trat sie nur, wenn die Jalousien herabgelassen waren. Die einzigen Personen, die sie außer dem Kaiser sah, waren der sie bedienende Kammerdiener Constant und der Mameluck Rustan. Sie war, wie Masson schreibt, verurteilt zu einem »Einsiedlerleben streng nach dem Willen und nach dem Befehl ihres Herrn, ohne die geringste Gesellschaft, ohne Vergnügen...« Und doch geht sowohl aus Massons Bericht als aus den Zeugnissen polnischer Memoirenschreiber hervor, daß dieses scheinbar hoffnungslose Dasein Madame Walewska durchaus nicht unangenehm war. Derartige Paradoxe kommen vor, besonders im Leben von Frauen.

Die Gründe für Marias Fahrt nach Finckenstein werden von den Eingeweihten verschieden beurteilt. Constant, Frau

Potocka und die ihre Zeugnisse benutzenden Biographen behaupten, Napoleon habe sie durch einen besonderen Brief gerufen (der zu poetischen Höhenflügen neigende Wasylewski schreibt sogar von einem »goldenen Boten«, der ihr aus dem Hauptquartier eine »flehentliche Bitte« überbracht habe); der Familienbiograph Ornano versichert, sie sei in politischer Mission auf Zureden des Generals Zajaczek und ihres Bruders hingefahren, erst später habe sie der Kaiser zum Bleiben überredet. Masson, Hauptkommentator von Marias Memoiren, schließt kurz, sie habe ihm »folgen müssen«, was man unterschiedlich auslegen kann, auch indem man die Möglichkeit einbezieht, daß die einst in Warschau angewandte »patriotische Erpressung« ihr gegenüber nochmals wiederholt wurde. Niemand indessen versucht zu behaupten, Madame Walewska sei nach Finckenstein gefahren, weil sie in Napoleon verliebt war. Denn damals war sie noch nicht in ihn verliebt, das gibt selbst Masson, der Verehrer des Kaisers, zu.

Doch nach der Ankunft in Masuren befand sie sich in einer ungewöhnlichen Situation. Durch die Klausur der Geheimhaltung wurde sie völlig von der Außenwelt abgeschnitten und gleichzeitig zu intimem Umgang verurteilt, zu ständigem Alleinsein mit einem genialen, herrscherlichen, äußerst suggestiven und ... in der Fülle seiner Manneskraft stehenden Menschen (»Meine Gesundheit war noch nie so gut«, schrieb Napoleon in dieser Zeit an seinen Bruder Joseph, »daher bin ich galanter als früher.«) Maria war einundzwanzig Jahre alt und hatte die Liebe eigentlich noch nicht erlebt. Denn falls es jene jugendliche voreheliche Romanze gegeben haben sollte, so waren die schwachen Erinnerungen daran in dem dreijährigen ehelichen Umgang mit dem siebzigjährigen Kammerherrn bestimmt erloschen. In Warschau hatte der brutale Schock, der ihr in dem Augenblick widerfuhr, als der verehrte Befreier sich in einen aggressiven Freier verwandelte, Maria vor der Liebe zu Napoleon geschützt. Doch unter den Finckensteiner Bedingungen, in der Einsamkeit und Monotonie ehelicher Symbiose, die so ganz anders war als jene in Walewice, konnte sie dem elementaren Gefühl ihres Liebhabers gegenüber nicht lange passiv bleiben und mußte schließlich auf dieses Gefühl antworten. Die Tatsache, daß ihr Liebhaber zugleich der Mensch war, von dem die Zukunft ihres Vaterlandes abhing, hörte auf, die Liebe zu stören, sie wurde zu ihrem integrierten Bestandteil. Vielleicht war es noch nicht die wahre, große Liebe, von der das Fräulein Łączyńska vor der Hochzeit geträumt hatte und die Madame Walewska erst gegen Ende ihres Lebens kennenlernen sollte, aber es ist im allgemeinen schwierig, die Liebe graduell abzustufen. Jedenfalls weiß man, daß Maria Napoleon als Erinnerung an den Aufenthalt in Finckenstein einen Ring mit der eingravierten Inschrift schenkte: »Wenn du aufhörst, mich zu lieben, vergiß nicht, daß ich dich liebe«.

Für Napoleon muß die masurische Idylle ebenfalls ein ungewöhnliches Erlebnis gewesen sein. Was dem Kaiser in Warschau als vorübergehende Leidenschaft erscheinen konnte, nahm in Finckenstein die Züge einer dauerhaften Verbindung an und wurde, wie Masson schreibt, seine »einzige Herzenssache«.

Fast alle Napoleon-Biographen betonen, daß die Romanze mit Madame Walewska in seinem Leben eine Ausnahmeerscheinung bildet. Die polnische Favoritin faszinierte ihn und fesselte ihn nicht nur durch ihr bezauberndes Äußeres, sondern auch – und vielleicht am stärksten – durch ihre inneren Vorzüge. Und gerade in der masurischen Einsamkeit, in dem dreiwöchigen Alleinsein mit ihr konnte der Kaiser diese Vorzüge am besten beurteilen.

Frau Anetka Potocka schreibt, auf ihre vertraulichen Informationen gestützt, lang und breit über die – von den Biographen später oft ausgenützte – »Episode mit den Schals«. Diese Schals waren offenbar herrlich und sehr wertvoll, und der Schah von Persien hatte sie als Geschenk für die Kaiserin Joséphine nach Finckenstein geschickt. Der Kaiser bemühte sich, die schönsten Schals Madame Walewska aufzunötigen. Aber sie lehnte es ab, sie anzunehmen, genauso wie zuvor in Warschau die Schmuckstücke. Sie wollte weder Schals noch Diamanten – »sie wollte nur Polen«.

Solche Beweise für Marias Uneigennützigkeit und den Adel ihrer Gefühle begeisterten Napoleon. Der große Mann, der öffentlich so viele und so treffende Bemerkungen über die Frauen gemacht hat, hatte in seinem persönlichen Leben mit ihnen kein Glück. Joséphine, die er wirklich liebte, vergiftete ihm das Leben mit unablässiger Untreue und toller Verschwendungssucht; seine stets nach Reichtümern und Ehren verlangenden Schwestern nützten ihn unbarmherzig aus. Liebesabenteuer hatte er nur wenige. Es handelte sich überwiegend um rein erotische, vorübergehende Beziehungen zu jungen Vorleserinnen, kleinen Schauspielerinnen und Frauen jüngerer Offiziere, die ihm sein Schwager Murat oder andere kupplerische Würdenträger zuführten. Für jede dieser Liebschaften mußte er auf irgendeine Weise bezahlen. Madame Walewska war die erste Frau, die als Gegenleistung für ihre Hingabe keine materiellen Vorteile verlangte. Dabei war sie eine junge, schöne, intelligente und charmante Frau, die zärtliche Geliebte und ersehnte Lebensgefährtin, bei der er sich von der Mühe, Europa zu regieren, ausruhen konnte. Und sie war wirklich eine Dame, sie gehörte einer alten aristokratischen Familie an, was für diesen von der Revolution emporgetragenen Kaiser durchaus nicht ihren geringsten Wert darstellte. »Sie ist ein Engel«, schrieb er aus Finckenstein an seinen Bruder Lucien. »Man kann behaupten, ihre Seele sei ebenso schön wie ihre Züge.« Und der Kammerdiener Constant, unmittelbarer Zeuge und Beobachter der masurischen Idylle, erinnert sich nach Jahren: »Ihr Wesen entzückte den Kaiser und gab Anlaß, daß er sie täglich mehr liebte.«

Masson zitiert aus Madame Walewskas Memoiren die rührende Szene des Abschieds der Liebenden. Maria verläßt Finckenstein enttäuscht und grollend, weil der Kaiser Polen bislang die Unabhängigkeit nicht zurückgegeben hat. Trotz Napoleons eindringlichem Zureden will sie ihm nicht versprechen, zu ihm nach Paris zu kommen. »Sie kündigt an, sie werde sich aufs Land zurückziehen, um dort in Trauer und Gebet die Einlösung der nie gehaltenen Versprechungen abzuwarten. Doch er seinerseits fleht sie an: ›Ich weiß, daß du ohne mich leben kannst, daß dein Herz nicht mir gehört. Aber du bist gut und sanft. Dein Herz ist so edel und rein. Kannst du mir die wenigen Augenblicke des Glücks nehmen, die ich jeden Tag bei dir erlebe? Ich finde sie nur bei dir, und jedermann hält mich für den Glücklichsten der Welt.‹ Und er sagt dies mit einem so bitteren und traurigen Lächeln, daß sie, ergriffen von einem seltsamen Gefühl des Mitleids für diesen Beherrscher der Welt, verspricht, nach Paris zu kommen.«

Graf Ornano führt in seinem Buch zwei Briefe an, die Napoleon an Madame Walewska kurz nach ihrer Abreise aus Finckenstein schrieb. Der Kaiser teilt ihr die Einnahme Danzigs und die Heldentaten der polnischen Division mit. Zugleich versichert er die Geliebte seiner Gefühle: »Mit ganzem Herzen wünsche ich den Tag unseres Wiedersehens herbei, von dem an wir erneut füreinander werden leben können.« Leider muß man ein Fragezeichen hinter die Authentizität dieser Briefe setzen. Doch zur gleichen Zeit ging ein dritter Liebesbrief aus Finckenstein ab, dessen Echtheit nicht angezweifelt werden kann, weil er in hochoffiziellen, vielfach von den Historikern verifizierten Sammlungen zitiert wird. In diesem Brief beruhigt der Kaiser seine eifersüchtige Frau. Am 10. Mai 1807, also kaum einige Tage nach der zärtlichen Trennung von Maria, schreibt er an Joséphine:

»Ich liebe nur meine kleine, gute, schmollende und launenhafte Joséphine, die selbst beim Zanken ihre Anmut bewahrt. Sie ist immer liebenswürdig, außer wenn sie eifersüchtig ist, dann wird sie zur Teufelin.«

Es ist nicht leicht, Biograph zu sein!

XIII

Die zwei Jahre zwischen Marias Abreise aus Finckenstein und ihrer Ankunft in Schönbrunn, wo die Lie-
besidylle ihren Höhepunkt erreichte, sind ein für den
Wahrheitssucher besonders ärgerlicher Abschnitt. In dieser
Zeit geschieht vieles, das uns lebhaft interessiert, aber
schwer zu überprüfen ist. Graf Ornano, Kommentator der
intimen Archivalien von La Branchoire, entnimmt seinen
geheimnisvollen Papieren einen leidenschaftlich erregenden
historischen Liebesfilm mit geradezu sensationellen Momen-
ten. Im ersten Vierteljahr 1808 sehen wir Madame Walewska in Paris; Napoleon, »unkenntlich durch seinen großen
Schal und seinen bürgerlichen Hut«, führt seine Freundin in
den Straßen der Hauptstadt herum. Geheime Begegnungen
der Liebenden in kleinen Cafés, abendliche Spaziergänge in
stillen Alleen der städtischen Parkanlagen, nächtliche Aus-
flüge in verdächtige Vorstadthotels, eifrige politische Dis-
kussionen im kaiserlichen Arbeitszimmer in den Tuilerien.
Dann das Frühjahr 1809 – der Feldzug gegen Österreich.
Nach der Kapitulation Warschaus erscheint Madame Walewska in Fürst Józefs Lager in Praga[41]. Wieder eine schwere
Probe für den polnischen Biographen, denn die »süße Marie«
benimmt sich recht energisch und nicht allzu taktvoll; sie
hält dem Oberbefehlshaber seine Fehler bei der Führung des
Feldzuges vor, fährt ihn im Namen des Kaisers an und
zwingt ihm schließlich den »napoleonischen Plan« des gali-
zischen Feldzuges auf...

Graf Ornano versichert hartnäckig, alles, was er schreibe, sei »treuester Ausdruck der Wahrheit«. Die französische
Version seiner Erzählung ist in fast dokumentarischer Form

gehalten. Die Fabel des Romans wird häufig durch wörtliche Zitate aus Madame Walewskas Notizen und durch Napoleons Briefe abgestützt. Manche dieser Dokumente machen einen sehr überzeugenden Eindruck, besonders auf einen Leser, der einigermaßen mit der Korrespondenz des Kaisers vertraut ist. Als Beispiel führe ich einen Brief Napoleons an, der sich auf die Schlacht von Somosierra[42] bezieht, ein für die Polen unermeßlich wertvolles Dokument, wenn – es authentisch ist.

Valladolid, den 14. 1. 1809

Meine kleine Marie,

Du bist eine Nörglerin, und das ist schlecht; Du hörst auf Menschen, die besser die Polonaise tanzen sollten als sich in nationale Angelegenheiten mischen. Ich habe eine ganze Viertelstunde damit verbracht, Dir zu erklären, daß das, was als widersprüchliche Maßnahme erscheint, große Vorteile bringt. Lies bitte nach, dann verstehst Du, daß sich das französische Gesetzbuch auch außerhalb Frankreichs bewährt hat. Ich danke Dir für Deine Glückwünsche zu Somosierra. Du kannst stolz sein auf Deine Landsleute; sie haben eine ruhmreiche Seite in der Geschichte ihres Landes geschrieben. Ich belohnte sie im Ganzen und auch jeden einzelnen. Demnächst werde ich in Paris sein. Wenn ich lang genug bleibe, kannst Du vielleicht dort hinkommen. Meine Gedanken sind bei Dir.   *N.*

Der Brief trägt alle Merkmale der Echtheit. Er ist napoleonisch kurz und zugleich inhaltsreich. Er beweist eine so gute Kenntnis der polnischen Angelegenheiten, daß die Annahme, er könne eine romanhafte Erfindung des französischen Schriftstellers sein, fast unmöglich erscheint. Aber in dieser seltsamen Geschichte kann man für nichts garantieren. In dem Bericht des Familienbiographen, der den »treuesten Ausdruck der Wahrheit« darstellt, gibt es zahlreiche entschieden unwahre Elemente. Das bezieht sich vor allem auf die Daten, die man am leichtesten nachprüfen kann. Die Mehrzahl der von Ornano genannten Daten hält einer Gegenüberstellung mit glaubwürdigen Notizen polnischer Chronisten nicht stand. Zum Beispiel – Madame Walewskas Aufenthalt in Paris im ersten Quartal des Jahres 1808. Ornano schreibt eindeutig, seine Urgroßmutter sei, getreu ihrem in Finckenstein gegebenen Versprechen, Ende Januar 1808 in Paris eingetroffen und dort bis zum 1. April 1808, das heißt bis zu Napoleons Abreise nach Bayonne geblieben. Doch es gibt schwer anzufechtende polnische Zeugnisse, die dem widersprechen. Madame Walewska konnte nicht Ende Januar 1808 in Paris eintreffen, weil man sie am 29. Januar dieses Jahres auf einem Ball in Warschau sah; ihr schöner Tanz im Gewand einer »Frau aus Bagdad« wurde als eine der Karnevalssensationen von den Chronistinnen des damaligen gesellschaftlichen Lebens der Hauptstadt, von Frau Stanisław Grabowska und Frau Anna Nakwaska, notiert. Sie konnte auch am 1. April nicht in Paris sein, weil die wachsame Frau Nakwaska unter dem 26. März niederschrieb: »Frau Anastazy Walewska (Napoleons Geliebte) trat im Palais unter dem Blechdach in einer mimischen Szene auf . . .« Der Gegenbeweis liegt auf der Hand, man muß sich nur daran erinnern, daß es damals keine Flugzeuge gab und eine Reise von Warschau nach Paris mehr als zehn Tage dauerte. Wenn aber die Anfangs- und Schlußdaten des Pariser Abstechers nicht stimmen, hört man auf, auch an den Inhalt dieses

Abstechers zu glauben, an die sentimentalen Spaziergänge in den Parkanlagen, die politischen Gespräche in den Tuilerien, die geheimen Begegnungen in Cafés und Hotels. Selbst Napoleons dem Anschein nach höchst überzeugende Briefe betrachtet man nun mit mißtrauischen Blicken.

Ähnlich steht es bei Ornano mit den Daten in der Episode des Jahres 1809. In seiner Skizze *Wahrheit und Märchen über Madame Walewska* weist Marian Kukiel nach, daß der Familienbiograph bei der Darstellung der Handlungen seiner Urgroßmutter im Frühjahr und Sommer 1809 die historische Chronologie völlig vernachlässigt. Aus den präzisen Berechnungen des Gelehrten geht klar hervor, daß Maria Walewska den ihr zugeschriebenen Einfluß auf den Verlauf des Feldzugs gegen Österreich nicht ausüben konnte.

Ich bitte, mir zu glauben, daß es mir gar nicht angenehm ist, Madame Walewska ständig zu diskreditieren. Ich habe gerade ihr Bild vor mir, eine Bleistiftskizze von David, die in Ornanos Buch wiedergegeben ist. Auf keinem anderen Porträt ist die »süße Marie« so schön und so attraktiv. Aus dem weichen grauen Hintergrund tritt das zarte Oval des kaum angedeuteten Gesichts unter der Fülle der hellen Haare hervor, die großen Augen mit den überlangen Wimpern, die edle Nase mit der kaum sichtbaren Wölbung, die in hübschem Lächeln geöffneten Lippen. Es ist das einzige Bildnis Madame Walewskas, das die Begeisterung der Memoirenschreiber rechtfertigt und daran glauben läßt, daß Napoleon sich wirklich auf den ersten Blick in sie verlieben konnte. Die Skizze liegt ständig neben meiner Maschine, weil ich sie mir beim Schreiben gern anschaue. In letzter Zeit aber beginnt das kleine Porträt mich zu ärgern. Ich kann mich des Eindrucks nicht erwehren, als spottete die »polnische Danae«

über mein vergebliches Hin und Her, als betrachtete sie mich unter ihren langen Wimpern mit vorwurfsvoller Ironie, als würde ihr hübsches weibliches Lächeln dem einer Sphinx immer ähnlicher. Und ich fühle mich irgendwie seltsam verwirrt vor der schönen Dame auf dem Bild. Was will ich eigentlich von ihr? Unablässig reiße ich ihr die Glanzlichter der Legende ab und gebe ihr fast nichts dafür. Das ist kein loyales Vorgehen.

Und dennoch – ich muß die undankbare »Antibiographie« weiterführen, denn allem Anschein zum Trotz hat sie ein bestimmtes Ziel. Irgendwo in der fernen französischen Touraine gibt es das geheimnisvolle Schloß La Branchoire; in einem seiner Säle, in einem Empire-Sekretär eingeschlossen liegen einige Päckchen vergilbter Dokumente und Briefe, geschrieben mit rostrot gewordener Tinte. Die Vision der verheimlichten Archivalien quält mich wie eine fixe Idee, von der ich mich nicht befreien kann.[43] In diesen alten Papieren ist die Wahrheit über meine Heldin verborgen, wenn nicht die historische, so mindestens die psychologische. Ich glaube, daß diese Wahrheit einmal aufgedeckt werden wird, und in der Tiefe meiner Seele nähre ich die zaghafte Hoffnung, meine Arbeit möge dazu bis zu einem gewissen Grade beitragen.

Doch Schluß mit der Abschweifung, der Augenblick des Aufatmens für den Wahrheitssucher naht. Der Sieg bei Wagram beendete den österreichischen Feldzug. Napoleon wendet sich von den Angelegenheiten des Krieges ab und denen des Friedens zu. Er verlegt sein Hauptquartier in die Sommerresidenz der österreichischen Kaiser, in das Schloß Schönbrunn bei Wien. Jetzt hat er Zeit für die Liebe, also ruft er seine Geliebte zu sich. Mit dem Augenblick, da Madame Walewska in Schönbrunn eintrifft, betritt der Biograph den festen Grund nachprüfbarer Tatsachen. Die quälende Widersprüchlichkeit der Quellen hört auf, die »Antibiographie« verwandelt sich in eine Biographie.

»Nach der Schlacht bei Wagram im Jahre 1809 zog der Kaiser in das Schloß Schönbrunn«, teilt der Kammerdiener Constant mit. »Alsbald ließ er Madama Walewska kommen, für die man ein reizendes Häuschen in einem der Vororte von Wien, dicht bei Schönbrunn, gemietet und eingerichtet hatte. Heimlich holte ich sie jeden Abend mit einem nicht livrierten Diener im geschlossenen Wagen ohne Wappen ab. Dann führte ich sie ins Schloß durch eine geheime Tür und brachte sie zum Kaiser. Die Strecke, obgleich sehr kurz, war besonders bei Regenwetter nicht ungefährlich wegen der Fahrrinnen und Löcher, die man ständig antraf. So sagte mir der Kaiser fast täglich: ›Geben Sie acht heute abend, Constant, es hat geregnet, der Weg wird schlecht sein. Sind Sie Ihres Kutschers sicher? Ist der Wagen in gutem Zustand?‹ und andere Fragen der gleichen Art, die alle die aufrichtige und echte Zuneigung für Madame W. bezeugten. Der Kaiser hatte nicht unrecht, mich zu besonderer Vorsicht aufzufordern, denn eines Abends, als wir etwas später als gewöhnlich von Madame W. aufgebrochen waren, brachte der Kutscher uns zu Fall. Als er einer Fahrrinne ausweichen wollte, streifte der Wagen eine Bordsteinkante. Ich saß zur Rechten von Madame W.; der Wagen stürzte auf die rechte Seite, so daß ich allein unter dem Fall zu leiden hatte und Madame W. sich nicht verletzte, da sie auf mich fiel. Ich hatte die Genugtuung, sie beschützt zu haben. Ich sagte es ihr, und sie bezeugte mir ihre Dankbarkeit mit der ihr eigenen Anmut. Der Schmerz, den ich verspürt hatte, war bald vergangen.

Ich begann darüber zu lachen, und auch Madame W. lachte, als sie den Unfall sofort nach unserer Ankunft Seiner Majestät erzählte.«

Maria war »unter dem Vorwand einer Kur in Baden« nach Wien gefahren und traf dort wahrscheinlich Ende Juli ein, drei Wochen nach Wagram. Ein dienstlich in Wien beschäftigter Mitkämpfer der Schlacht bei Wagram, der Schwadronschef der Chevaulegers Tomasz Łubieński, schrieb am 31. Juli 1809 an seine Frau: »Vorgestern ging ich im Theater in die Loge der Witts, ich traf dort Frau Anastazy Walewska, die mir von Warschau erzählte, das sie erst nach dem Abzug der Österreicher verlassen hatte ...«

Das Ehepaar Witt assistierte Madame Walewska treulich während ihres Aufenthaltes in Wien. Józefa geb. Lubomirska, in erster Ehe verheiratet mit Adam Walewski, in zweiter Ehe mit Jan Witt, mit Maria durch ihre erste Ehe also verschwägert, spielte bei ihr die Rolle der Anstandsdame. Diese fröhliche Person, der allgemein nachgesagt wurde, sie lebe gleichzeitig mit ihren beiden Männern, eignete sich nicht sehr zur Tugendwächterin, aber Madame Walewska hatte überhaupt kein Glück mit Anstandsdamen aus der Familie. Im nächsten Jahr in Paris wird eine andere Nichte des alten Kammerherrn sie unter ihre Obhut nehmen, die Fürstin Teodora Jabłonowska. Diese war zur Abwechslung ihrem rechtmäßigen Ehegatten schändlich untreu und reiste überall mit ihrem zwanzig Jahre jüngeren Geliebten herum, was Tomasz Łubieński, den Freund ihres Gatten, des Fürsten Stanisław Jabłonowski, schrecklich erbitterte. »Der Fürst teilt mir mit, die Fürstin sei mit Nosarzewski auf Reisen, er hoffe, ich würde mich von ihr fern halten«, schreibt Herr Tomasz in einem der Briefe an seine Frau. »In Paris ist das leichter. Was mich aber schmerzt, ist die Tatsache, daß unsere Frauen im Ausland ihre Schwächen so wenig verbergen.«

Frau Walewska tat alles, um »ihre Schwächen« zu verbergen. Unabhängig von den moralisch-sittlichen Qualitäten ihrer Kusinen muß deren Gesellschaft für sie sehr bequem gewesen sein. Die Anwesenheit von Damen aus der Familie ihres Mannes sanktionierte gewissermaßen vor der öffentlichen Meinung ihren zweideutigen Aufenthalt in Wien und später in Paris. Selbstverständlich ging es nur darum, den Schein zu wahren. Von Geheimhaltung konnte keine Rede sein. Die polnischen Kreise in Wien (und später in Paris) gaben sich gewiß keinen Täuschungen über die Art der Beziehungen zwischen Maria und dem Kaiser hin. Das bezeugen Briefe von Polen, die sich damals in Wien aufhielten, sowie die zahlreichen Besucher in Madame Walewskas Villa in Meidling bei Wien, die sich auf diese oder jene Weise um Protektion bemühten. Es spricht viel dafür, daß die Villa in Meidling eine recht wesentliche Rolle bei den Intrigen und Streitigkeiten spielte, die zu jener Zeit das Offizierskorps des Garderegiments der Chevaulegers spaltete. Am 23. August 1809 berichtete Tomasz Łubieński vertraulich seiner Frau: »Ich habe dir auch die hiesigen Intrigen nicht mitgeteilt, weil sie bedeutungslos sind. Man fädelt sie meistens durch Frau Anastazy Walewska ein, man wollte auch mich hineinziehen, aber zum Glück habe ich mich nicht eingemischt . . .«

Mit Bedauern muß ich feststellen, daß dieser Brief von Tomasz Łubieński, ein paar ähnliche Briefe sowie die Vermutungen über Madame Walewskas Verbindungen zu der »Kabale« in Finckenstein die einzigen greifbaren Spuren einer politischen Tätigkeit der »polnischen Gattin Napoleons« sind. Ornano bemüht sich, seine Urgroßmutter in gewisser Hinsicht den mächtigsten französischen Favoritinnen ähnlich und zugleich aus ihr eine polnische Nationalheldin zu machen. Er läßt sie sich in Strategie und große Politik einmischen, wichtige Auslandsmissionen durchführen, sich mit Befehlshabern und Ministern streiten, beinahe eine Armee kommandieren – doch die unbarmherzigen Dokumente beschränken ihre politische Rolle auf die (wir möchten glauben, positive) Beteiligung an kleinen persönlichen Intrigen sowie auf die Erledigung verschiedener Angelegenheiten, die der Protektion des Kaisers bedurften. Wenn Madame Walewska wirklich politische Ambitionen besaß, muß dieser Absturz im Vergleich zu dem Ausgangspunkt als »Botschafter« für sie unsagbar widerwärtig gewesen sein.

Einige Wochen nach der Ankunft in Wien wurde Maria schwanger. Auf Wunsch Napoleons bestätigte das der erste kaiserliche Arzt Corvisart. Und welch eine Ironie des Schicksals! Diese weiblichste Errungenschaft Marias wird zugleich zu ihrer ersten politischen Leistung, die erhebliche Konsequenzen von europäischer Bedeutung nach sich zieht. Aber das werden keine günstigen Konsequenzen sein, weder für Maria noch für ihr Vaterland.

Madame Walewskas Schwangerschaft wurde für Napoleon – unabhängig von sentimentalen Gründen – zu einem staatspolitischen Ereignis. Zum erstenmal errang er die absolute Gewißheit, daß er zum Gründer einer Dynastie werden könne, entgegen den Behauptungen der Kaiserin Joséphine, die ihm die Schuld für ihre Kinderlosigkeit anlastete. Zwar hatte der Kaiser bereits einen natürlichen

Nachkommen, der, kurz bevor er Madame Walewska kennenlernte, aus einer flüchtigen Verbindung mit Eléonore Denuelle de la Plaigne Revel geboren wurde, einer schönen, ihm von Murat zugeführten Vorleserin seiner Schwester, doch war er der Herkunft dieses Nachkommen nicht völlig sicher. Der zweijährige Léon (später Charles Graf Léon, der in Zukunft zum Quell unablässiger Sorgen für die Familie Bonaparte werden sollte) war Napoleon täuschend ähnlich, aber der Kaiser beeilte sich nicht, ihn als Sohn anzuerkennen, weil er immer noch den Verdacht hegte, sein wahrer Vater könne Murat sein. Bei Madame Walewska beeinträchtigte kein Schatten eines Zweifels die Befriedigung über seine Vaterschaft. Nach dieser siegreichen Probe hatte er das Recht, ja sogar die Pflicht, sich von Joséphine scheiden zu lassen und eine neue Kaiserin zu suchen, die imstande war, Frankreich einen Thronfolger zu schenken.

Alle gut informierten Memoirenschreiber unterstreichen das Interesse und die Fürsorge, die der Kaiser dem erwarteten Kind gegenüber an den Tag legte. Constant schreibt lang und breit darüber, und selbst die der Favoritin abgeneigte Anna Potocka gibt es zu, wobei sie die Gelegenheit zu einer boshaften Spitze gegen die werdende Mutter ausnützt. »Die Person, der ich diese interessanten Einzelheiten verdanke«, schreibt Frau Anetka, »besitzt Briefe, die der Kaiser an Frau Walewska geschrieben hat, als er bereits sicher war, Vater zu werden. Er tituliert sie abwechselnd *chère Marie* und *Madame* und empfiehlt ihr in eher herrischem als zärtlichem Ton, auf sich achtzugeben. Man sah, daß er sich mehr um das Kind als um die Mutter sorgte. An Joséphine hatte er früher anders geschrieben!«

Anfang Oktober schickte Napoleon die Mutter seines Sohnes (denn er zweifelte von Anfang an nicht daran, daß ihm ein Sohn geboren würde) aus Wien nach Paris. Aber auch jetzt noch kümmerte man sich um die Wahrung des Scheins. Aus Tomasz Łubieńskis Korrespondenz geht hervor, daß Maria zusammen mit den Witts abreiste und rundum verkündete, sie kehre nach Polen zurück. (Manche Biographen behaupten allerdings, sie sei tatsächlich zu ihrer Mutter nach Kiernozia gefahren, um dort die Niederkunft abzuwarten.)

XIV

Und wieder muß ich mich auf den seltsamsten aller Biographen verlassen, auf Philippe-Antoine Graf Ornano. Denn nur er kann uns erklären, wie es dazu kam, daß Marias und Napoleons natürlicher Sohn nicht im väterlichen Paris, nicht im mütterlichen Kiernozia, sondern auf dem Stammsitz der Walewskis in Walewice geboren wurde.

Und wieder beobachten wir eine Erscheinung, für die es in der Biographistik der Welt wohl keinen Präzedenzfall gibt: die absolute Ungeniertheit, mit der dieser Familienbiograph die persönlichen Papiere seiner Urgroßmutter behandelt. Ornano bietet zwei völlig verschiedene Varianten des uns interessierenden Ereignisses an. In der englischen Version seiner Biographie erfahren wir, Madame Walewska sei von Wien nicht nach Paris gereist, sondern in das heimatliche Kiernozia, und habe eben da einen Brief des Kammerherrn Walewski erhalten, der ihr anbot, das Kind in Walewice zur Welt zu bringen. Aus der französischen Version hingegen geht hervor, dieser Brief ihres Gatten sei Maria in Paris zugestellt worden. Auch der Inhalt des Briefes ist in den beiden Versionen nicht identisch. Solange jedoch die Originale der Archivstücke von La Branchoire nicht zugänglich gemacht werden, hat es keinen Zweck, sich mit der Suche nach den Motiven abzugeben, die den Familienbiographen dazu veranlaßten, dasselbe Dokument in zwei verschiedenen Formen zu publizieren. Ich führe den Brief des Kammerherrn in der französischen Variante an, weil diese von Historikern und Biographen am häufigsten zitiert wird.

Walewice, 21. Februar 1810

Teure, verehrte Frau,

Walewice ist mir mehr und mehr eine Last, mein Alter und meine Gesundheit verbieten mir jegliche Tätigkeit. Ich bin folglich zum letzten Mal gekommen, um die Urkunde zu unterzeichnen, die meinen erstgeborenen Sohn[++] zum Erben einsetzt. Ich rate Ihnen, sich mit ihm über die weiteren Formalitäten zu verständigen, die aus Anlaß der Geburt des zu erwartenden Kindes erledigt werden müssen. Sie wären geringer, wenn dieser Walewski in Walewice geboren würde. Auf seinen Rat hin schreibe ich Ihnen. Bewußt erfülle ich meine Pflicht, indem ich Gott bitte, daß er Sie behüten möge.

Anastazy Colonna-Walewski

Die Tatsache, daß der Brief (in dieser oder einer anderen Version) existiert, wird von allen Historikern anerkannt, die sich für Maria Walewska oder Alexandre Walewski interessieren. Das Vorgehen des Kammerherrn wird gewöhnlich nicht mit seiner angeborenen Großmut erklärt, sondern damit, daß Napoleon Druck ausübte. Napoleon mag aus zwei Gründen gewünscht haben, daß die Geburt in Walewice stattfinde. Erstens – weil er Maria liebte, wollte er, daß ihr Kind die Privilegien einer legalen Geburt genieße; zweitens – da er zu dieser Zeit bereits völlig mit den Vorbereitungen für die Ehe mit der österreichischen Erzherzogin Marie-Louise beschäftigt war, zog er es vor, daß der Epilog seiner außerehelichen Verbindung sich fern von Paris abspielte.

Als Konsequenz von Herrn Anastazys Angebot wurde knapp drei Monate später in dem Walewice benachbarten Dorf Bielawa in das Personenstandsbuch folgender Eintrag gemacht:

»Dorf Walewice. Im Jahre eintausendachthundertzehn, am siebenten Tage des Monats Mai. Vor uns, dem Propst von Bielawa, Personenstandsbeamter der Gemeinde Bielawa, Kreis Brzezina, Departement Warschau, erschien der Hochwohlgeborene Herr Anastazy Walewski, Starost von Warka, wohnhaft in Walewice, dreiundsiebenzig Jahre alt, und zeigte uns ein Kind männlichen Geschlechts, das in seinem Schloß mit der Hausnummer eins am vierten Tage des Monats Mai dieses Jahres um vier Uhr am Nachmittag geboren wurde, und erklärte, es sei gezeugt von ihm und der Hochwohlgeborenen Maryanna Łączyńska, Tochter des Starosten von Gostyń, dreiundzwanzig Jahre alt, seiner Ehefrau, und er wünsche, ihm die drei Vornamen Floryan, Alexander und Józef zu geben. Nach Abgabe dieser Erklärung und nach Vorweisung des Kindes in Gegenwart des Wohlgeborenen Stanisław Wołowski, Possessors[45] des Gutes Walewice, dreißig Jahre alt, sowie des Herrn Józef Ciekierski, Doktor der Chirurgie und Medizin, Philosoph und Professor der Chirurgie und Geburtshilfe, Doktor seiner Majestät des Königs Friedrich August von Sachsen, Herzogs von Warschau, Konsiliarius des Allgemeinen Rats und des Gesundheitswesens, Direktors des Instituts für Geburtshilfe der Stadt Warschau, wohnhaft unter der Nummer dreihundertzweiunddreißig in seinem Palais in der Neustadt, zweiunddreißig Jahre alt.

Dieser Akt wurde nach Vorlesung desselben von uns und den Zeugen unterzeichnet. Pfarrer Jan Węgrzynowicz, Propst von Bielawa, Personenstandsbeamter mp. Józef Ciekierski mp. Stanisław Wołowski Possessor mp.«[46]

Ein paar Jahrzehnte später ergänzte Alexandre Walewski, Präsident der Deputiertenkammer des zweiten französischen Kaiserreichs, dieses trockene Dokument durch eine poetische Notiz in seinen Memoiren: »Geboren wurde ich in Walewice in Polen am 4. Mai 1810. Meine Geburt fand unter Blitz- und Donnerbegleitung statt, was man als Prognose dafür ansah, daß mein Leben stürmisch und ungewöhnlich verlaufen werde. Über die Taufe hielten mich, einem alten Familien-Aberglauben entsprechend, zwei Bettler, damit ich im Leben Glück hätte.«

Hinzufügen muß man, daß Walewski in seiner Notiz eine wichtige Einzelheit übergangen hat. Bei seiner Taufe assistierte auch der französische Resident in Warschau, Minister Serra.

Der Brief des alten Kammerherrn und die Geburtsurkunde Alexandre Walewskis stellen eine besondere Dokumentation dar. Es kommt in Biographien selten vor, daß die peinliche Prozedur der Verleihung des Anscheins einer legalen Geburt an ein uneheliches Kind so genau dokumentiert wird und so leicht abzulesen ist. Und noch etwas: der Vergleich der Daten dieser Dokumente mit bestimmten historischen Daten enthüllt uns Madame Walewskas persönliches Drama. Fast genau zur gleichen Zeit, als Maria nach Walewice abreiste, um dort das kaiserliche Kind zu gebären, schloß in Wien Napoleons Bevollmächtigter, Erzherzog Karl von Habsburg, in dessen Namen die Ehe *per procura* mit der ältesten Tochter des Kaisers von Österreich, der Erzherzogin Marie-Louise.

Graf Ornano behauptet, nach der Feststellung von Madame Waleskas Schwangerschaft hätte nicht viel daran gefehlt, daß »der Kaiser ihr die Krone anbot«. Der Familienbiograph übertreibt gern, in diesem Fall aber ist es nicht ausgeschlossen, daß Maria tatsächlich mit einer derartigen Eventualität rechnen konnte, um so mehr als es dafür einige reale Voraussetzungen gab, denn unmittelbar nach der Rückkehr aus Österreich beschloß Napoleon endgültig, sich von der Kaiserin Joséphine zu scheiden, und leitete das offizielle Scheidungsverfahren ein. Doch über eine neue Ehe des Imperators sollten nicht Gefühlsrücksichten entscheiden, sondern politisch-dynastische Gründe. Wenn sich Maria also tatsächlich gewissen Illusionen hingab, so verwehten diese binnen kurzem.

Ende 1809 wurden die diplomatischen und Regierungskreise der ganzen Welt durch die Nachricht elektrisiert, Napoleon bemühe sich um die Hand der Großfürstin Anna, der jüngeren Schwester Zar Alexanders. Doch der russische Hof machte sein Einverständnis von einer für Polen tödlichen Bedingung abhängig. Napoleon sollte sich verpflichten, ein unabhängiges Königreich Polen nie wiederzuerrichten. Eine entsprechende geheime Konvention war bereits von dem französischen Botschafter in Petersburg, Caulaincourt, vorbereitet.

Das sind unbestreitbare historische Fakten. Viele Historiker meinen, Napoleon sei geneigt gewesen, eine solche Konvention zu unterschreiben, habe sich jedoch aus den Verhandlungen zurückgezogen und seine Ehefühler nach Österreich ausgestreckt, sobald er bemerkte, daß es dem Zaren allein darum ging, ihn in den Augen seiner polnischen Verbündeten zu kompromittieren. Madame Walewskas Familienbiograph beleuchtet indessen den Grund des Abbruchs anders, er schreibt es ausschließlich dem Verdienst seiner Urgroßmutter zu, daß das französisch-russische Einverständnis nicht zustande kam. Der Bericht des Grafen Ornano versetzt uns wie gewöhnlich in den Bereich nicht nachprüfbarer Mythen. Wieder werden wir Zeugen eines dramatischen Gesprächs zwischen Fürst Józef Poniatowski und seiner angeblichen »politischen Botschafterin«.

Poniatowski informiert Madame Walewska über die von Caulaincourt in Petersburg geführten geheimen Verhandlungen und fleht sie an, sich unverzüglich nach Paris zu begeben, um Napoleon die gefährlichen Ehepläne auszureden. Maria übernimmt die Mission, ohne zu zögern, und macht sich ungeachtet ihres schlechten Gesundheitszustandes auf die weite Reise. »Diesen Entschluß brauchte sie nicht zu bereuen«, folgert Ornano. »Coulaincourts Konvention wurde verworfen, und der Kaiser bewies seiner süßen Freundin viel Zärtlichkeit.«

Ohne in fruchtlose Untersuchungen darüber einzutreten, ob Madame Walewska tatsächlich eine Rolle bei der Unterbindung der russischen Ehe gespielt hat, kann man eines feststellen: Napoleons Ehe mit der österreichischen Erzherzogin vermochte sie nicht zu verhindern; sie erfuhr davon aus den Zeitungen, als sie sich schon in Walewice aufhielt, kurz bevor sie den Napoleoniden zur Welt brachte. Es fällt nicht schwer, sich vorzustellen, was sie damals durchmachte.

Die monatelangen Feierlichkeiten, mit denen Frankreich auf die kaiserliche Eheschließung reagierte, bewogen die »polnische Gattin Napoleons« dazu, ihren Aufenthalt in Walewice zu verlängern. Erst im Spätherbst 1810 entschloß sie sich, das Land zu verlassen und – diesmal für immer – nach Paris überzusiedeln. Die Umstände dieser Abreise hat Alexandre Walewski in seinen Erinnerungen festgehalten: »Sechs Monate nach meiner Geburt führten die Zwistigkeiten zwischen meiner Mutter und ihrem Gatten – für Kinder stets etwas Schmerzliches – dazu, daß meine Mutter zusammen

mit mir und meinem älteren, fünfjährigen Bruder Polen verließ und nach Paris übersiedelte. Hier muß ich hinzufügen,
daß diese Zwistigkeiten niemanden verwunderten, man
wußte ja, daß meine Mutter als sechzehnjähriges Mädchen
zur Ehe mit meinem sechzigjährigen Vater gezwungen worden war. Vermögensrücksichten und gewiß auch Eigenliebe
waren der einzige Grund dieser Verbindung ... Trotz der
Unterschiede in der Gemütsart konnte mein Vater offenbar
die ungewöhnlichen Vorzüge meiner Mutter, die mit der
Zeit von der ganzen Welt anerkannt wurden, richtig ein-
schätzen, überließ er ihr doch bei der Scheidung die Hälfte
seines Vermögens.«

Madame Walewska unternahm die Reise nach Frankreich
mit familiärem Beistand. Außer den beiden Kindern beglei-
teten sie noch drei Erwachsene: zwei Nichten des alten
Kammerherrn, Fürstin Teodora Jabłonowska und Teresa
Bierzyńska sowie der kürzlich in den Dienst der französischen Armee übernommene und mit dem Rang eines Capi-
tain-Adjutant dem Stab des Generals Duroc zugeteilte Teodor
Marcin Łączyński.

Das Datum von Teodor Marcins Beförderung (7. September 1809, der Höhepunkt der Wiener Idylle Marias und
Napoleons) sowie seine Abstellung zu Duroc, dem der Kaiser
offiziell die Fürsorge für die Favoritin übertragen hatte,
lassen keinen Zweifel daran, daß die militärische Karriere
des jüngeren Łączyński-Bruders eng mit der Karriere seiner
Schwester verbunden war. Teodor Marcin nahm bei seiner
Schwester die von Benedykt Józef verlassene Stelle des Beschützers ein und sollte auf dieser Stelle bis zum Schluß
bleiben. Im Unterschied zu seinem älteren Bruder zeigte er
keine ausschweifenden politischen Ambitionen und verur-

sachte, wie man der existierenden Dokumentation entnehmen kann, seiner Schwester keine besonderen Schwierigkeiten. Alexandre Walewski, der nach dem Tod seiner Mutter bei Onkel Teodor erzogen wurde, stellt ihm in seinen Erinnerungen folgendes Zeugnis aus: »Er war ein Mensch, sehr gütig zu seiner Familie, seinen Freunden und überhaupt zu allen Leuten, die ihm von Geburt gleichgestellt waren, aber sehr streng zu seinen Untergebenen und Bauern. Er verurteilte sie nicht nur oft zu körperlichen Züchtigungen, sondern schlug sie sogar eigenhändig. Ohne ihn entschuldigen zu wollen, sage ich nur, daß ... fast alle Grundbesitzer in Polen ihre Untertanen auf diese Weise behandelten, was mich, dem außer Landes Erzogenen, zutiefst empörte. Teodor Łączyński hielt sehr auf Ordnung bei seinen Ausgaben, ich verdanke ihm in dieser Hinsicht viel, denn die Ordnungsprinzipien, die ich an seinem Beispiel lernte, haben mir im Leben viel genützt.«

Das Ende dieser Charakteristik berechtigt zu dem Schluß, daß Teodor Marcin für Madame Walewska ein sehr geeigneter Beschützer war, vor allem in ihrer Pariser Zeit. Seine Genauigkeit bei den Ausgaben und seine »Ordnungsprinzipien« waren zu dieser Zeit für Maria erheblich nötiger als die politischen Ambitionen ihres älteren Bruders. Denn mit Politik hatte sie in Paris nicht viel zu tun, sehr viel dagegen mit – Geld.

Napoleon, der Madame Walewska gewissermaßen für die gefühlsmäßige und eheliche Enttäuschung entschädigen wollte, versorgte sie in Paris wahrhaft kaiserlich. Das heben alle Memoirenschreiber und Biographen hervor. Auf Empfehlung seines Herrn mietete der Großhofmarschall Duroc für sie ein hübsches Schlößchen in der Rue Montmorency.

Napoleon überwachte anscheinend persönlich die entsprechende Einrichtung dieser Residenz. Er vergaß auch Madame Walewskas sonstige Bedürfnisse nicht. »Jeden Morgen läßt der Kaiser nach ihren Befehlen fragen«, schreibt Masson. »Man stellt ihr Logen in allen Theatern zur Verfügung, man öffnet vor ihr die Türen aller Museen. Corvisart hat ihre Gesundheit zu überwachen, an Duroc ist der ausdrückliche Befehl ergangen, stets ihre Wünsche zu befriedigen und ihr das angenehmste Leben zu verschaffen. – Der Kaiser zahlt ihr pro Monat 10 000 Fr. Gehalt.«

Stanisław Wasylewski gibt in seiner Skizze über Madame Walewska der Befürchtung Ausdruck, das ihr von Napoleon ausgesetzte Gehalt könne für ihre Pariser Ausgaben nicht gereicht haben. Doch diese Befürchtung ist wohl unbegründet. Das Gehalt der Favoritin betrug, in heutige Währung umgerechnet, über 200 000 neue Franken jährlich; es machte, um mit damaligen Beträgen zu vergleichen, immerhin ein Viertel der Mitgift aus, die die Erzherzogin Marie-Louise Napoleon einbrachte, und war sechzigmal höher als die Baronsrente, die man Jan Hipolit Kozietulski für Somosierra und Wagram auszahlte.

Unter den Privilegien, die Madame Walewska vom Kaiser zuerkannt wurden, nennt Masson auch den Zugang zu allen Museen. Dem heutigen Leser mag das komisch erscheinen. Doch muß man wissen, daß die Pariser Museen Napoleons besondere Zuneigung genossen und der Zugang zu manchen von ihnen tatsächlich als hohes Privileg galt. Madame Walewska nutzte dieses Privileg nicht nur aus, sondern gestattete sich auch die Entleihung kostbarster musealer Ausstellungsobjekte zur Inszenierung verschiedener Späße.

»In Spa hatte sich ein junger Engländer M. S. gegenüber

der Fürstin Jabłonowska einen geschmacklosen Scherz erlaubt«, lesen wir in Massons Skizze. »Auf der Heimfahrt lädt ihn die Fürstin ein, sie und Madame Walewska ins Artillerie-Museum zu begleiten. Im Waffensaal bleibt die Gesellschaft vor der Rüstung der Jeanne d'Arc stehen; während M. S. die Rüstung betrachtet, breitet die Heldin die Arme aus, greift den jungen Engländer und drückt ihn an ihr Herz. Er sträubt sich, ringt nach Luft und bittet um Gnade. Doch nur auf Befehl von Madame Walewska läßt Jeanne d'Arc ihn frei. Ist das nicht – besonders wenn man Napoleons Stolz auf seine Museen kennt – ein echter Machtbeweis?«

Trotz vorzüglicher materieller Bedingungen und zahlreicher Privilegien war Frau Walewskas Leben in Paris weder besonders abwechslungsreich noch fröhlich. Die nicht zum Zuge gekommene »Botschafterin der Nation« erlebte die Bitterkeit der Niederlage. Sie wußte bereits, daß sie nicht die Gestalt der historischen Vorsehung werden würde, die ihr Vaterland erlöst – und sich mit der Rolle einer offiziellen Favoritin des Kaisers zu begnügen, fiel ihr schwer, zumal die Romanze vom Augenblick der neuen Eheschließung Napoleons an eigentlich zu Ende war. Von seiner jungen Frau fasziniert, ungeduldig auf einen Thronfolger wartend, hatte der Kaiser wenig Zeit für seine Geliebte. Der Kammerdiener Constant erschien noch hin und wieder im Schlößchen in der Rue Montmorency, holte Marie mit ihrem Söhnchen in die Tuilerien und führte sie durch einen diskreten Eingang, die sogenannte »schwarze Treppe«, in die Privatgemächer des Kaisers, aber je mehr Zeit verging, desto seltener und kürzer wurden die Begegnungen, sie beschränkten sich ausschließlich auf den Austausch von Ansichten über Erziehung und Zukunft des kleinen Alexandre.

Bei der Beschreibung von Maria Walewskas Aufenthalt in Paris zeichnet Frédéric Masson in seiner Skizze ein fast asketisches Bild.

»Tatsächlich zeigt sich Madame Walewska kaum, empfängt nur einige Landsleute. Ihr Verhalten ist einwandfrei, ihr Auftreten bescheiden, ihr Benehmen äußerst zurückhaltend. Wenn sie nach Spa zur Kur fährt, wird sie von den Nichten ihres Mannes begleitet. Den Sommer verbringt sie bei der Fürstin Jabłonowska in einem gemieteten Haus in Mons-sur-Orge, genannt das Schloß von Bretigny, und der Herzogin von Richelieu gehörend. Vergebens will man sie von dort wegholen. Dieses Landhaus, das sie ganz bescheiden und zurückgezogen bewohnt, ist ihre Welt; sie geht so wenig wie möglich aus.«

Masson übertreibt ein wenig mit dieser Einsamkeit und Bescheidenheit. So schlimm war es nicht. Kozietulski und andere Garde-Chevaulegers, die sich in Paris aufhielten, priesen die Abendgesellschaften bei der Fürstin Jabłonowska und bei Madame Walewska sehr. Wir wissen auch, daß man in dem Haus an der Rue Montmorency auf großem Fuße lebte, daß ständig acht Gedecke bei Tisch auf polnische Zufallsgäste warteten, daß Madame Walewska gern Besuch empfing und Besuche machte, daß sie sich schön anzog, daß sie den berühmtesten Malern zum Porträt saß.

Im Frühling 1811 schrieb Herr de Flahault (derselbe Flahault, der vor vier Jahren die junge Frau Kammerherr durch den Schlamm von Walewice getragen hatte) an die in Paris weilende Anetka Potocka: »Gestatten Sie mir, Sie morgen zu Gérard zu begleiten? Ganz Paris fährt dort hin, um Madame Walewskas Porträt zu sehen, von dem alle behaupten, es sei das schönste Werk, das in seinem Atelier entstanden sei.«

Einige Monate später, am 30. Juli 1811, teilt Tomasz Łubieński seiner Frau mit: »...Madame Walewska und die Fürstin Jabłonowska wollten über Antwerpen reisen, aber die Walewska hatte so viele Kleider, es heißt 150, daß sie einen anderen Weg zu nehmen gezwungen war, weil die Akzisekammer sie für eine Modistin hielt und Zoll von ihr verlangte...«

Keine dieser beiden Nachrichten gereicht Madame Walewska zum Nachteil. Schließlich mußte sie sich über die Enttäuschung und Verlassenheit irgendwie hinwegtrösten.

XV

Fryderyk Skarbek, der einstige Spielgefährte der kleinen Marysia Łączyńska, war in den Jahren 1811 bis 1813 häufiger Gast im Schlößchen der Gräfin Walewska; die Dame des Hauses gewann sein Herz. »Zu jener Zeit«, erinnert er sich in seinen Memoiren, »genoß sie großes Ansehen, sie hätte sich stolz über ihre Landsleute erheben oder sich durch Intrigen eine politische Stellung schaffen können, aber solch Bestreben entsprach weder ihrer Bescheidenheit noch ihrer Herzensgüte. Sie tat Gutes, wenn sie nur konnte, ohne irgend jemandem zu schaden, deshalb wurde sie auch allgemein geschätzt und geliebt«. Skarbek stand mit dieser Ansicht nicht allein. Fast alle polnischen und französischen Memoirenschreiber, die in jenen Jahren in Paris mit Madame Walewska Berührung hatten, heben die Vorzüge ihres Charakters und ihre würdige Lebensweise in den Himmel und betonen ihre Popularität und die Achtung, deren sie sich nicht nur bei ihren Landsleuten, sondern auch in den höchsten Gesellschaftskreisen Frankreichs erfreute.

Selbst Anna Potocka, die 1807 so boshaft die »kleine Hübsche aus der Provinz« verdammte, weil sie so früh vor Napoleon kapituliert hatte, beurteilte Madame Walewska in der Schlußphase der verlöschenden Romanze ganz anders: »...Die Zeit, die jedem Ereignis seine richtige Farbe verleiht, prägte dieser so leichtfertig geknüpften Verbindung das Siegel der Beständigkeit und Selbstlosigkeit auf, verwischte zum Teil die anfängliche Ungehörigkeit und stellte Frau Walewska schließlich in die Reihe der interessanten Gestalten jener Epoche...Begabt mit feinem Gefühl für die Anstandsregeln, entwickelte sie sich während ihres Aufenthaltes in Frankreich ungewöhnlich. Sie gewann an diskreter Selbstsicherheit, wie sie in so zweideutiger Situation schwer zu bewahren ist. Genötigt, mit der nach Meinung ihrer Umgebung sehr eifersüchtigen Marie-Louise zu rechnen, vermochte Frau Walewska mitten in Paris Zweifel daran zu erwecken, ob sie tatsächlich noch geheime Beziehungen zum Kaiser unterhalte. So war sie auch die einzige Liebschaft, die Napoleon fortführte.«

Ein ähnliches Zeugnis stellt der Kammerdiener Constant Maria Walewska aus: »Madame Walewska war ganz anders als die übrigen Frauen, die der Kaiser mit seiner Gunst bedachte, und man nannte sie mit Recht die Lavallire[47] des Kaisers ... Wer das Glück hatte, sie näher zu kennen, hat gewiß eine Erinnerung bewahrt, die der meinen ähnlich ist, und verstanden, warum ich einen so großen Unterschied sehe zwischen Madame W., der zärtlichen und bescheidenen Frau, die ihren Sohn in der Abgeschiedenheit erzog, und den Favoritinnen des Siegers von Austerlitz.«

Von Madame Walewskas gesellschaftlicher Stellung in Paris zeugt am besten die Gunst, die ihr das Ehepaar Krasiński erwies. Der Kommandeur der polnischen Chevaulegers und Graf des Kaiserreichs General Wincenty Krasiński sowie seine Frau Maria geb. Radziwiłł, Stieftochter des Sejmmarschalls Małachowski, gehörten bestimmt nicht zu jenen Leuten, die geneigt waren, mit Personen zweifelhafter Reputation oder schlechten Ansehens in der Gesellschaft Freundschaft zu schließen. Aus anderen Quellen weiß man, daß Herr Wincenty ein großer Snob war und sehr auf den Schein achtete. Wenn also die Krasińskis sich mit Madame Walewska bei den feierlichen Premieren der Pariser Theater »affichierten«, wenn sie sie zu Besuch einluden oder besuchten, wenn sie im Februar 1812 gerade sie zur Patin bei ihrem Sohn Zygmunt, dem späteren großen Dichter[48], baten, so sprechen diese Tatsachen für sich.

Unter den zahlreichen Beweisen, die Madame Walewskas Popularität und Autorität in den polnischen Kreisen in Frankreich bestätigen, wird häufig die Visite genannt, die der Oberbefehlshaber Kościuszko der Favoritin 1812 gemacht haben soll. Es handelt sich offenbar um ein historisches Faktum, denn eine Notiz darüber hat sich in den diplomatischen Archiven der Zaren erhalten. Doch der Verlauf dieser Visite wird so verschieden dargestellt, daß ich sie als gewichtiges Argument in meiner Polemik mit Madame Walewskas Schatten und mit den Interpretatoren ihrer Erinnerungen benutzen muß.

Der Vorgang spielte sich auf dem Sommersitz der Fürstin Teodora Jabłonowska ab, auf Schloß Bretigny in Mons-sur-Orge bei Paris, im Frühjahr oder Sommer 1812, in der Hauptzeit der propagandistischen Vorbereitungen zu Napoleons Zug nach Moskau. Die Fürstin Jabłonowska, eine exaltierte, Napoleon und der Idee des künftigen Krieges mit ganzem Herzen ergebene Patriotin, machte aus ihrem Hause eines der aktivsten Zentren kriegerisch-vaterländischer Agitation. Die engsten Mitarbeiterinnen der Fürstin waren ihre beiden Schwestern Teresa Bierzyńska und Karolina Chodkiewiczowa sowie ihre Kusine Maria Walewska. Die vier Damen wetteiferten im Erdenken und Veranstalten verschiedenartiger patriotischer Demonstrationen. Eines dieser Feste wurde organisiert im Zusammenhang mit dem Eintreffen eines Transports von Kokarden und Schärpen in den Nationalfarben aus Warschau. Zur Zeremonie der Verteilung dieser patriotischen Abzeichen kamen fast alle Polen aus

Paris nach Bretigny. Um die Feierlichkeit zu erhöhen, lud man auch den im nahen Berville wohnenden Tadeusz Kościuszko ein. Der alte Oberbefehlshaber, der gewöhnlich öffentliche Auftritte mied, nahm diesmal zur allgemeinen Freude die Einladung an. Als er mit seiner bescheidenen Droschke in Schloß Bretigny vorfuhr, begrüßten ihn die Hochrufe der Versammelten und ein Tusch des Orchesters. Auf der Freitreppe erwarteten den Nationalhelden die vier Damen aus dem Walewski-Clan, geschmückt mit amarant-rot-himmelblauen[49] Kokarden und Schärpen. Über Kościuszkos Verhalten nach dieser feierlichen Begrüßung informiert uns eine Stelle aus den Memoiren der bei dem Empfang anwesenden französischen Literatin Madame de Bawr.

».. . ich weiß noch sehr gut den Ausdruck seines Gesichts, das von Melancholie geprägt, mit Strenge durchtränkt war. Ich sehe noch, wie er, ohne ein Wort zu sagen, sich langsam der Schwester der Hausherrin, der Gräfin Bierzyńska, nähert, und ihr ganz ruhig die Kokarde in den Nationalfarben von der Schulter reißt. Die Damen erblaßten. Trotz der heißen Julinacht ging ein Frostschauer durch die ganze Gesellschaft. Denn wer konnte besser wissen als Kościuszko, wie weit Napoleons Absichten Polen gegenüber gingen!«

Ich nehme an, daß viele Leser diese Szene aus Stanisław Wasylewskis populärer Erzählung *Die abgerissene Kokarde* kennen, die auf den Erinnerungen der Madame de Bawr basiert. Aber Frau Walewska, die an der Szene aktiv teilnahm, beschreibt sie ganz anders. Leider kennen wir aus bereits mehrfach erläuterten Gründen Madame Walewskas Originaltext nicht, wir wissen nur, was die Interpretatoren ihrer Memoiren, Masson und Ornano, darüber schreiben.

Masson gibt das genaue Datum des Ereignisses nicht an,

sein Bericht ist kurz und allgemein: »Eines Tages kommt Kościuszko zur Fürstin zu Besuch. Er bemerkt die Begeisterung, den Taumel, die Schärpen. Er nähert sich der Hausherrin, und wortlos löst er die Schärpe, die er an sein Herz drückt.«

Also eine komplette Umkehrung der Feststellungen Madame de Bawrs. Heldin des Geschehnisses ist nicht Frau Bierzyńska, sondern die Fürstin Jabłonowska. Kościuszko demonstriert nicht gegen Napoleon, sondern für ihn.

Um die Sache noch mehr zu verwirren, präsentiert Graf Ornano eine dritte, abweichende Variante. Nach seinem Bericht fand die Versammlung auf Schloß Bretigny nicht im Juli statt (wie Madame de Bawr behauptet), sondern am 3. Mai, am Jahrestag der Verfassung[50], und die Hauptrolle bei der Begegnung mit Kościuszko spielt weder Frau Bierzyńska noch die Fürstin Jabłonowska, sondern Madame Walewska. Ich zitiere die entsprechende Stelle aus dem Buch *Life and Loves of Marie Walewska.*

»Kościuszko stieg die Treppe hinan, wich geschickt der Fürstin Jabłonowska und Frau Chodkiewiczowa aus und näherte sich Maria. Er verbeugte sich schweigend vor ihr und zog, immer noch gebückt, sanft die Schärpe in den polnischen Farben an sich, die sie wie alle Damen am Arm trug. Er drückte die Schärpe ans Herz und hielt sie dort fest. Noch nie war Maria der Gegenstand einer solchen öffentlichen Huldigung gewesen, einer derartigen Anerkennung ihrer Rolle bei der Befreiung Polens.«

Als Bürgen für die Authentizität dieser erhabenen Szene nennt Ornano Napoleon selbst. Aus dem Buch *Life and Loves of Marie Walewska* erfahren wir, daß ein vertrauter kaiserlicher Lakai zwei Tage nach dem Ereignis in Bretigny Maria einen Brief folgenden Inhalts überbrachte:

Marie,

mir wurde berichtet, was letzten Sonnabend in Bretigny geschah. Ich betrachte das als späte, aber wohlverdiente Anerkennung Deiner Bemühungen und Deines Patriotismus. Darüber und über andere Gegenstände von Interesse werde ich mit Dir morgen (Dienstag) um ein Uhr sprechen, wenn Dir daran gelegen ist, mich vor meiner bevorstehenden Abreise nach Dresden zu sehen. Betritt die Tuilerien durch die kleine Tür auf der Flußseite. Ich habe angeordnet, Dich direkt zu mir zu bringen.   *N.*

                                        5. Mai

Bislang hat es keiner von Ornanos Kritikern gewagt, kategorisch zu behaupten, irgendeiner der von diesem Biographen angeführten Briefe Napoleons sei eine Fälschung oder – milder ausgedrückt – eine romanhafte Erfindung. Ich fürchte, mir fällt diese unangenehme Aufgabe als erstem zu.

Wie bereits erwähnt, habe ich in der Anfangsphase der Arbeit an diesem Buch ausschließlich die englische Version dieser Erzählung des Grafen Ornano benutzt; es ist die ursprüngliche Version, ich glaubte also, sie gebe den Inhalt der auf Schloß La Branchoire gefundenen Dokumente getreu wieder und verdiene mehr Vertrauen. Die französische, veränderte und berichtigte Version gelangte etwas später in meine Hände. Weil mich in Ornanos Biographie vor allem die Dokumente interessieren und ich der Meinung bin (oder besser – war), der Biograph könne dieselben Dokumente auf Englisch nicht anders darstellen als auf Französisch, habe ich mich nur dann auf die spätere Version bezogen, wenn Einzelheiten konfrontiert werden mußten, die in der ursprünglichen Version nicht klar genug waren. Im Fall der

besprochenen Begegnung mit Kościuszko zeigt die Gegenüberstellung der beiden Versionen jedoch einen grundsätzlichen Unterschied: Die Beschreibung des Ereignisses in
Bretigny ist zwar in beiden Texten identisch, aber im französischen Text fehlt der kaiserliche Brief, der dieses Ereignis
bestätigt.

Aus dem Buch *Marie Walewska – l'épouse polonaise de
Napoléon* erfahren wir, Maria habe sich kurz nach der
Feierlichkeit in Bretigny mit der Bitte um eine spezielle
Audienz an Napoleon gewandt (in der englischen Version
war Napoleon der Initiator der Begegnung). Als Antwort auf
diese Bitte benachrichtigt der Kaiser am 5. Mai 1812 seine
Freundin, er werde sie »morgen, Dienstag, um ein Uhr« in
den Tuilerien empfangen und empfehle ihr, »durch die kleine
Tür auf der Flußseite« einzutreten. Die Anführungsstriche
scheinen die Existenz des Briefes vom 5. Mai zu bestätigen.
Aber die Bemerkungen über die Ereignisse in Bretigny, die in
der englischen Version einen integralen Teil dieses Briefes
bilden, verkündet Napoleon in der französischen Version
mündlich bei der späteren Begegnung mit Maria. Was hat
diese unverständliche Umwandlung einer dokumentarischen
Wiedergabe in eine belletristische verursacht? Es fällt
schwer zu glauben, der Graf Ornano habe um einer literarischen Laune willen einen authentischen Brief des Kaisers
geopfert, der auf autoritativste Weise Madame Walewskas
patriotische Verdienste bestätigte. Eher schon drängte sich
eine andere Hypothese auf: Möglich ist, daß Ornano im
Familienarchiv einen Brief Napoleons vom 5. Mai 1812 vorfand, der Maria in die Tuilerien einlud, und daß er mit der
ihm eigenen Ungezwungenheit des belletristischen Autors
das erdachte Fragment über die Episode in Bretigny ein-

schob, um in den Augen der englischen Leser den Ruhm seiner Urgroßmutter zu mehren; möglich ist, daß er später bei der Bearbeitung der für besser orientierte französische Leser bestimmten Version diese Mystifikation für allzu riskant hielt und beschloß, sich aus ihr zurückzuziehen.

Da haben wir also noch einen Beweis für die überaus seltsamen Praktiken des Familienbiographen Madame Walewskas. Es fällt richtig schwer zu glauben, daß Historiker aus verschiedenen Ländern sich seit dreißig Jahren kritiklos auf die Feststellungen des Grafen Ornano als auf Quelleninformationen berufen.

XVI

Es ist uns nicht gelungen, das Rätsel zu lösen, ob der in Ornanos Buch zitierte Brief vom 5. Mai 1812, mit dem Napoleon Madame Walewska in die Tuilerien einlud, ein authentisches Dokument ist oder nicht. Dagegen wissen wir bestimmt, daß der Kaiser am 5. Mai 1812 – zwar nicht in den Tuilerien, wohl aber in der Sommerresidenz Saint-Cloud – an seine Freundin dachte und sich um ihre Angelegenheiten kümmerte. Das bezeugt der Dotationsakt zugunsten des zweijährigen Alexandre Walewski.

Das trockene, amtliche Dokument verdeutlicht den außerordentlichen Charakter der »polnischen Romanze« mehr als Napoleons flammende Liebesbriefe aus dem Januar 1807, mehr als alle marktschreierischen Phantasien des Grafen Ornano. Ich zitiere das Dekret im vollen Wortlaut:

Schloß St. Cloud, 5. Mai 1812
Napoleon, Kaiser der Franzosen, König von Italien, Protektor des Rheinbundes, Mediator der Schweizer Konföderation etc. etc. Wir haben beschlossen und beschließen wie folgt:

ART. 1. Die im Königreich Neapel liegenden Güter, verzeichnet im beigefügten Register, die einen Teil Unseres Privatvermögens ausmachen, werden verliehen, wie Wir sie durch gleichzeitiges Dekret verleihen, an den Grafen Alexandre Florien Joseph Walewski zur Bildung eines Majorats, das Wir zu seinen Gunsten stiften, verbunden mit dem Titel eines kaiserlichen Grafen.
ART. 2. Diese Güter sind erblich in der direkten, legitimen, natürlichen oder adoptierten Nachkommenschaft des besag-

ten Grafen Walewski, in männlicher Folge nach dem Erstgeburtsrecht.

ART. 3. Sollte der Graf Walewski ohne männliche Nachkommen sterben, befehlen Wir, daß seine Töchter aus legitimer Ehe berechtigt sind, die Güter des Majorats in Besitz zu
nehmen und sie gleichmäßig unter sich zu verteilen.

ART. 4. In dem im vorigen Artikel vorgesehenen Fall ist
der jeder Tochter des Grafen Walewski zugestandene Teil der
oben genannten Güter zusammen mit dem Grafentitel in direkter, legitimer, natürlicher oder adoptierter Linie erblich
nach dem Erstgeburtsrecht der Tochter, die den Teil erhalten
hat.

ART. 5. Entsprechend Unseren Statuten vom 1.3.1808
fallen die das Majorat bildenden Güter des Grafen Walewski
in Unseren Privatbesitz zurück

1. wenn der besagte Graf W. ohne Nachkommenschaft
stirbt,

2. nach Erlöschen seiner Nachkommenschaft in männlicher Linie,

3. nach Erlöschen der Nachkommenschaft in männlicher
Linie jeder der Töchter des besagten Grafen Walewski, welche kraft Artikel 3 zur Inbesitznahme der Teile des Majorats
berechtigt waren.

ART. 6. Bis zur Volljährigkeit des Grafen Walewski ordnen Wir an, daß Madame Marie Gräfin Colonna-Walewska
geb. Łączyńska, seine Mutter, die volle und ganze Nutznießung aus den Einnahmen und Einkünften des Majorates zur
Verfügung habe für Unterhalt und Erziehung ihres Sohnes,
entsprechend ihrem Lebensstil und zur Verwaltung der oben
genannten Güter, wie es ein guter Familienvater täte, und
ohne daß die oben genannte Madame Walewska über Ein-

nahmen und Einkünfte der besagten Güter Rechenschaft ablegen müßte. Von dieser Rechnungslegung ist sie ausdrücklich befreit.

ART. 7. Vom Tage seiner Volljährigkeit an, wenn der Graf Walewski die volle Nutznießung seines Majorates angetreten hat, verpflichten Wir ihn, an die besagte Madame Walewska, seine Mutter, auf Lebenszeit eine jährliche Pension von 50 000 Frs. zu zahlen.

ART. 8. Tritt der in Artikel 3 vorgesehene Fall ein, daß durch das Ableben des Grafen Walewski ohne männliche Erben das Majorat auf die Töchter des besagten Grafen Walewski übertragen wird, soll jede der Töchter verpflichtet sein, die besagte Pension in Höhe des von ihr übernommenen Majoratsteiles zu zahlen.

ART. 9. Wenn das Majorat in Unseren Privatbesitz zurückfällt, ordnen Wir an, daß besagte Maria Walewska bis zu ihrem Tode die volle und ganze Nutznießung aus den Einnahmen und Einkünften des Majorats behält.

ART. 10. Die Liste der Güter, die Wir dem Majorat des Grafen Walewski zuweisen, wird mit vorliegendem Dekret Unserem Vetter, dem Fürsten Erzkanzler des Kaiserreiches zugestellt werden, damit er in üblicher Form die mit der Anweisung des vorliegenden Dekrets übereinstimmenden Urkunden im Interesse der obengenannten Madame Walewska abfassen lasse und damit er die Investitur vornehmen kann, die besagte Madame Walewska an Stelle ihres Sohnes annehmen wird, wobei alle Rechte, Regeln und Gebräuche, die mit diesem Akt nicht übereinstimmen, aufgehoben werden.

ART. 11. Nach Übergabe Unserer Urkunden und Übernahme der Investitur durch Marie Walewska wird der Generalintendant Unseres Privatvermögens die oben genannte Madame Walewska im Namen ihres Sohnes in den Besitz der Güter einführen, wie Wir im vorliegenden Dekret verfügt haben, und ihr alle Dokumente übergeben, die ihr Eigentumsrecht bestätigen.

ART. 12. Unser Vetter, der Fürst Erzkanzler, und der Generalintendant Unseres Privatvermögens sind, jeder für seinen Bereich, mit der Ausführung des vorliegenden Dekrets beauftragt.

(–) Napoleon
Für den Kaiser:
Der Staatssekretär
Generalintendant
(–) Graf Daru

Das Walewski verliehene Majorat bestand aus neunundsechzig Höfen, die zusammen ein Einkommen von 169 516 Franken und 60 Centimes brachten (etwa 273 000 neue Franken). Masson und andere französische Historiker machen auf den Ausnahmecharakter gewisser Bestimmungen des Dotationsdekrets aufmerksam: auf die erstaunlich liberalen Grundsätze für die Vererbung von Gut und Titel, auf die ungewöhnliche Sorgfalt bei der Sicherung der Rechte der Mutter des Beschenkten, auf die Befreiung der Nutznießerin des Majorats von der Pflicht zu irgendwelcher Rechnungslegung. »Keines der zahlreichen Dekrete, erlassen zum Zweck der Stiftung von Titeln und Dotationen, enthält ähnliche Klauseln«, schreibt Masson. »Dieses ist einzig in seiner Art, weicht erheblich von allen Prinzipien ab, die dem kaiserlichen Adel als Grundlage dienten und erinnert in manchen Ausführungen an die Verfügungen, die Louis XIV. im Hinblick auf die Legitimierten[51] erlassen hatte.«

Napoleon war sich darüber im klaren, daß die außerordentlichen Privilegien des Dekrets in gewisser Weise die verpflichtende Rechtsordnung antasteten. Der Historiker Joseph Valynseele suchte, als er vor einigen Jahren das Material für seine Arbeit über Alexandre Walewski sammelte, das Originaldekret vergeblich in jenem Teil des Staatsarchivs, wo zur Zeit des ersten Kaiserreichs alle Erstschriften aufbewahrt wurden, die man dem Kaiser zur Billigung vorgelegt hatte. Er fand auch im Justizministerium keine Spuren einer Absendung der Patentbriefe auf Titel und Dotation an Mutter und Sohn Walewski. »Der Kaiser«, schließt Valynseele daraus, »wollte aller Wahrscheinlichkeit nach Dekret und Patentbriefe aus dem normalen Behördenumlauf ausschließen, um den Privilegien, die er mit nichts anderem als streng persönlichen Rücksichten begründen konnte, maximale Diskretion zu sichern.«

Am 15. Juni 1812, eine Woche vor dem Ausbruch des »zweiten polnischen Krieges«, unterschrieb Napoleon im Hauptquartier in Königsberg den Patentbrief, der Alexandre Walewski die Würde eines Grafen des Kaiserreiches verlieh. In dem Patent wird auch das Wappen des neuen Grafen beschrieben. Es stellt eine Komposition aus drei Elementen dar: ein aufgerichtetes Schwert, das Wappenzeichen der sogenannten Militärgrafen, eine goldene Säule, die an die »Colonna« der Walewskis erinnerte, sowie ein zum Kranz gebundenes silbernes Tuch mit herabhängenden Enden, das dem Geschlechtswappen der Łączyńskis entnommen ist. Der Akt der Verleihung (Investitur) des Majorats erhielt die Paraphe des Erzkanzlers Cambacérès zwei Monate später, am 13. August 1812. Maria befand sich zu dieser Zeit bereits in Polen.

»Irgendwann im Sommer kam Madame Walewska unter dem Vorwand, Familienangelegenheiten erforderten ihre Anwesenheit, nach Warschau«, erinnert sich Anna Potocka. »Doch ließ sich niemand täuschen, und weil sie sich zu Lebzeiten ihres alten Mannes nie um Geschäfte gekümmert hatte und ihre nicht große Besitzung verpachtet war, fiel es nicht schwer, das wahre Motiv ihrer Reise zu erraten – die Hoffnung, in das Hauptquartier gerufen zu werden. Aber Napoleon hütete sich seit seiner Eheschließung vor jeder auch nur scheinbaren Abweichung von den strengen Sitten.«

Graf Ornano erklärt, entsprechend der allgemeinen Tendenz seiner Erzählung, die Rückkehr seiner Urgroßmutter in ihre Heimat mit politischen Gründen. Napoleon hatte vor seiner Abreise aus Paris bei jener Begegnung in den Tuilerien Madame Walewska angeblich eine wichtige politische Mission anvertraut. Sie sollte die Stimmung ihrer Landsleute zugunsten des Krieges und eines allgemeinen Aufstands beeinflussen und mit ihren Ratschlägen und Informationen den neuen französischen Botschafter in Warschau, den Erzbischof Pradt, unterstützen. Weil es jedoch der Emissärin nicht gelang, eine Zusammenarbeit mit dem Botschafter anzuknüpfen, verließ sie bald die Hauptstadt und eilte dem Kaiser nach Wilna nach. Erst dort fand sie ein entsprechendes Betätigungsfeld als Protektorin der damals dort unter Józef Wybickis Führung eingetroffenen Sejmdelegation aus Warschau. Aus Graf Ornanos Buch erfahren wir, Madame Walewska sei es gewesen, die auf Wybickis flehentliches Bitten hin eine Audienz beim Kaiser und eine positive Antwort für die Delegation des Warschauer Sejms erwirkt habe.

All das sind natürlich romanhafte Erfindungen. Aus der zeitgenössischen Korrespondenz, die Napoleons Aufenthalt in Litauen genau beschreibt (unter anderem aus den Briefen von Jan Leon Hipolit Kozietulski) geht hervor, daß Madame Walewska damals nicht in Wilna war. Dagegen hielt sich dort – und zwar recht geräuschvoll – ihre Herzensfreundin auf, Frau Emilia Cichocka-Abramowiczowa. Gut möglich, daß »Elżunias« (von vielen Chronisten bestätigte) Anwesenheit dem Familienbiographen Anlaß bot, den Wilnaer Handlungsfaden auszubauen.

Ornano – man weiß es – färbt wie immer belletristisch. Man kann sich in diesem Fall aber auch nicht auf Masson verlassen, der allgemein feststellt, Madame Walewska sei »nach Warschau gekommen, um der Auferstehung ihres Vaterlandes beizuwohnen«. Auch Frau Potocka irrt sich in ihren Vermutungen. Anscheinend kannte niemand von diesen drei Marias wesentlichstes Vorhaben in Warschau. Es muß streng geheimgehalten worden sein, wenn es der Aufmerksamkeit der gewöhnlich so gut informierten Frau Anetka entgangen ist und wenn es darüber keinen Hinweis in den Papieren der Heldin selbst gibt, die beide Biographen durchgesehen haben.

Entgegen Frau Potockas Ansicht war Madame Walewska tatsächlich »in Familienangelegenheiten, die ihre Anwesenheit erforderten«, nach Warschau gekommen – kurz gesagt, sie war hauptsächlich gekommen, um sich von ihrem Mann scheiden zu lassen.

Das Ehepaar Walewski lebte schon seit Jahren in völliger, wenn auch inoffizieller Trennung, aber die Ehe bestand immer noch als vermögensrechtlicher Kontrakt, der die Grundlage zu gegenseitigen Alimentenforderungen darstellte. Napoleons ungewöhnliches Geschenk sicherte aufs beste Alexandres und Marias Zukunft, komplizierte aber zugleich die Vermögensverhältnisse zwischen der plötzlich reich gewordenen Frau und ihrem Mann, dessen Güter zu dieser Zeit einen Zustand extremer Verschuldung und Vernachlässigung erreicht hatten. Bei der weiterhin geltenden Vermögensgemeinschaft konnte der Großteil der Einkünfte aus Napoleons Dotation leicht von den Schulden des Kammerherrn aufgezehrt werden. Mit Rücksicht auf die Interessen ihres jüngeren Sohnes und ihre eigenen mußte sich Madame Walewska um die Scheidung bemühen.

Am 16. Juli 1812 schlossen die Eheleute einen notariellen Akt, in dem Maria ihren Willen bekundete, mit ihrem Mann zu brechen, und sich verpflichtete, beide Söhne zu erziehen und für den älteren ein Majorat zu gründen (wahrscheinlich aus jener Hälfte der Güter, die ihr von dem Kammerherrn überschrieben worden waren, was Alexandre Walewski erwähnt). Falls sie dieser Auflage nicht nachkomme, sollte ihr gesamtes Vermögen auf den älteren Sohn übergehen.

Die notarielle Verpflichtung war der Preis für die Zustimmung des Kammerherrn zu der Scheidung. Zwei Tage später, am 18. Juli 1812, reichte Madame Walewska die Scheidungsklage beim Zivilgericht I. Instanz des Departements Warschau ein und verlangte darin eine Auflösung der Ehe, die ihr durch ihre Mutter und durch ihren Bruder Józef aufgezwungen worden sei und während der sie »die Süßigkeit des Umgangs im Verhalten ihres Mannes ihr gegenüber nicht kennengelernt« habe und »vielfach in der Vereinsamung abgeschlossen« worden sei.

Das Scheidungsverfahren beim Zivilgericht und das Verfahren zur Ungültigkeitserklärung der Ehe beim Konsistorialgericht dauerten etwa fünf Wochen. Wieder erscheint auf der Bildfläche der düstere Ehrgeizling Benedykt Józef

Łączyński, diesmal geschmückt mit einer nagelneuen Generalsuniform (ob man auch ihn für diese Angelegenheit gekauft hatte?). Der neuernannte Brigadegeneral verschiebt seine Abreise an die Front, um die entscheidenden Aussagen in dem Prozeß seiner Schwester zu machen. Mit ergreifender Ehrlichkeit erzählt er dem Gericht, wie er die vor Weinen ohnmächtig werdende Achtzehnjährige gezwungen hatte, den siebzigjährigen Greis zu heiraten. Der alte Kammerherr trägt auch seinen demütigenden Anteil bei: Er gibt zu, er sei »davon verständigt worden, daß seine Frau ihm die eheliche Treue nicht gehalten habe«. Angesichts des Einverständnisses beider Teile wird die Ehe der Walewskis am 24. August 1812 offiziell aufgelöst.

Angeblich hatte sich der französische Botschafter in Warschau persönlich für eine positive Beendigung des Scheidungsprozesses eingesetzt. Exzellenz Dominique de Riom de Prolhiac du Fourt de Pradt, Erzbischof von Malines, wurde von den witzigen Warschauern ganz einfach »Herr Malinowski«[52] genannt. Gut möglich, daß es wirklich so war. Der Kaiser muß seinem Botschafter Pradt Maria Walewska auf besondere Weise empfohlen haben, denn die ihr von dem nicht allzu geschickten Diplomaten bezeugte Gunst brachte die ganze Warschauer »Gesellschaft« zum Sieden. Anetka Potocka beschreibt das recht genau.

»Während ... Madame Walewskas Aufenthalt in Warschau hielt Seine Exzellenz es für seine Pflicht, sie als Faksimile der Kaiserin zu empfangen und zu behandeln. Sie hatte den Vortritt vor allen Damen, ohne Rücksicht auf Alter und Stand. Bei den prunkvollen Mahlzeiten reichte man ihr als erster die Schüsseln, sie saß auf dem Ehrenplatz, an sie richteten sich die Huldigungen wie auch die Zeichen der Verehrung!... Das traf sichtbar die Matronen und erzürnte ihre Männer, während die jungen Frauen sich nicht viel aus der Etikette machten und sich über die Liebesekstase schier totlachten, mit der Seine Exzellenz der Herr Erzbischof durch das Lorgnon die schönen Schultern und die runden weißen Händchen der kleinen Gräfin musterte... Pradts indiskreter Eifer bewirkte, daß die Schönheit von einem Tag zum anderen Warschau verließ. Sie war ganz offensichtlich verwirrt und zog es vor, sich auf ihrem kleinen Gutshof abzukapseln, wo sie den weiteren Verlauf der Ereignisse abwartete...«

Madame Walewska blieb bis zum tragischen Ende des Feldzuges nach Moskau in Polen. Wo sie wohnte, in Kiernozia oder in Walewice, ist schwer festzustellen. Man müßte alle Einzelheiten der Vermögens-Vereinbarung kennen, die die Eheleute vor der Scheidung abgeschlossen hatten. Die Biographen sind im allgemeinen der Ansicht, sie habe in Walewice gewohnt, obwohl das weniger wahrscheinlich wirkt.

Im Dezember 1812 fuhr der geschlagene Kaiser der Franzosen durch das Gebiet des Herzogtums Warschau. In der Gegend von Łowicz wird die Legende kultiviert, Napoleon habe auf der Durchreise bei seiner Freundin haltgemacht und eine Nacht verbracht. In Walewice kann man bis heute ein Zimmer mit alter, zerschlissener französischer Tapete besichtigen, das Madame Walewska für den Empfang ihres kaiserlichen Geliebten hergerichtet haben soll. Die Legende ist wahrscheinlich von Anna Potockas Tagebucheintragung abgeleitet.

»Auf der Durchreise durch Łowicz«, schreibt Frau Anetka, »wollte Napoleon vom Wege abbiegen, um Madame

Walewska zu besuchen, die . . . einsam auf ihrem Gut lebte. Herr de Caulaincourt, dem der Kaiser seine Absicht anvertraute, widersetzte sich dem Gelüst des Verliebten lebhaft. Er hatte den Mut, die ganze Unanständigkeit dieses Gelüsts darzustellen und auf den Eindruck hinzuweisen, den diese leichtfertige Handlung auf die Kaiserin machen würde, und zu argumentieren, alle, die die Situation für hoffnungslos ansähen, würden es Napoleon nie verzeihen, daß er in einem Augenblick an seine Liebschaften denke, in dem er die zersprengte Armee verlassen habe. Der Kaiser verdüsterte sich zunächst, war aber zu gerecht, um angesichts dieses neuen Beweises der Anhänglichkeit und des gesunden Menschenverstandes zu grollen, er versicherte Caulaincourt sofort seiner Wertschätzung und Freundschaft, Gefühle, die ihnen beiden zur Ehre gereichten. Oberst Wąsowicz[53], Zeuge des Vorgangs, der sich im Wagen abspielte, schilderte ihn mir, da er nicht zur Geheimhaltung verpflichtet war, sehr interessant.«

Graf Ornano, der in den dreißiger Jahren Walewice besuchte und sich »Napoleons Zimmer« anschaute, war offenbar anderer Ansicht als Caulaincourt und dirigierte den Kaiser anders. In beiden Versionen seiner biographischen Erzählung, die »den treusten Ausdruck der Wahrheit« darstellt, verbringt Napoleon eine Nacht in Walewice. Wir sehen ihn, wie er die zu seinen Ehren angebrachte Tapete mit Vergnügen betrachtet und dann von Müdigkeit überwältigt ein paar Stunden schläft, den Kopf an die Schulter der vorsichtig atmenden Maria gelehnt. Beim Aufbruch zur Weiterreise verabschiedet sich der Kaiser von seiner Freundin mit den Worten: »Polen wird wiedergeboren, das steht fest. Aber für einige Zeit kann die Lage unsicher sein, und du solltest nicht hierbleiben. Fahre nach Paris, sobald du kannst. Später...«

Wieviel überzeugender als diese erdachte Szene klingt die prachtvolle und wohl authentische Anekdote, die Stanisław Wasylewski in dem Buch *Voyage en Allemagne et en Pologne* von Gley, erschienen in Paris 1816, entdeckt hat. Gley gibt ein Gespräch Napoleons mit einer Gutsbesitzerin in der Gegend von Łowicz wieder, bei der der Kaiser auf dem Rückweg aus Rußland für eine Tasse Tee Station machte.

»›Wie geht es dem alten Grafen W...?‹

›Er wohnt‹, so antwortet man, ›einige Meilen von hier entfernt auf seinen Gütern. Der brave Mann steckte tief in Schulden; doch dank der Freundlichkeiten, die Euer Majestät seiner Frau erwiesen, fühlt er sich wohler.‹

›Und wie geht es der Gräfin?‹

›Sie verbrachte den ganzen Sommer in Warschau, wartete beunruhigt auf Nachrichten und versuchte zu schreiben. Sobald sie erfuhr, daß ein Kurier angekommen sei, sah man sie sofort zum Grafen Potocki eilen und von dort zur Botschaft. Sie hing sich an alle, von denen sie irgendeine Nachricht über Sie zu erlangen glaubte. Sie hat mit heftigstem Drängen um die Erlaubnis gebeten, Sie aufzusuchen, als Sie in Moskau waren. Nach unserem Eindruck war die Ablehnung dieser Reise mit vielen Intrigen verbunden. Doch nachträglich müssen wir zugeben, daß Sie weise gehandelt haben.‹

›So seid ihr Polinnen‹, erwidert Bonaparte, ›ihr zweifelt an nichts. Ihr nehmt auf nichts Rücksicht, wenn euch die Phantasie fortreißt. Ich fürchte sehr, daß Madame Walewska ähnlich handeln würde wie jene Irren, die in dieses verfluchte Land kamen, um ihre Männer zu suchen. Schauen Sie sich diese Madame D . . . an, die ganz elend in Wilna ankam; es hat nur an einem Faden gehangen, und sie wäre in die Hände der Kosaken gefallen. Das gleiche Schicksal wäre vielleicht der Gräfin widerfahren . . ., wenn ich ihrer Bitte nachgegeben hätte.‹

›Und wie geht es den Kindern?‹

›Sie wachsen heran. Der Älteste soll seinem Vater sehr ähnlich sehen.‹«

Am 1. Januar 1813 packte Madame Walewska ihre Sachen, nahm ihre beiden Söhne und das Dienstmädchen mit und eilte auf Napoleons Spuren nach Paris.

XVII

Bei ihrer Rückkehr nach Frankreich geriet Maria sogleich in die verschiedenen Wirbel des gesellschaftlichen Lebens. Paris amüsierte sich, um den verlorenen Krieg
zu vergessen und an den kommenden nicht zu denken. Frédéric Masson, Hector Fleischmann, Jean Savant und andere
Historiker des napoleonischen Hofes haben in den Rechnungen der damaligen Schneider gewühlt und festgestellt, daß
im Karneval 1813 für Madame Walewska zwei »große Toi-
letten« genäht wurden, die nach aller Wahrscheinlichkeit
für Empfänge bei Hofe bestimmt waren: ein Kleid aus
schwarzem Samt mit Tüllverzierungen im Cherusker-Stil,
bestickt mit reinem Gold, sowie ein Gewand aus weißem
Tüll mit einer federgeschmückten Toque. Die Historiker
schließen daraus, die »Lavallire des Kaisers« sei in der letzten Phase ihrer Karriere offiziell bei Hofe empfangen worden.

Am 2. März 1813 bewunderte man Madame Walewska in
den Tuilerien bei der berühmten »Inka-Quadrille«, die auf
Wunsch Napoleons von seiner Stieftochter, der Königin Hortense, veranstaltet wurde. Savant stellt fest, Maria sei an
diesem Abend »polnisch« gekleidet gewesen: in einem Gewand aus amarantrotem Samt und einer weißen Toque mit
Fransen.

Man sah sie auch mehrfach in der Residenz der Exkaiserin Joséphine. Nach Napoleons zweiter Eheschließung ent-
brannte seine geschiedene Frau in heftiger Sympathie zu der
einstigen Rivalin und lud sie häufig zusammen mit ihrem
Söhnchen nach Schloß Malmaison ein. Mademoiselle Avrillion, Joséphines erste Hofdame, stellt in ihren Erinnerungen

fest: »Die Kaiserin, die niemals aufhörte, den Kaiser innigst zu lieben, behandelte Madame Walewska in der Öffentlichkeit mit großer Freundlichkeit. Ihre Majestät ließ den hervorragenden Eigenschaften dieser Dame Gerechtigkeit widerfahren; nach ihrer Meinung war sie gut und hatte ihr niemals Kummer bereitet. Sie gab ihr Geschenke und überschüttete ihren Sohn mit Spielsachen. Und obgleich sie über seine Ähnlichkeit mit dem Kaiser erstaunt war, überhäufte sie ihn mit Liebkosungen.«[54]

Unter Marias engsten Freunden aus jener Zeit tritt neben den Krasińskis der Star der Pariser Gesellschaft hervor: die Fürstin de Montebello, Witwe des berühmten Marschalls Lannes. In dem Schlößchen auf der Rue Montmorency treffen sich in gewohnter Weise alte Bekannte aus der Heimat: Fryderyk Skarbek sowie die Offiziere der polnischen Garde des Kaisers. Im Jahre 1813 schließt sich diesem Kreis ständiger Gäste ein junger französischer General korsischer Abstammung an, den Maria vor Jahren in Warschau bei den mit ihr verschwägerten Ledóchowskis kennengelernt hatte. Dieser neue Verehrer Madame Walewskas wird bald nach Napoleons Sturz den ersten Platz in ihrem Leben und Herzen einnehmen; es lohnt also, ihn näher zu betrachten.

Der Divisionsgeneral Philippe-Antoine Graf Ornano, Kommandeur der Kürassiere der Kaiserin, ist kaum zwei Jahre älter als Maria, hat aber bereits ein bewegtes Leben hinter sich. Er stammt aus einer alten korsischen Familie, die sich – ähnlich wie die Walewskis – zur Verwandtschaft des römischen Geschlechts Colonna rechnet. Die Ornanos sind ein Militär-Clan, sie haben im Laufe von dreihundert Jahren der französischen Armee drei Marschälle und fünf Generäle gestellt. Philippe-Antoine ist durch seine Mutter

Isabella Bonaparte mit dem Kaiser eng verwandt. Der Familientradition getreu, hat er bereits einige prächtige Kriegstaten auf seinem Konto, besonders aus den Feldzügen in Spanien und Rußland. In der Schlacht bei Moskau wurde er berühmt durch die Abwehr von zehntausend Kosaken des Atamans Platow. Die Polen kannten Ornano noch aus der Zeit von San Domingo[55], wo er die Funktion eines Adjutanten des Generals Leclerck erfüllte und weit berühmt wurde als der vermutlich einzige Offizier, der das Gelbfieber ohne Schaden überstand. Hinzugefügt werden muß noch, daß der nicht ganz dreißigjährige General Ornano zu den bestaussehenden und schicksten französischen Kavallerieoffizieren gehörte und von der ersten Begegnung mit Madame Walewska an über beide Ohren in sie verliebt war.

In seinem Buch *Life and Loves of Maria Walewska* führt der Urenkel des Generals einige seiner Briefe an. Der erste ist vom 2. Mai 1813 datiert, stammt also aus der ersten Phase des sächsischen Feldzugs. Ornano berichtet darin Madame Walewska von den Kriegsereignissen, vom Tod des Marschalls Bessières in der Schlacht bei Lützen, vom Rückzug des Korps des Fürsten Poniatowski aus Krakau, von dessen Ernennung zum Kommandeur der Gardekavallerie (nach Bessières)[56]. Der Brief ist geprägt von der tiefen Gefühlsbindung des Absenders an die Empfängerin. Der General nennt Maria »seine teuerste Freundin«, erinnert sich gerührt der gemeinsam in Paris verbrachten Tage, versichert sie, er höre keinen Augenblick lang auf, an sie zu denken. »Wenn ich auf meine Uhr schaue«, schreibt er, »sage ich mir: Jetzt kümmert sie sich um Alexandres Bad oder . . . sie ist jetzt nicht zu Hause, zu dieser Stunde muß sie bei Madame Soundso oder Madame Soundso sein, weil ich *weiß*, sie ist bei bester Gesundheit. Oder . . . sie geht aus . . . vielleicht geht sie gerade an der Oper vorbei . . .«

Der Brief ist weder mit dem Zunamen des Generals noch mit seinen Vornamen unterschrieben, sondern mit dem Namen »Auguste«, denn so nannte Madame Walewska »aus einer schwer erklärbaren Laune heraus« ihren Freund. Seiner großen Liebe getreu, behielt der General diesen angenommenen Vornamen bis zum Lebensende; nach dem Tode der geliebten Frau unterschrieb er mit ihm sogar auf offiziellen Dokumenten.

Maria beantwortete den Brief erst am 20. Juni 1813. Hier der Schluß ihrer Antwort:

»Nein, lieber Auguste, . . . ich besuche nicht Madame Soundso, ich empfinde kein Bedauern bei der Erinnerung an unseren Abend im Cirque Olimpique oder an unser Soupé bei Véry. Jene Tage sind mir teuer, weil ich Dich damals schätzenlernte, doch ich bedaure nicht, daß sie vorüber sind. Ich betrachte es nicht als meine Pflicht, auf die Annehmlichkeiten des Lebens zu verzichten, weil mein Land und meine Lieben leiden, aber ich habe nicht die Kraft, in so traurigen Zeiten zu lachen und lustig zu sein.

Bitte versichere Seine Majestät meiner unwandelbaren Verehrung, wenn er meinen Namen zufällig erwähnen sollte. Ich war froh, als ich Deinen Brief erhielt, und danke Dir dafür. Ich freue mich auch, daß ich Dir meine verspätete Antwort schicken kann. Ich werde bald abreisen, um einen Badeort aufzusuchen – ich nehme an, Spa –, dann vielleicht wieder reisen und nach Paris zurückkehren, wann, weiß ich nicht.«

Aus Graf Ornanos Buch geht hervor, daß Madame Walewska mehrere Monate in Spa verbrachte. Dort erreichten sie die Nachrichten vom Tode des Fürsten Józef Poniatowski bei Leipzig und vom Rückzug der französischen Truppen hinter den Rhein. Unmittelbar nach Empfang dieser traurigen Neuigkeiten kehrte sie nach Paris zurück.

Die letzte Phase des Krieges verbrachte sie in der Hauptstadt. Zwei kurze Notizen aus ihren Erinnerungen, die in dem Buch *Marie Walewska – l'épouse polonaise de Napoléon* zitiert werden, umfassen diesen Zeitabschnitt wie zwei Klammern.

Am 25. Januar 1814 notiert Maria:

»Der Kaiser hat das Kommando der Armeen übernommen, um das Land gegen eine Invasion zu verteidigen. Ich habe mich nicht verabschieden können. Wird er es bemerkt haben? Ich bin ziemlich unruhig.«

Und zwei Monate später, am Vorabend der Schlacht um Paris:

»Der König von Rom, die Kaiserin und ein recht zahlreiches Gefolge sind zu einem noch unbekannten Ziel aufgebrochen. Ich stand in der Menge der Neugierigen. Ich sah genau diesen lieben Kleinen in den Wagen steigen. Gott schütze ihn und führe ihn so bald wie möglich zurück.«

Zwischen diesen Notizen finden sich ein paar unzweifelhaft echte, von den Historikern verifizierte Dokumente zu den Vermögensangelegenheiten des kleinen Alexandre. Nachdem der König von Neapel, Joachim Murat, von Napoleon abgefallen war, drohte Walewski der Verlust seines neapolitanischen Majorats. Doch der Kaiser zeigte sich äußerst besorgt um den Besitzstand seines natürlichen Sohnes. Obwohl er seinen Kopf voll hatte mit militärischen Sorgen, vergaß er nicht, Herrn de la Boullerie, dem Generalschatzmeister des Kaiserreiches, zu empfehlen, auf alle Fälle für

Alexandre eine neue durch den Staatsschatz Frankreichs abgesicherte Rente in Höhe von 50 000 Franken festzusetzen. Später überschüttet er in dieser Angelegenheit den Generalschatzmeister mit Mahnungen aus den Feldbiwaks. Er macht Herrn de la Boullerie Vorwürfe, daß die den Hauptteil der Rente ausmachenden Aktien der französischen Kanäle noch nicht aus dem Umlauf gezogen sind, daß der Rest der Schenkung noch nicht in das »Große Buch« der staatlichen Verpflichtungen eingetragen ist. Gleichzeitig empfiehlt er, für Alexandre zum Preis von 137 500 Franken ein Schlößchen auf der Rue de la Victoire Nr. 48 zu kaufen. Auf dem Höhepunkt des Krieges, in der Pause zwischen den Schlachten von Brienne und Champaubert, schreibt er eigenhändig an den Generalschatzmeister:

...Ich habe Ihren Brief bezüglich des jungen Walewski erhalten. Ich gebe Ihnen unbeschränkte Vollmacht. Tun Sie, was Sie für richtig halten, aber handeln Sie sofort. Was mich interessiert, ist vor allem das Kind, erst in zweiter Linie die Mutter.
Nogent, 8. Februar (1814)   *N.*

Der letzte Satz des Briefes sollte den Kaiser gewiß gegen den Vorwurf schützen, er habe sich in den schwierigsten Augenblicken des Krieges mit seiner Geliebten beschäftigt. Aber dieser formale Vorbehalt hat Madame Walewska keineswegs geschadet. Ihre Vermögensinteressen wurden ebenso großzügig sichergestellt wie bei der ersten Dotation.

Es kommen die letzten Tage des Kaiserreichs: die Kapitulation von Paris, die Abdankung Napoleons, die dramatische Nacht in Fontainebleau vom 12. zum 13. April. Wir kennen ihren Verlauf aus den Berichten der französischen Memoirenschreiber und aus dem 1968 in Paris erschienenen Buch *Napoléon* von André Castelot. Der geschlagene Kaiser des Westens durchlebt seine tiefste Niederlage in fast völliger Vereinsamung. Die Kaiserin Marie-Louise ist mit dem Thronfolger nach Blois geflohen, Würdenträger und Höflinge haben den Hof verlassen, der keiner mehr ist. Bei dem entthronten Machthaber sind nur wenige geblieben, ein paar Diener, der Arzt Dr. Ivan und »der Treueste der Treuen«, der General Caulaincourt, Herzog von Vicenza. Aus Paris treffen Nachrichten über den enthusiastischen Empfang ein, den die Hauptstadt den rückkehrenden Bourbonen bereitet hat. Von Marie-Louise kommen keine Briefe, Napoleon vermutet, Frau und Sohn seien bereits Gefangene Österreichs. »Das Leben ist unerträglich«, klagt er Caulaincourt, »unerträglich!«

Um drei Uhr früh wird der Herzog von Vicenza geweckt: der Kaiser rufe ihn zu sich, schnell, so schnell wie möglich! Der General läuft in Napoleons Zimmer und findet ihn auf dem Bett liegend. Das Gesicht des Kaisers ist verändert, die Züge schmerzverzerrt, ein Schluckauf schüttelt ihn. Er teilt Caulaincourt mit, er habe sich zum Selbstmord entschlossen und das Gift genommen, das er seit der Zeit des Gefechts von Malojaroslavec bei sich trage, wo er beinahe in russische Gefangenschaft geraten war. Er übergibt Caulaincourt seinen Abschiedsbrief an die Kaiserin Marie-Louise:

Dich liebe ich am meisten auf der Welt. Mein Unglück berührt mich nur, weil es Dich trifft ... Gib meinem Sohn einen Kuß. Adieu, liebe Louise. Ganz der Deine ...

Doch das Gift führt nicht zum Tode, es ist verwittert, die Qual zieht sich hin. Vergeblich fleht der Exkaiser Dr. Ivan an, ihm eine stärkere Dosis zu geben. Der entsetzte Arzt läuft aus dem Zimmer, wirft sich auf ein Pferd und flieht aus Fontainebleau.

Napoleon weiß bereits, daß er nicht sterben wird. Die furchtbaren Magenschmerzen vergehen langsam, er verfällt in einen Zustand der Erstarrung und Stumpfheit. In diesen schweren Stunden erscheint Madame Walewska in Schloß Fontainebleau. Sie hat die gefährliche Fahrt aus Paris unternommen, um den Vater ihres Kindes vor seiner Abreise in die Verbannung noch einmal zu sehen. Die Einzelheiten dieses Besuchs beschreibt der Kammerdiener Constant.

»Madame W. traf pünktlich – wie man sich denken kann – zur verabredeten Zeit ein, und ich ging in das Zimmer des Kaisers, um ihre Ankunft zu melden. Er lag auf seinem Bett und war so vertieft in seine Gedanken, daß er erst auf meine zweite Ankündigung antwortete. ›Bitten Sie die Dame zu warten.‹ So wartete sie im Vorraum Seiner Majestät, und ich blieb bei ihr, um ihr Gesellschaft zu leisten. Die Nacht rückte vor, die Stunden schienen der schönen Reisenden lang. Ihr Kummer, nicht vom Kaiser empfangen zu werden, war so heftig, daß ich Erbarmen spürte. Ich ging wiederum in das kaiserliche Zimmer, um ihn nochmals zu erinnern. Er schlief nicht, aber er war immer noch so vertieft in seine Gedanken, daß er überhaupt keine Antwort gab. Schließlich, beim Morgengrauen zog sich die Gräfin aus Furcht vor den Blicken des Hauspersonals zurück, tödlich verletzt, da sie sich nicht von dem Objekt ihrer Zuneigung verabschieden konnte. Mehr als eine Stunde später erinnerte sich der Kaiser, daß sie wartete, und ließ sie rufen. Ich sagte Seiner

Majestät, was sich ereignet hatte. Der Kaiser war tief davon beeindruckt. ›Die arme Frau‹, sagte er, ›sie glaubt sich gedemütigt. Constant, es tut mir ehrlich leid. Wenn Sie die Gräfin wiedersehen, sagen Sie es ihr bitte ausdrücklich. Aber es gehen mir so viele Dinge durch den Kopf‹, fügte er hinzu, indem er mit der Hand gegen seine Stirn schlug.«

Die erschöpfte und bekümmerte Maria gelangte erst nach zwei Tagen wieder in ihr Haus auf der Rue de la Victoire. Sofort schrieb sie von dort an den »Gefangenen von Fontainebleau«. Die Antwort des Kaisers hat sich in dem Pariser Archiv der Grafen Colonna-Walewski erhalten.

Marie,
Ich habe Ihren Brief vom 15. erhalten. Die Gefühle, die Sie hegen, berühren mich lebhaft. Die sind Ihrer schönen Seele und der Güte Ihres Herzens würdig. Wenn Sie nach Ordnung Ihrer Geschäfte zur Kur nach Lucca und Pisa gehen, werde ich Sie mit großem Interesse begrüßen, ebenso Ihren Sohn, für den meine Gefühle stets unverändert sind. Leben Sie wohl, haben Sie keinen Kummer mehr, denken Sie an mich mit Vergnügen und zweifeln Sie niemals an mir.
16. April   *N.*

Vier Tage nach der Niederschrift dieses Briefes, am 20. April 1814, verließ Napoleon Fontainebleau in Richtung auf die kleine Insel im Tyrrhenischen Meer, die die verbündeten Monarchen ihm zum Verbannungsort bestimmt hatten. Eine starke Eskorte des königlichen Heeres unter Führung des von den Bourbonen soeben gewonnenen Generals Auguste d'Ornano geleitet den »Unruhestifter Europas« nach Elba.

Das Schicksal ersparte Maria die peinliche Szene des Abschieds von zwei ihr nahestehenden Menschen, von denen der eine als Eskortierter, der andere als Eskorte abreiste. Sie verbrachte den Tag in der Hauptstadt, beschäftigt mit der Erledigung notarieller Formalitäten.

Unmittelbar nach Verkündigung des Waffenstillstandes war in Paris der aus preußischer Kriegsgefangenschaft entlassene General Benedykt Józef Łączyński aufgetaucht, er nahm im Hause seiner Schwester Wohnung und absorbierte sie wie gewöhnlich mit seinen Angelegenheiten. Am 20. April 1814 erteilte Madame Walewska ihm in der Kanzlei des Pariser Notars Thibert Vollmacht, nach Neapel zu fahren und sich dort nach dem Stand der Interessen des kleinen Alexandre[57] umzuschauen. Benedykt Józef eignete sich für diese Mission, weil er das Neapolitanische Königreich noch aus der Zeit seines Dienstes bei den Legionen kannte und recht gut italienisch sprach. Ich habe jedoch den Verdacht, daß die Reise nach Italien vor allem ein Vorwand war, der es dem General ermöglichte, sich vor der Rückführung der polnischen Truppen in das russisch besetzte Herzogtum Warschau zu drücken. Beide Brüder Łączyński mögen wegen des besonderen Charakters ihrer Beziehungen zu Napoleon spezielle Schikanen von seiten der zaristischen Behörden befürchtet haben. Teodor hatte als französischer Offizier das Recht, in Frankreich zu bleiben, Benedykt Józef dagegen mußte seine Weigerung, in die Heimat zurückzukehren, irgendwie motivieren. Familien- und Vermögensangelegenheiten waren in solchen Fällen das am häufigsten vorgeschobene Argument.

Die italienische Reise dauerte zwei Monate. Ende Juni kehrte General Łączyński nach Paris zurück.[58] Die Nachrichten, die er mitbrachte, klangen nicht erfreulich. Murat beabsichtigte, das Majorat der Walewskis zusammen mit anderen napoleonischen Dotationen in dem Gebiet seines Königreichs zu konfiszieren.

Am 18. Juni 1814 unterschrieb Maria bei dem Notar Massé einen zweiten Notariatsakt, der ihrem Bruder Benedykt Józef und dem Notar de Joly die Generalvollmacht für ihre Pariser Interessen übertrug. Kurz darauf reiste sie in Begleitung ihres Bruders Teodor, ihrer Schwester Antonina und des kleinen Alexandre nach Italien ab, um persönlich das gefährdete Vermögen ihres Sohnes zu retten.

Maria Walewska hatte die Einladung in Napoleons letztem Brief nicht vergessen. Während eines längeren Aufenthalts in Florenz, wo man auf ein nach Neapel fahrendes Schiff wartete, beschloß sie, dem Exkaiser in seinem neuen Miniaturstaat einen Besuch abzustatten. Zunächst wurde der Oberst Łączyński nach Elba entsandt, um den hohen Verbannten zu treffen und dessen formales Einverständnis mit der Ankunft der ganzen Reisegesellschaft einzuholen. Wenige Tage später kehrte Teodor mit einem Brief des Kaisers an seine Schwester nach Florenz zurück. Napoleon schrieb:

Marie,
ich habe Ihren Brief erhalten und mit Ihrem Bruder gesprochen. Reisen Sie nach Neapel, um Ihre Angelegenheiten zu ordnen. Auf der Hin- oder Rückfahrt werde ich Sie mit dem Interesse begrüßen, das Sie stets in mir geweckt haben; und den Kleinen, von dem ich so viel Gutes gehört habe, werde ich mit wahrer Freude umarmen. Adieu, Marie, hundert Zärtlichkeiten.   *Napoleon*

Der französische Historiker André Castelot, der in seinem neuesten Buch den obigen Brief zum ersten Mal publizierte, enthüllt darüber hinaus einen anderen sensationellen Umstand. Der Oberst Łączyński brachte offenbar aus Elba zwei Briefe Napoleons mit. Der zweite war bestimmt für eine geheimnisvolle »Fürstin de Colorno«, die sich zu jener Zeit in dem Kurort Aix-les-Bains aufhielt. Unter diesem angenommenen Namen verbarg sich die Exkaiserin Marie-Louise, sie war inkognito in das französische Bad gekommen, begleitet von dem ihr auf Schritt und Tritt folgenden General Graf Neipperg, der im Auftrag ihres Vaters, des Kaisers von Österreich, die Pflichten ihres Wächters und Beschützers erfüllte. Aus Castelots Information scheint hervorzugehen, daß Napoleon die Begegnung mit dem polnischen Offizier benutzte, um ihn mit einer delikaten, wenngleich im gegebenen Kontext nicht gerade taktvollen Mission zu beauftragen. Durch diesen Mittelsmann sandte er an seine Frau die – man weiß nicht, wievielte – flehentliche Bitte, nach Elba zu kommen. Auf diese Weise wurde Oberst Łączyński zum doppelten »Liebesboten«. Die Fürstin de Colorno erhielt den Brief und schaffte es, ihn noch vor Marias Abreise aus Florenz zu beantworten. In ihrer Antwort versicherte die Exkaiserin ihrem Gatten, sie wünsche aus vollem Herzen, sich mit ihm zu vereinigen, doch schwer zu überwindende Umstände hinderten sie daran. Sie schrieb jedoch nicht die Wahrheit. In Wirklichkeit hatte sie gar nicht die Absicht, nach Elba zu fahren. Von Tag zu Tag stärker fühlte sie sich wieder als Österreicherin und erlag immer mehr den männlichen Reizen des gutaussehenden Neipperg.

Wenn Teodor Marie-Louises wahre Einstellung erriet, konnte er reinen Gewissens seiner Schwester zureden, den geplanten Besuch zu beschleunigen. Nachdem er zum zweiten Mal nach Florenz zurückgekehrt war, bestieg die ganze Familiengruppe ein gemietetes Schiff und segelte in Richtung Elba ab.

Inzwischen bereitete man sich auf Elba zum Empfang der Gäste vor. Napoleon bemühte sich, alles unter größter Geheimhaltung ablaufen zu lassen, weil er fürchtete, die Nachricht vom Besuch der ehemaligen Favoritin könne zu der Exkaiserin durchdringen und ihr die Lust zu einer Begegnung mit ihrem Gatten nehmen. Die Situation wurde noch durch den Umstand kompliziert, daß die Mutter des Verbannten, die alte Lätitia Bonaparte, zu dieser Zeit auf Elba weilte.

Um Madame Walewskas Besuch vor Frau und Mutter zu verbergen, wählte Napoleon als Ort der Begegnung den entferntesten und unzugänglichsten Winkel der Insel, die Einsiedelei Madona del Monte auf einem hohen Berg über dem Städtchen Marciana Alta.

Am späten Abend des 1. September 1814 bemerkte man in Porto-Ferraio, der Haupthafenstadt Elbas, ein näherkommendes Schiff; an Deck standen vier Personen: zwei Frauen, ein kleiner Junge und ein »hochgewachsener Mann in Uniform und mit einer Brille in goldener Fassung« (das einzige Porträt Teodor Marcin Łączyńskis, das uns die Memoirenschreiber überliefern!). Statt in den Hafen einzulaufen, legte das geheimnisvolle Schiff am unbewohnten Ufer in der Tiefe der Bucht an. Dort erwarteten der Großhofmarschall Bertrand und der Hauptmann Bernotti mit einer vierspännigen Kalesche die Gäste. Nachdem die Passagiere des Schiffes in den Wagen umgestiegen waren, fuhr dieser im Trab in Richtung Marciana ab. Auf halbem Wege hielt er plötzlich an.

Ein Ruf »Der Kaiser!« elektrisierte die Reisenden. Sie bemerkten drei Reiter mit Fackeln in den Händen. Napoleon war in Begleitung von Offizieren seiner Suite Madame Walewska und seinem Sohn entgegengeritten. Von nun an reiste man gemeinsam. Hinter dem Städtchen Marciana Alta stieg die Gesellschaft aus der Kalesche und kletterte den steilen Pfad empor, der zu der Eremitage Madona del Monte führte. Den kleinen Alexandre trugen Napoleon und ein Gardeoffizier abwechselnd auf dem Arm. Das Reiseziel wurde um ein Uhr nachts erreicht.

In der Gebirgseinsiedelei erwartete die Gäste ein Abendessen. Danach begab man sich zur Ruhe. In dem Häuschen, aus dem man die Mönche entfernt hatte, waren zwei Stuben für Maria und ihre Schwester vorbereitet. Der Kaiser übernachtete in einem Zelt unter den Bäumen. Gegen Morgen zog ein Gewitter auf. Vom Donner geweckt, verließ Napoleon das Zelt und begab sich »im Nachtgewand« in Marias Zimmer. »Wußte er, daß seine schöne Polin sich vor Gewittern fürchtete? Und wollte er sie beruhigen?« schreibt der Historiker Castelot und beschließt mit dieser Reflexion seine detaillierte Beschreibung des ersten Tages von Madame Walewskas Aufenthalt auf Elba.

Der nächste Tag verlief in idyllischer Stimmung. Napoleon war fröhlich und sorglos, er liebkoste den kleinen Alexandre, sprach zärtlich mit Maria, zeigte beiden das in der Ferne sichtbare Korsika, erzählte von seiner Kindheit. Viele Jahre später an diesen schönen Tag zurückdenkend, schrieb Walewski in seinen Memoiren:

»Es ist sonderbar, ich war doch noch sehr jung, trotzdem erinnere ich mich genau an das Haus, in dem wir wohnten, an Napoleon und alles, was er zu mir sagte, an das Zelt, in

dem er wohnte, und sogar an die Grenadiere seiner Begleitung.«

Gegen Mittag veranstaltete man zu Ehren der Gäste ein
Frühstück unter dem Zeltdach, an dem die auf Elba statio-
nierten polnischen Offiziere der Chevauleger-Schwadron
des Obersten Pawel Jerzmanowski teilnahmen. Einer der
Geladenen brachte eine Flöte mit und spielte auf ihr Ma-
zurkas und Polonaisen. Der Kaiser wurde so heiter, daß er
Marie zum Tanz aufforderte.

Inzwischen fanden in Porto-Ferraio freudige Manifesta-
tionen zu Ehren − Marie-Louises statt. Alle waren sicher,
niemand anderes als sie sei mit dem geheimnisvollen Schiff
angekommen, um mit ihrem Gatten die Verbannung zu teilen. Denn wen sonst konnte der Großhofmarschall Bertrand
mit entblößtem Haupt begrüßt haben? Im übrigen verkün-
deten die Seeleute, die die Unbekannten hergebracht hatten,
überall, die ältere und schönere der weiblichen Passagiere,
die Mutter des kleinen Jungen, habe mehrfach von ihm als
dem »Sohn des Kaisers« gesprochen. Es war also bestimmt
die Kaiserin Marie-Louise, und der Junge war der König von
Rom. Die Identifizierung der übrigen Passagiere bereitete
ebenfalls keine Schwierigkeiten. Den großen Mann in Uniform hielt man für den kaiserlichen Stiefsohn, den Herzog
Eugène de Beauharnais, die Frau für eine Hofdame der Kaiserin.

Napoleon erfuhr von dem Mißverständnis durch seinen
Arzt Dr. Foureau de Beauregard, der im Galopp zu der Gebirgseinsiedelei geritten kam, um den hochgestellten Gästen
die ihnen gebührende Huldigung darzubringen. Das Echo,
das der geheime Besuch gefunden hatte, beunruhigte den
Kaiser sehr; er beschloß, ihm ein Ende zu machen, ehe die,

wie er meinte, eifersüchtige Exkaiserin von allem erführe. Abends teilte er der Freundin seinen unwiderruflichen Entschluß mit, sie müßten sich am nächsten Tag trennen. Die tief betroffene Maria unterwarf sich ohne ein Wort der Widerrede dem Entschluß. Ein Madame Walewska freundlich gesonnener französischer Historiker, der ihren Aufenthalt in Elba auf Grund der Augenzeugenberichte beschrieben hat, merkt an dieser Stelle an, die Dinge hätten sicher einen anderen Verlauf genommen, hätte Napoleon voraussehen können, was knapp einen Monat später geschehen würde. Das ist eine Anspielung auf das Erlebnis, das der Fürstin de Colorno auf dem Rückweg von Aix-les-Bains nach Wien widerfuhr. Am 27. September 1814 wurde die Exkaiserin, an deren Liebe und Treue Napoleon so sicher glaubte, während einer Übernachtung in der Herberge »Zur goldenen Sonne« auf dem Rigi die Geliebte des Generals Neipperg.

Am 3. September 1814 verließ Madame Walewska in Begleitung ihrer Schwester und ihres Sohnes die Einsiedelei Madona del Monte. Der vorausgeschickte Teodor Łączyński befand sich bereits in dem kleinen Hafen Marciana Marina, wo das Schiff vor Anker lag, das sie nach Neapel bringen sollte. Der Kaiser brachte Maria bis nach Marciana Alta. Dort erfolgte der Abschied. Castelot behauptet, die ehemalige Favoritin habe Napoleon im letzten Augenblick all ihren Schmuck geben wollen, er aber habe das Opfer nicht angenommen. Ein anderer Historiker, Jean Savant, sagt, Madame Walewski habe von Napoleon eine beträchtliche Summe in bar und eine Banküberweisung über 61 000 Livres erhalten. Die gefühlvollen Memoirenschreiber weisen auf die düstere Szenerie hin, in der der Abschied der Liebenden stattfand. Auf der Insel herrschte unerträgliche Hitze, der Himmel überzog sich mit schwarzen, tief hängenden Wolken, vom Meer klang das Heulen eines tobenden Sturms herüber.

In Marciana Marina war der Wellengang so hoch, daß die Einschiffung sich als unmöglich erwies. Hauptmann Bernotti, der die Reisenden begleitete, schickte das Schiff also nach Porto Longone am anderen Ende der Insel. Maria und ihre Angehörigen mußten die fast dreißig Kilometer lange Strecke zwischen den beiden Anlegestellen zu Pferd hinter sich bringen. Es war ein überaus erschöpfender und gefährlicher Ritt nachts auf einem schlüpfrigen Bergweg, in strömenden Regengüssen, unter der unablässigen Begleitmusik von Sturmböen und Donnerschlägen.

Gegen Morgen erreichte die gepeinigte Gruppe endlich Porto Longone. Doch das Meer war weiter so stürmisch, daß der Hafenkommandant und der Oberst Paweł Jerzmanowski, der die Besatzung des örtlichen Forts kommandierte, versuchten, Madame Walewska von der gefährlichen Reise abzubringen. Sie aber wollte nicht nachgeben und verschanzte sich hinter dem Befehl des Kaisers. Entsprechend ihrem Willen legte das Schiff sogleich, nachdem die vier Reisenden an Bord gegangen waren, vom Ufer ab.

Eine Woche später erhielt Napoleon einen Brief aus Neapel mit der Nachricht, seine Gäste von neulich seien sicher auf dem Festland angekommen.

Marias Aufenthalt in Neapel dauerte fast ein halbes Jahr. Die Favoritin Napoleons hatte keinen Grund, in das bourbonische Frankreich zurückzukehren, die Situation in Polen war noch ungeklärt, und die geschäftlichen Interessen der Walewskis verbanden sie gerade mit dem Neapolitanischen Königreich. Dank der aus Elba mitgebrachten schriftlichen Unterstützung des Kaisers ließ sich Murat darauf ein, Alexandres Majorat von der allgemeinen Verfügung über die Konfiszierung napoleonischer Dotationen auszunehmen. Man zahlte den Walewskis einen Pauschalbetrag für die ihnen zustehenden Einkünfte aus dem Jahr 1813/14. Damit war das materielle Dasein von Mutter und Sohn gesichert, sie konnten sorglos alle Reize des sonnigen Neapel genießen. Diese angenehme Existenz wurde nur einmal durch eine Trauerbotschaft beeinträchtigt, die Anfang Februar 1815 aus Walewice einging.

»Während unseres Aufenthaltes in Italien«, erinnert sich Alexandre Walewski in seinen Memoiren, »erhielt meine Mutter die Nachricht vom Tode ihres Gatten. Ihr damaliger Schmerz aus diesem Anlaß ist mir noch genau im Gedächtnis. Auch erinnere ich mich ebenso an Neapel, den Vesuv und das Meer. Ich sehe das alles wie durch einen Nebelschleier, besser gegenwärtig sind mir Murat und die Königin Caroline von Neapel« (Napoleons Schwester), »die mir so viel Spielsachen schenkte, daß ich des Glücks überdrüssig wurde . . .«

Die Trauer der Frau Kammerherr um ihren Mann währte nicht lange, kurz darauf zogen neue, wichtige Ereignisse Maria in ihren Bann. In der zweiten Februarhälfte meldete sich bei ihr (so behauptet Castelot) ein Geheimbote aus Elba, ein Chevalier Colonna, und überbrachte ihr einen wichtigen, für Murat bestimmten Brief Napoleons. Das historische Dokument (oder eine Abschrift) hat in dem Pariser Archiv der Walewskis die Zeiten überdauert und wurde kürzlich zusammen mit unbekannten Briefen Napoleons an Madame Walewska publiziert[59]. Hier der Wortlaut:

Mein lieber Murat,
ich danke Ihnen für alles, was Sie für die Gräfin Walewska
getan haben; ich empfehle sie Ihnen und besonders ihren
Sohn, der mir so lieb und teuer ist. Colonna wird Ihnen große
und wichtige Dinge berichten. Ich rechne mit Ihnen und be-
sonders mit der größten Schnelligkeit. Die Zeit drängt.
Meine Empfehlung der Königin und Ihren Kindern. Ganz
der Ihre ...

Die Zeit drängte wirklich. Etwa zwei Wochen später er-
schütterte eine ungewöhnliche Nachricht die Welt: Napoleon war aus Elba geflohen und in Frankreich gelandet!

Maria erledigte, ohne lange nachzudenken, alle ihre neapolitanischen Geschäfte und brach in Begleitung ihrer Familie zur Reise nach Frankreich auf. Sie konnte nicht
voraussehen, daß der wiedererstandene napoleonische Staat
unter dem traurigen Namen des »Kaiserreichs der hundert
Tage« in die Geschichte eingehen würde.

XVIII

Am 28. Juni 1815, zehn Tage nach der Niederlage von Waterloo, kam Madame Walewska mit ihrem Sohn nach Malmaison, um zum letzten Mal den entthronten Kaiser der »hundert Tage« zu sehen, der sich darauf vorbereitete, Frankreich erneut zu verlassen. Alexandre Walewski notiert über diese Begegnung in seinen Memoiren:

». . . trafen wir gegen Abend in Malmaison ein. Alles war traurig und düster. Die Einzelheiten dieses Besuchs sind mir nur unklar im Gedächtnis haftengeblieben. Zwar habe ich die Gestalt des Kaisers vor Augen, ich sehe seine Gesichtszüge, ich erinnere mich, daß er mich umarmte, und mir ist, als wäre ihm eine Träne über die Wange gelaufen. Aber das ist alles, ich erinnere mich weder seiner Worte noch irgendeines anderen Geschehnisses an diesem Abend.«

Und nun dieselbe Szene in der Schilderung des französischen Historikers André Castelot:

»Malmaison . . . Napoleon empfängt die Gräfin Walewska und den kleinen Alexandre. Lange weint sie in seinen Armen und ist bereit, ihm ins Exil zu folgen . . . Er verspricht ihr, sie zu rufen, wenn die Ereignisse es erlauben . . . Aber – und sie weiß es genau – die Ereignisse werden den Kaiser zwingen, an seiner Legende zu weben, sich als Märtyrer für die Nachkommenschaft darzustellen und den Thron des Adlerjungen zu schmieden – nicht aber bürgerlich sein Leben an der Seite einer Mätresse zu beenden, und sei es auch die süße Marie . . .«

Die Begegnung in Malmaison ist der Schlußakkord der historischen Romanze. Napoleon verschwindet in diesem Augenblick aus Madame Walewskas Leben. Seinen Platz nimmt der General Auguste (Philippe-Antoine) d'Ornano ein.

Alles, was ich über den General Ornano, seine Romanze und später seine Ehe mit Maria weiß, stammt aus den Büchern seines von mir so oft kritisierten Urenkels, des Biographen. Aber die abschließenden Teile der Biographie wecken nicht so viele Vorbehalte wie die vorangehenden Partien. Es gibt hier keine auffallenden Widersprüche zwischen den beiden verschiedensprachlichen Versionen der Erzählung, der Ballast belletristischer Fiktion erdrückt nicht die dokumentarische Wahrheit. Mit seinem französischen Urgroßvater hat der Biograph offensichtlich erheblich weniger Schwierigkeiten als mit seiner polnischen Urgroßmutter. Jetzt lastet nicht mehr die Pflicht auf ihm, eine heroische Legende zu errichten, er braucht die historischen Ereignisse und die historischen Gestalten nicht mehr im Sinne der Familiensentiments zu korrigieren. Er beschränkt sich auf die Wiedergabe unstrittiger biographischer Tatsachen, die von einer vollständigen Korrespondenz, von Standesamtsakten und einer lebendigen Familientradition gestützt werden.

General Ornanos Bemühungen um Marias Hand begannen schon während Napoleons Aufenthalt auf Elba, unmittelbar nach Eintreffen der Nachricht vom Tod des alten Kammerherrn Walewski, der am 18. Januar 1815 in Walewice verstarb. Ornano, der sich zu dem Grundsatz bekannte, ein »Militär diene dem Vaterland und nicht der Regierung«, blieb nach der Abdankung des Kaisers in der Armee und befehligte zu jener Zeit das Korps der königlichen Dragoner in Tours. Die Korrespondenz zwischen Tours und Neapel, wo Maria sich aufhielt, war sehr lebhaft. Der General drang in die geliebte Frau, sich mit ihm in Paris zu treffen, und bot ihr in einem seiner Briefe in aller Form die Ehe an. Der Familienbiograph zitiert den Inhalt eines Schreibens des Kriegsministers vom 11. Februar 1815, das »dem Generalleutnant Graf Ornano eine einmonatige Reise nach Paris zum Zwecke der Eheschließung« gestattet.

Madame Walewska hatte Elba mit dem vollen Wissen verlassen, daß ihre Verbindung mit Napoleon endgültig zu Ende sei; trotzdem konnte sie sich noch nicht entschließen, Ornanos Angebot anzunehmen. Seinen inbrünstigen Bitten nachgebend, kam sie zwar für drei Tage nach Paris, doch trennten sie sich, ohne bindende Entschlüsse gefaßt zu haben.

Napoleons Rückkehr nach Frankreich und die historischen Konsequenzen dieses Ereignisses verursachten eine lange Pause in den Eheverhandlungen. General Ornano kehrte als einer der ersten zurück zu den Fahnen des wiedergeborenen Kaiserreichs und beschäftigte sich im Auftrag seines kaiserlichen Vetters mit der Aufstellung neuer Truppenteile im Süden Frankreichs; doch ein unglücklicher Zufall erlaubte es ihm nicht, sie in den Kampf zu führen. Am Vortag des Abmarsches der Truppen an die Front wurde der General in einem Duell schwer verwundet.

Der Hintergrund des Ereignisses war ungewöhnlich. Zum Anlaß für das Duell wurde ein kaiserlicher Befehl, der anordnete, »den ältesten der verfügbaren Generäle« zum Befehlshaber der südlichen Heeresgruppe zu bestimmen. Der Kriegsminister fertigte zunächst eine Ernennung für den Divisionsgeneral Graf Ornano aus, änderte dann aber seinen Entschluß, weil er zu der Ansicht kam, der Divisionsgeneral Graf Bonet eigne sich als der wesentlich ältere besser für diesen Posten. Ornano wurde vertraulich informiert, Bonet selbst habe ihm das beim Kaiser eingebrockt. Es kam zu einem scharfen Zusammenstoß zwischen den Rivalen, Worte fielen, die nach damaligen Begriffen nur durch Blut abgewaschen werden konnten. Weil beide Generäle treffsicher schossen, nahm das Duell einen höchst unerwarteten Ausgang. Wenige Tage vor der Schlacht von Waterloo verletzten zwei hervorragende Heerführer der höheren Stufe einander dermaßen, daß sie aus den Kriegshandlungen völlig ausgeschaltet wurden.

Bei der Besprechung des unglücklichen Zwischenfalls führt der Familienbiograph als Kommentar ein Fragment aus Madame Walewskas »Notizen« an:

»Zwei Stunden lang habe ich Auguste angefleht, von diesem Duell zurückzutreten, das gegen meine und auch gegen seine Grundsätze verstößt. Was war im ganzen seine Antwort? Daß dieser Herr eine Lektion verdiene, daß es Zeugen ihres Streites gebe, daß, wenn er den Streit und die Folgen vor seine Vorgesetzten brächte, diese ihn verpflichten würden, den Degen zu ziehen. Doch sein Gewissen? Meine Bitten? Es war eine günstige Gelegenheit, mir Achtung zu bezeugen und einen Beweis seiner Zärtlichkeit zu geben. Er hat es nicht getan, sein Stolz hinderte ihn daran.«

Trotz dieser bitteren Worte pflegte Maria ihren verwundeten Freund sorgfältig. Zum letzten Mal besuchte sie ihn am 28. Juni, unmittelbar bevor sie sich nach Malmaison begab, um von Napoleon Abschied zu nehmen. Ihr durch zwei Wochen des Wachens bei dem Verwundeten geschwächter Organismus war den Erschütterungen dieser Reise nicht gewachsen. Sie kehrte schwerkrank nach Paris zurück.

Während ihrer mehrere Wochen dauernden Krankheit sah sie den weiterhin ans Bett gefesselten General nicht. Unmittelbar nachdem sie gesund geworden war, fuhr sie, ohne den Freund zu benachrichtigen, nach Holland. Mit diesem Land verbanden sie geschäftliche Interessen, denn sie hatte 1814 ihr eigenes Kapital und das ihres Sohnes fast ganz in holländischen Wertpapieren angelegt. Der Aufenthalt in Holland zog sich bis Ende Oktober 1815 hin.

Nach Paris zurückgekehrt, nahm sie keinen Kontakt mit Auguste auf – im Gegenteil, sie versteckte sich vor ihm. Der General, inzwischen wieder gesund geworden, konnte diese plötzlich eingetretene Änderung im Verhalten der geliebten Frau nicht verstehen und versuchte mehrfach, in das Schlößchen auf der Rue de la Victoire Nr. 48 zu gelangen, fand jedoch entweder die Tür verschlossen oder wurde unter irgendwelchen Vorwänden abgewiesen.

Madame Walewskas Familienbiograph erklärt, auf die »Notizen« seiner Urgroßmutter gestützt, dieses seltsame Verhalten folgendermaßen. Maria liebte ihren hartnäckigen Verehrer bereits, wollte ihn aber nicht heiraten, um ihm die Karriere nicht zu verderben. Ihre Einstellung resultierte aus höchst realen Prämissen. Den Grundsätzen seines eigenwillig aufgefaßten Patriotismus getreu, wollte sich der junge General wieder zum aktiven Militärdienst melden. Sein historischer Name, seine Fähigkeiten, sein Vermögen und seine Popularität in der Gesellschaft öffneten ihm den Weg zu den höchsten Stellungen. Aber Maria war sich darüber im klaren, daß ein hoher Offizier der Armee des Königs nicht ohne Schaden für seine Zukunft eine Frau heiraten konnte, die als ehemalige Favoritin Napoleons im bourbonischen Frankreich als verdächtige und unerwünschte Person galt. Deshalb wies sie – entgegen ihren wirklichen Gefühlen und Wünschen – den geliebten Mann ab. Aus ihren »Notizen« geht hervor, diese edle Selbstverleugnung sei ihr so schwergefallen, daß sie mehrfach dem Selbstmord nahe gewesen sei.

Doch ein glücklicher, wenngleich nicht gerade angenehmer Zufall zwang sie schließlich, ihren Standpunkt zu ändern und den heroischen Widerstand einzustellen. Eines Tages Anfang Januar 1816 gelang es dem General schließlich, in das Schlößchen auf der Rue de la Victoire einzudringen. Er führte ein entscheidendes Gespräch mit der geliebten Frau und ... bekam einen Korb. Unmittelbar nachdem er Madame Walewska verlassen hatte, mußte der bedrückte Verehrer sich zu dem Empfang bei einem seiner Kollegen, einem verbissenen Royalisten, begeben. Auf dem Empfang sprach man über einen Fall, der damals die Aufmerksamkeit von ganz Paris erregte. Vor dem königlichen Tribunal lief der Hochverratsprozeß gegen einen berühmten napoleonischen Marschall, den heldenhaften Ney. General Ornano hatte trotz seiner Absicht, in die bourbonische Armee einzutreten, nicht aufgehört, Bonapartist zu sein. Von dem Gespräch mit Maria angeregt, vom Alkohol leicht berauscht, mischte er sich in das politische Gespräch und verkündete laut seine Ansichten. »Wenn ich hundert verläßliche Leute hätte«, sagte er, »würde ich Ney aus dem Gefängnis befreien.« Die Polizei erfuhr von der unvorsichtigen Äußerung. Bei dieser Gelegenheit stellte man fest, daß Ornano sich die Aufenthaltserlaubnis für Paris nicht hatte verlängern lassen. Der General wurde festgenommen und in das Gefängnis l'Abbaye geworfen.

Madame Walewska geriet, als man ihr den Vorfall mitteilte, in Verzweiflung. Von Natur mit der Neigung zur

Selbstbezichtigung begabt, schrieb sie sich die Hauptschuld zu; sie war überzeugt, Auguste wäre nicht zu dem fatalen Essen gegangen, wenn sie ihn anders behandelt hätte. Ihre künstlich unterdrückten Gefühle für Ornano brachen mit voller Kraft hervor. Sie unternahm fieberhafte Bemühungen zur Befreiung des Gefangenen und wandte sich in dieser Angelegenheit an ihre alten Bekannten Talleyrand und Fouché (Savant behauptet, sie habe sogar bei Zar Alexander interveniert). Gleichzeitig sandte sie täglich zärtliche Briefe in die Abbaye. Sie bekannte Auguste ihre Liebe und willigte ein, seine Frau zu werden.

Im März 1816 wurde der General Ornano aufgrund von Empfehlungen hochgestellter Persönlichkeiten (des Ministerpräsidenten Richelieu und des Polizeidirektors Decares) aus dem Gefängnis entlassen und »auf Urlaub nach England gesandt«. Nach kurzem Aufenthalt in London begab er sich nach Belgien, wo er längere Zeit zu bleiben und eine Wohnstatt für seine künftige Familie vorzubereiten beschloß. Den Hochzeitstermin setzten die Verlobten schriftlich fest.

Nachdem sie alle ihre Liegenschaften im Wege einer öffentlichen Versteigerung verkauft hatte, fuhr Frau Walewska im Sommer 1816 nach Belgien, um dort ein neues Leben zu beginnen.

Die Hochzeit mußte verschoben werden, weil der Vater des Bräutigams starb; sie fand erst am 7. September in der Kollegiatkirche Sts. Michel-et-Gudule statt. Unmittelbar nach dem Ende der Zeremonie begaben sich die Neuvermählten auf Hochzeitsreise nach Spa und Chaudfontaine. Nach der Rückkehr bezogen sie eine gartenumgebene Villa in einem Vorort von Lüttich. An dieser Stelle möchte ich einen sehr wesentlichen Exkurs einfügen. Der Familienbio-

graph teilt mit, Maria habe von dem Augenblick an, da sie
Auguste zu lieben begann, den Wunsch gehegt, ihm alles über
sich zu erzählen, ihn in die intimsten Einzelheiten ihres
Lebens einzuweihen. Schon während der viele Monate dauernden Korrespondenz mit ihrem Verlobten, fügte sie ihren
Briefen gelegentlich Notizen (récits) bei, die Erinnerungen
und aktuelle Reflexionen enthielten; nachdem sie sich in dem
neuen Haus in Lüttich eingerichtet hatte, beschloß sie, ihrem Mann die beiden heikelsten Punkte ihrer Vergangenheit
genau darzulegen: die Gründe für ihre Ehe mit Walewski
und die Genesis der Romanze mit Napoleon; um sich die
Beichte zu erleichtern, schrieb sie sie in Form kurzgefaßter
Memoiren (account) nieder. Diese »Notizen« und diese
»kurzgefaßten Memoiren« bildeten das biographische Material, das nach hundertundzwanzig Jahren die dokumentarische Grundlage für zwei Bücher darstellen sollte: *The Life
and Loves of Marie Walewska* und *Marie Walewska –
l'épouse polonaise de Napoléon.*

Die Situation, in der diese Dokumente entstanden, erklärt
bis zu einem gewissen Grade den Charakter der auf sie ge-
stützten Bücher. Eine dreißigjährige Frau begegnet nach
stürmischen Jugenderlebnissen, die sie in unablässige Kollision
mit ihren natürlichen Neigungen und mit dem System ihrer
Moralbegriffe brachten, endlich einen geliebten und liebenden Menschen, der ihr nach Alter und sozialer Position entspricht und imstande ist, ihr eine ruhige, gesicherte Existenz
und ein normales Familienleben zu garantieren, mit einem
Wort, sie gewinnt all das, was ihr bisher fehlte, und wonach
sie sich ständig gesehnt hat. Auf dem Höhepunkt der ehelichen
Idylle beichtet diese Frau und rechtfertigt vor dem geliebten
Mann ihre Vergangenheit; sie wünscht ihm zu versichern (und

glaubt selbst fest daran), er sei ihre erste wahre Liebe und alles, was vorher war, habe sich außerhalb der Gefühlssphäre abgespielt. Mußte eine solche Einstellung der Büßerin den geschilderten Ereignissen nicht ihren Stempel aufdrücken? Schloß sie nicht eine objektive Distanz zu der Vergangenheit aus? Förderte sie nicht deren Mythologisierung?

Gegen Ende des Jahres 1816 teilte Maria ihrem Gatten mit, sie erwarte ein Kind und wolle im Zusammenhang damit in ihre Heimat fahren, um den Rat des berühmten Warschauer Gynäkologen Dr. Ciekierski einzuholen, der ihr bei Alexandres Geburt beigestanden hatte. Der General versuchte, seine Frau von einer so langen und beschwerlichen Reise abzubringen, sie aber beharrte auf ihrem Entschluß und ließ ihn sich nicht ausreden. In den ersten Januartagen 1817 fuhr sie in Begleitung zweier belgischer Hausgenossen aus Lüttich ab: ihres Sekretärs, eines Herrn Carité, und des Dienstmädchens Rose. Von dieser Reise hat sich ein interessanter Brief erhalten, der in dem Buch *The Life and Loves of Marie Walewska* angeführt wird:

Walewice, den 14. Januar (1817)
Mein einziger, lieber Auguste,
ich bin gestern abend um neun in Walewice angekommen. Mr. Carité und Rose waren auf der Reise rührend und bewahrten mich vor allem Ärger und vor jeder Strapaze. Heute morgen weckte mich Dein erster Brief. Er hat den Tag erhellt. Er ist schneller gereist als ich; doch er hat ja keine alten Knochen, die in den Schlaglöchern zittern. Mein Lieber, Du kannst Dir den Zustand der Straßen nicht vorstellen!

Inzwischen hast Du schon einige der Briefe erhalten, die ich unterwegs schrieb, sooft sich eine Gelegenheit bot; ich

wünschte jedoch, dieser Brief könnte anders sein. Er beant-
wortet Deinen Brief, den ich verstehe und lieb gewinne. Ich
habe ihn immer wieder gelesen und werde ihn ständig von
neuem lesen.

Unsere Trennung belastet mich oft schwer, aber die Last
verschwindet, sobald ich mir darüber klar werde, wie eng wir
miteinander verbunden sind ... O mein Mann, der Du mein
Ich bist, wie weit Du auch entfernt sein magst, Du bist immer
hier!

Was Du mir über Alexandre schreibst, erfüllt mich mit
Freude und tröstet mich. Küsse ihn und zause ihm die Haare
in meinem Namen.

Vor Dir möchte ich nicht verbergen, daß ich mich etwas
schwach fühle. Manchmal habe ich eine Vorahnung von – ich
weiß nicht was. Ich tue mein Bestes, nicht daran zu glauben,
an die Witze zu denken, die Du darüber machen würdest, und
mich gegen die in mir tief verwurzelte Neigung zu wehren,
mich dem drohenden Unglück nicht zu widersetzen. Nichts
scheint zu helfen, nicht einmal die Gedanken an das Kind,
das in mir schläft. Es ist eine törichte Befangenheit, und
heute nachmittag, wenn ich nach Kiernozia fahre, werde ich
nochmals in der Kapelle beten und Kraft finden, über meine
Ängste zu lachen.

Ich sehe, daß dieser Brief, der lieb und zärtlich sein sollte,
Dich betrüben wird. Trotzdem sende ich ihn ab, denn wie
könnte ich irgend etwas vor Dir verbergen! Mindestens wirst
Du erfahren, daß ich unsere Ehe genauso empfinde wie Du.
Ich weiß, das muß die Wahrheit sein. Wenn ich wüßte, daß
ich sterben muß, wäre es nicht die Trennung von der Welt, die
mich weinen ließe, sondern der Gedanke an Deine Einsamkeit
nach meinem Fortgang.

Während ich an Dich schreibe, Liebster, regt sich wieder mein Mut. Dennoch schicke ich diesen Brief ab, der so ängstlich ist wie ich. Verzeih mir, Lieber.

An den Kleinen schreibe ich noch.

Immer Deine Dich liebende Frau.   Maria

PS Ich freue mich, Dir mitteilen zu können, daß der kleine Antoni jetzt viel kräftiger zu sein scheint. Teodor und die anderen haben nach Dir gefragt und wollten gern Neues über Dich erfahren.

PPS Als ich diesen Brief gerade beendete, kam eine Karte von Dr. Ciekierski, der soeben Deinen Brief erhalten hatte. Er fragt mich, ob ich ihn besuchen komme oder ob er mich aufsuchen soll. Ich habe dem Boten gesagt, ich führe morgen nach Warschau.

Noch einmal meine Liebe,   M.

Nach einer gründlichen Untersuchung der lange nicht gesehenen Patientin war Dr. Ciekierski über ihren Gesundheitszustand mehr als beunruhigt. Er stellte bei ihr eine extreme Erschöpfung des Organismus und eine lange verschleppte Nierenkrankheit fest, die sich unter dem Einfluß der Schwangerschaft bedrohlich verschlechtert hatte. Der Arzt erklärte der künftigen Mutter, sie dürfe ihr Kind auf keinen Fall selbst nähren, weil sie das das Leben kosten könne.

Mit dieser Diagnose kehrte die Gräfin Ornano nach Belgien zurück. Einige Monate später, am 9. Juni 1817, gebar sie einen Sohn, der in das Personenstandsregister der Stadt Lüttich mit den Vornamen Rodolphe Auguste eingetragen wurde. Der Junge war groß und gut entwickelt, die Gesundheit der Mutter aber verfiel, nachdem sie ihn zur Welt gebracht hatte, schnell; trotzdem und entgegen Dr. Ciekier- skis Warnungen willigte sie nicht ein, den Sohn einer Amme zu übergeben, sondern nährte ihn selbst.

Zu Beginn des Herbstes stellte sich heraus, daß Marias Krankheit (es handelte sich aller Wahrscheinlichkeit nach um Nierensteine) ihr Leben tatsächlich bedrohte. Am klar- sten sah das die Kranke selbst. Immer schwärzere Gedanken und Vorahnungen bedrückten sie, immer häufiger hatte sie furchtbare Schmerzanfälle. Sie drang in ihren Mann, er solle sich bei den Militärbehörden um die Genehmigung zur Rückkehr nach Paris bemühen. Nach Polen konnten sie nicht gemeinsam reisen, deshalb wollte sie in Frankreich, ihrem zweiten angenommenen Vaterland, sterben.

Die beiden letzten Monate ihres Lütticher Aufenthaltes widmete sie den Vorbereitungen zu einer viel weiteren und viel wichtigeren Reise als der nach Paris. Sie betete oft und inbrünstig um einen leichten Tod und zwang ihre ganze Umgebung zu lauten Gebeten. Nachdem sie alle bisher ab- gefaßten Notizen geordnet hatte, begann sie, Herrn Carité ihre Lebenserinnerungen zu diktieren. In Steppdecken und Plaids gewickelt und trotzdem vor Kälte bebend, vor Fieber und Schmerz nur halb bei Bewußtsein, führte sie viele Wo- chen lang ihre letzte Polemik mit den Schatten der Vergan- genheit, kämpfte sie um Rechtfertigung. Nicht mehr nur vor ihrem Gatten, sondern vor ihren Söhnen, die mit dem Brand- mal der Sünde ihrer Mutter ins Leben treten würden; vor den Warschauer Damen, die ihr einst vorgeworfen hatten, sie sei dem Kaiser zu schnell erlegen; vor den Bonapartisten, die ihr nicht verzeihen konnten, daß sie nach dem Sturz des Kaisers wieder geheiratet hatte; vor den künftigen Histori- kern und Biographen; vor allen, die einst das Schicksal der

»polnischen Gattin Napoleons« interessieren würde. Herr Carité, der mit der polnischen Geschichte und Geographie nicht vertraut war, konnte dem leidenschaftlichen Diktat kaum folgen, er stolperte über die fremden Ortsnamen und verirrte sich im Dickicht der verwickelten Geschehnisse und der Personen. Aber die Arbeit wurde zu Ende gebracht. Im Laufe von zwei Monaten wurde auf hundertfünfzig Seiten Heftformat unter dem Titel *Mémoires de la comtesse Walewska* die Geschichte einer der berühmtesten Romanzen der Historie niedergeschrieben.

Anfang November 1817 gelang es dem General Ornano, seine Frau nach Paris zu bringen. Nach einer beschwerlichen Reise mit langen Ruhepausen auf jeder Station legte man die Kranke auf ein bequemes Bett in ihrem Pariser Schlößchen, das Napoleon dem kleinen Alexandre geschenkt hatte. In den französischen Militärarchiven hat sich eine lakonische, dem Kriegsminister übersandte Meldung vom 30. November 1817 erhalten: »General Ornano gibt sich die Ehre, Euer Exzellenz zu informieren, daß er nach Beendigung seines jüngsten sechsmonatigen Urlaubs nach Frankreich zurückgekehrt ist und mit seiner Familie in der Rue Chantereine (Victoire) Nr. 48 Wohnung genommen hat.« Maria verließ das Bett nicht mehr. Sie starb am 11. Dezember 1817, vier Tage nach ihrem einunddreißigsten Geburtstag.

»Das ganze Haus war in echte Verzweiflung versunken«, erinnert sich Alexandre Walewski in seinen Memoiren, »und die des Generals überschritt jedes vorstellbare Maß. Meine Mutter war tatsächlich eine der besten Frauen, die überhaupt je existierten. Ich kann das ohne Voreingenommenheit behaupten, denn... Blutsbande haben mein Urteil nie beeinflußt.«

XIX

Im Zusammenhang mit Napoleons zweihundertstem Geburtstag erschien im März 1968 in Paris eine umfangreiche biographische Arbeit mit dem Titel *Napoléon* aus der Feder des populären Historikers und Napoleonisten André Castelot. Dem Buch ging eine intensive Werbung in Presse, Funk und Fernsehen voraus, die ankündigte, Castelot werde zum ersten Mal die unbekannte Korrespondenz zwischen Napoleon und Madame Walewska veröffentlichen. Die Ankündigungen erfüllten sich nur teilweise. Briefe von Madame Walewska enthält das Buch nicht, es bringt dagegen fünfzehn bisher nicht publizierte Briefe Napoleons aus dem Pariser Archiv der Walewskis. Diese Briefe wurden Castelot von Roger Graf Colonna-Walewski zugänglich gemacht; er war der Besitzer des Archivs, direkter Nachkomme Napoleons und Marias, französischer Großindustrieller und hatte vor einiger Zeit Polen besucht. Leider erlebte er die Veröffentlichung nicht mehr. Während das Buch *Napoléon* sich in Druck befand, kam der sechzigjährige Graf Roger mit seiner Frau Michéline geb. Paul-Cavallier bei einem Flugzeugunglück ums Leben.

Ehe ich nach Castelot den Inhalt der unbekannten Liebesbriefe Napoleons anführe, lohnt es, auf eine beunruhigende Frage zu antworten: Wie kommt es, daß weder Frédéric Masson noch Philippe d'Ornano, die die intimen Pariser Archivstücke lange vor Castelot durchsuchten, diese Briefe kannten? Der Autor des Buches *Napoléon* antwortet darauf im Nachwort: Ganz einfach, weil diese Briefe sich weder damals, als Masson Zutritt erhielt, noch damals, als Ornano das Material für seine Bücher sammelte, in dem

Archiv der Walewskis befanden; sie gelangten erheblich später dorthin, auf ganz zufällige Weise. 1953 bot in einem Pariser Auktionshaus eine namentlich nicht bekannte Person ein Päckchen Briefe Napoleons an Madame Walewska zum Verkauf an. Marias Erben wurden informiert und protestierten. Die Briefe wurden beschlagnahmt und nach einem Gerichtsverfahren den rechtmäßigen Besitzern übergeben. Dadurch gelangten sie in das Familienarchiv Roger Walewskis, der fünfzehn Jahre später Castelot gestattete, sie zu veröffentlichen.

Aber eine zweite Frage drängt sich auf: Wie und wann kam es dazu, daß eine so intime und wertvolle Korrespondenz den Händen der Adressatin oder ihrer Erben entgleiten konnte? Das erklärt der Autor des Buches *Napoléon* nicht mehr. Versuchen wir also, uns selbst eine Antwort zu geben. Anna Potocka geb. Tyszkiewicz erwähnt in ihren Memoiren, »eine indiskrete Freundin von Frau Walewska besitzt Briefe, die der Kaiser an sie schrieb, nachdem er Gewißheit hatte, daß er Vater würde«. Castelot publiziert zwei Briefe aus der Zeit von Marias Schwangerschaft, man darf also annehmen, auch der Rest der in dem Buch *Napoléon* publizierten Briefe habe sich einst im Besitz jener »indiskreten Freundin« Madame Walewskas befunden. Die Heldin der Romanze, die gewiß fürchtete, die Briefe ihres kaiserlichen Liebhabers könnten in die Hände ihres Mannes geraten, zog es vor, sie bei einer ihrer Vertrauten (Frau Sobolewska, Frau Dzierżanowska oder Frau Cichocka) aufzubewahren. Als sie dann für immer nach Paris übersiedelte, hat sie sie wahrscheinlich vergessen. Die angeeignete Korrespondenz blieb bei der »indiskreten Freundin«, ging auf ihre Erben über oder wurde an dritte Personen abgetreten; hundertvierzig Jahre später

223

gelangte sie auf heute nicht mehr rekonstruierbaren Wegen in die Pariser »Salle Drouot«, wo die öffentlichen Versteigerungen stattfinden.

Nach diesen einführenden Erläuterungen komme ich zu den Briefen selbst. Die ersten haben keine Daten, doch geht aus dem Inhalt hervor, daß Napoleon sie in der zweiten Januarhälfte 1807 diktierte[60], also bereits nach der Anknüpfung näherer Beziehungen zu Madame Waleska.

Madame,

die Person, die Ihnen diesen Brief überbringt, ist die, von der ich gesprochen habe. Sie wird Ihnen sagen, welche Gefühle ich für Sie empfinde, Marie, und mir von Ihnen Nachricht bringen... Ihr Brief ist zauberhaft, ich küsse die schöne Hand, die ihn geschrieben, das Herz, das ihn diktiert hat, und die schönen Augen, die ich bis zum Wahnsinn liebe.

N.

Madame,

Sie waren reizend anzusehen gestern abend; ich habe Sie ein wenig schweigsam gefunden. Wo waren Ihre Gedanken?... Wie geht es Ihnen heute morgen?... Ich sehe Sie heute abend, um Ihnen tausend und abertausendmal zu sagen: vi amo. Antwortet Ihr Herz nicht? Marie, ein Kuß auf Ihre Augen, obwohl sie recht böse sind!

Madame,

ich habe den ehrlichen Wunsch zu erfahren, ob Sie nicht gestört worden sind und wie Sie die Nacht verbracht haben. Die ganze Nacht über nahmen Sie in meinen Gedanken dieselbe Stelle ein. Lange werde ich an diese Nacht denken... Ich habe das Bedürfnis, Ihnen zu sagen, wie teuer Sie mir

sind. Wenn Sie daran zweifeln, betrüben Sie mich wirklich.
Sie haben mir vieles versprochen; könnten Sie mir das, was
heute erledigt werden soll, zuschicken[61]*? Bedenken Sie, Ma-*
rie, daß ich Sie liebe und daß Sie mir versichert haben, meine
Gefühle zu teilen. Wird es von Dauer sein? Tausend Küsse
auf Ihre Hände, einen auf Ihr Herz, dessen Ruhe ich ein
wenig stören möchte. Sehen Sie, das ist der Geist der Rache!
Adieu, meine Freundin, wie freue ich mich, Sie heute abend zu
sehen!

Madame,
Ihr Brief ist wie Sie: vollkommen, er hat mich mit Glück
erfüllt ... Ich hätte Sie gestern gern gesprochen; ich spürte,
wie ein unwillkürliches Gefühl mich immer wieder dorthin
trieb, wo Sie waren, oft mußte ich auf dem Wege anhalten ...
Ich habe, ich weiß nicht, warum, Ihr zauberhaftes Band
gefunden, ahnen Sie vielleicht den Grund? Aber mit Ihren
Ohrgehängen, drei Worte nur, Böse, habe ich es da ebenso
gemacht? Böse, nein, gute, schöne und vollkommene Marie.
Im Moment schlafen Sie ruhig ... Ich wünsche sehr, Sie heute
abend zu sehen, sei es auch nur für einen Augenblick, um das
zu hören, was Sie mir schon geschrieben haben und was mir
so gut tut zu hören. Meine Freundin, ist Ihr Herz ein wenig
erregt durch das Leid, das Sie mir zugefügt haben? Ich weiß
nicht, gestern abend sah ich in Ihren Augen eine süße Me-
lancholie! Um diese zu steigern, bedecke ich sie mit Küssen
und werfe mich Ihnen zu Füßen.

Gestern abend waren Sie so schön und gut, daß ich in der
Nacht noch lange glaubte, Sie vor mir zu sehen. Kein Dunkel
kann mich daran hindern, Sie zu sehen, Sie sind wie ein
Engel.

Ich bedaure, daß ich Sie zur Parade eingeladen habe, es ist so kalt, und Sie könnten sich einen Schnupfen holen.

Ich gönne mir die Freude, Sie heute abend tanzen zu sehen und in Ihren Augen die Bewegungen Ihres Herzens zu lesen... mio dolce amore, einen süßen Kuß auf Ihren charmanten Mund und 1000 voller Hochachtung auf Ihre Hände.

Der letzte aus der Warschauer Reihe der Briefe trägt ein von der Hand des Kaisers eingetragenes Datum. Napoleon hat ihn am Mittwoch, dem 28. (Januar), um elf Uhr vormittags diktiert, also zwei Tage, bevor er Warschau verließ.

Madame,
Sie waren traurig am Montag in der Gesellschaft, das hat mich bedrückt... Ich habe Ihnen zweimal geschrieben, aber alle Leute sind fort, und meine Briefe haben Sie nicht erreicht... Ich möchte Sie heute abend um 8 Uhr sehen. Gehen Sie zu Ihrer Freundin, von der Sie mir erzählt haben. Dort wird Sie ein Wagen abholen...[62] *Ich möchte Ihnen heute abend alles sagen, was Sie mir bedeuten und den Kummer, den ich empfunden habe . . . Tausend Küsse auf die Lippen meiner Marie.*

Der nächste Brief wurde am 17. März 1807 aus dem Hauptquartier in Osterode abgesandt.

Ich habe Ihre beiden charmanten Briefe erhalten; die darin geäußerten Gefühle sind die gleichen, die Sie in mir wachrufen, es gab keinen Tag, an dem ich Ihnen das nicht sagen wollte. Ich möchte Sie sehen; das hängt von Ihnen ab...

226

Zweifeln Sie niemals an meinen Gefühlen, Marie, Sie wären ungerecht, und dieser Fehler würde Sie teuer zu stehen kommen. Tausend Küsse auf Ihre Hände und einen einzigen auf Ihren charmanten Mund.

Und wieder ein Brief ohne Datum aus dem Hauptquartier in Finckenstein.

Ihr Brief hat mir große Freude bereitet. Sie sind immer dieselbe und zweifeln nicht an meinen Gefühlen. Wie, Sie wollen sich den Anstrengungen einer Reise aussetzen? Sie können sich vorstellen, mit welchem Vergnügen ich Sie empfangen werde. Aber überanstrengen Sie sich nicht und gefährden Sie nicht Ihre Gesundheit. Ich fühle, daß ich Sie bald sehen werde, Marie. Vorläufig einen Kuß auf Ihre schöne Hand. Übrigens, man sagte mir, daß Sie einige Verehrer in Warschau haben! Man nennt einen sehr eifrigen, stimmt das?

Den folgenden Brief vom 23. April erhielt Madame Walewska bereits auf dem Weg nach Finckenstein.

Madame,
ich erhalte Ihren charmanten Brief. Sie hatten schlechtes Wetter, Sie sind müde vom beschwerlichen Weg, aber es geht Ihnen gut – das ist die Hauptsache. Ich rechne mit Ihrem Versprechen. Sie wissen, welches Vergnügen mir das Wiedersehen bereitet. Vor allem viel Liebes und einen zarten Kuß auf Ihren charmanten Mund, Marie.

Es kommt der Juli des Jahres 1809. Am Tag nach dem Sieg bei Wagram schreibt der Kaiser aus Schönbrunn:

Marie,

ich habe Ihren Brief erhalten. Ich habe ihn gelesen mit dem Vergnügen, das mir stets die Erinnerung an Sie eingibt. Die Gefühle, die Sie für mich hegen, empfinde ich auch Ihnen gegenüber.

Kommen Sie nach Wien, ich möchte Sie sehen und Ihnen neue Beweise meiner zärtlichen Freundschaft geben. Zweifeln Sie nicht am Preis, den ich einsetze für alles, was Sie betrifft. Tausend zarte Küsse auf Ihre schönen Hände und einen auf Ihren schönen Mund.

Auf die österreichische Idylle folgt eine längere Trennung der Liebenden. Madame Walewska erwartet ein Kind. In den Briefen des Kaisers rückt die Sorge um die Gesundheit der werdenden Mutter auf den ersten Platz.

Trianon, den 18. Dezember (1809)

Madame,

Ich habe Ihren Brief erhalten. Der Inhalt hat mich sehr gerührt. Mit Freude habe ich erfahren, daß Sie ohne lästige Zwischenfälle in Warschau angekommen sind. Schonen Sie Ihre Gesundheit, die mir so kostbar ist. Vertreiben Sie die dunklen Gedanken: die Zukunft darf Sie nicht beunruhigen. Geben Sie mir oft ein Lebenszeichen; denken Sie daran, wie sehr Sie mich interessieren, und teilen Sie mir mit, daß Sie glücklich und zufrieden sind. Das ist mein lebhaftester Wunsch.

Madame,

mit großer Freude erhalte ich Ihre Nachrichten, aber die von Ihnen gehegten dunklen Gedanken passen nicht zu Ihnen. Lassen Sie so etwas nicht aufkommen. Lassen Sie mich bald wissen, daß Sie einem schönen Jungen das Leben geschenkt haben, daß Sie bei guter Gesundheit und voller Heiterkeit sind. Zweifeln Sie niemals an meiner Freude, Sie wiederzusehen, noch an der zärtlichen Anteilnahme an allem, was Sie betrifft. Adieu, Marie, ich warte mit Vergnügen auf weitere Nachrichten.

Und der letzte Brief der Sammlung[63], geschrieben vier Monate nach Alexandre Walewskis Geburt.

3. September 1810

Madame,

der Herzog von Friaul[64] zeigt mir einen Brief, aus dem ich ersehe, daß Sie meinen nicht erhalten haben. Darin teilte ich Ihnen meine Freude über die Nachrichten mit, die mir Ihr Bruder überbracht hatte. Wenn Ihre Gesundheit wieder ganz hergestellt ist, wünsche ich, daß Sie gegen Ende des Herbstes nach Paris kommen, wo ich Sie gern sehen möchte. Zweifeln Sie niemals an meinem Interesse für Sie und an meinen Gefühlen, die Sie kennen.

Die von Castelot veröffentlichten Briefe bereichern Madame Walewskas Lebenslauf nicht durch neue Fakten und machen keine Korrekturen oder Ergänzungen unserer Darstellung erforderlich. Dennoch stellen sie ein ungewöhnlich wertvolles Material dar, weil sie das wahre Verhältnis Napoleons zu

Maria in den einzelnen Stadien ihrer Romanze zeigen. Diese Korrespondenz straft alle Mythen Lügen, die von dem Familienbiographen geschaffen wurden. Es gibt dort keine politischen Anspielungen, es ist ausschließlich von Liebe und persönlichen Dingen die Rede. Wie schade, daß nicht auch Madame Walewskas Briefe an den Kaiser erhalten sind! Masson und andere Napoleon-Biographen haben die geheimsten Archive des Kaiserhofes so genau durchsucht, daß wir leider zu dem traurigen Schluß berechtigt sind, der hohe Adressat müsse alle Briefe seiner Geliebten vernichtet haben. Vielleicht tat er das aus Furcht vor seinen eifersüchtigen Frauen, vielleicht einfach auch deshalb, weil er der Nachwelt seine privaten Schwächen nicht enthüllen wollte.

XX

Die verwickelte und mit vielen Fragezeichen versehene Erzählung über »die polnische Gattin Napoleons« nähert sich ihrem Ende. Das letzte Kapitel möchte ich den Nachkommen Maria Walewskas sowie den Archivalien widmen, die sich in deren Besitz befinden.

Wie bereits erwähnt, wurden nach dem Tod der Heldin der Romanze alle ihre persönlichen Papiere durch Losentscheid aufgeteilt unter ihre drei von verschiedenen Vätern abstammenden Söhne: Antoni Bazyli Rudolf Colonna-Walewski (den Sohn des Kammerherrn), Alexandre Florian Joseph Colonna-Walewski (den Sohn Napoleons) und Rodolphe Auguste d'Ornano (den Sohn Augustes).

Was von diesem Erbe dem erstgeborenen Sohn zufiel, wird wohl für immer ein Geheimnis bleiben. Antoni Bazyli Rudolf verbrachte die zweite Hälfte seines Lebens in Polen, doch die Einzelheiten seiner Biographie und sein Wohnort sind nicht einmal den gründlichsten Forschern bekannt. Man weiß von ihm nur, daß er als junger Mann, einige zwanzig Jahre alt, gestorben ist und mit Konstancja Grotowska verheiratet war, die wahrscheinlich von ihrem Mann die Papiere seiner Mutter geerbt hat. Vielleicht bringt diese letzte Information jemanden zufällig auf die Spur der verlorenen Dokumente. Denn ein Teil von Madame Walewskas handschriftlichem Erbe befand sich bestimmt (und befindet sich vielleicht noch) in Polen; davon zeugt mindestens das Manuskript, das Dozent Jan Wegner 1938 in der Warschauer Przeździecki-Bibliothek sah[65].

Alexandre Walewski erbte von seiner Mutter die *Mémoires* und einen Teil der Briefe Napoleons. Die Rekonstruktion des weiteren Schicksals dieser Dokumente bereitet keine Schwierigkeiten, denn die Biographie Alexandres und die Geschichte seiner Nachkommen sind im allgemeinen bekannt.

Als Maria starb, war Alexandre sieben Jahre alt. Die Obhut über ihn und seinen älteren Bruder übernahm ihr Onkel Teodor Łączyński, der beide Neffen in seine Heimat mitnahm[66]. Drei Jahre lang wohnten die Jungen auf dem Gut ihres Onkels in Kiernozia und erhielten dort den ersten Unterricht durch Privatlehrer. Über diese Zeit schrieb Alexandre Walewski in seinen Erinnerungen: »Mein Onkel huldigte fast in jedem Gespräch dem Andenken seiner Schwester, deshalb lernten wir auch beizeiten die Bedeutung des Verlustes zu begreifen, den wir erlitten hatten. Teodor Łączyński erzählte uns manchmal von seinen Kriegserlebnissen, wobei er von dem Kaiser mit Bewunderung und Ergebenheit sprach ... wir aber lauschten mit unbeschreiblicher Neugier. Der Onkel träumte davon, nach St. Helena zu gehen und uns hinzubringen, doch wartete er damit, bis wir etwas größer würden ...«

Auch der Gefangene auf St. Helena vergaß seinen natürlichen Sohn nicht. Das bezeugen die Stellen in den Notizen, die er Tag für Tag seinem Begleiter in der Verbannung, dem General Bertrand, diktierte. Am 22. April 1821, zwei Wochen vor dem Tod des Exkaisers, schrieb Bertrand, gewohnheitsgemäß Napoleons Worte in die dritte Person übersetzend, nach dessen Diktat folgendes: »Napoleon hatte zwei natürliche Kinder; eines ist bekannt, der Sohn von Madame Walewska, der 200 000 Frs. Rente bekommen soll. Aber da Madame Walewska einen anderen Sohn wahrscheinlich bevorzugen will und vermutlich noch mehrere Kinder von

Ornano haben wird, vermutet er (Napoleon), daß sein Sohn vielleicht nur 120 000 Frs. bekommen wird... Man muß also über seine Ansprüche wachen, selbst gegen Ornano... Er (Napoleon) empfiehlt es... Man muß ihm eine Stelle in einem französischen Lancier-Regiment besorgen und sich seiner annehmen, er (Napoleon) wünscht, er möge nie die Waffen gegen Frankreich wenden...« Etwas später am gleichen Tage sorgte sich der Exkaiser noch einmal um Alexandres Zukunft: »Er würde es gern sehen, wenn Bertrand eines Tages seine Tochter mit einem der Söhne Luciens oder mit Madame Walewskas Sohn verbinden würde. Die Walewskis sind polnische Fürsten. Der junge Walewski ist kein Bastard. Das ist eine Frage der Chronik, wie sie in allen Familien vorkommt. Schließlich fließt in ihm sein (Napoleons) Blut, und das ist ja auch etwas...«

In seinem auf St. Helena abgefaßten Testament erwähnte Napoleon Alexandre zweimal. Indem er seinem ersten natürlichen Sohn Léon 300 000 Franken vermachte, empfahl er: »Stirbt dieses Kind, bevor es volljährig wird... erhält Alexandre Walewski das Vermögen«, und im letzten Artikel fügt er hinzu: »Ich wünsche, daß Alexandre Walewski in den Dienst der französischen Armee gestellt werde.«

Nach Napoleons Tod wurde sein Testament beschlagnahmt und im Archiv der britischen Regierung deponiert. Der Zufall wollte es, daß zweiunddreißig Jahre später niemand anderes als – Alexandre Walewski, der zu jener Zeit die Regierung seiner Kaiserlichen Majestät Napoleons III. in London vertrat, die Rückgabe dieses Dokuments an Frankreich durchführte. Am 19. März 1853 schrieb Alexandre aus London an seine Pariser Vorgesetzten: »Der Notar Baudin wird am Montag hier abreisen und das wertvolle Dokument mitnehmen, dessen Rückgewinnung für Frankreich die größte aller Ehren und aller Wohltaten sein wird, die meine diplomatische Karriere mir bereiten konnte.«

Doch ehe Marias und Napoleons Sohn französischer Botschafter in London wurde, gab es in seinem Leben viele andere Ereignisse, an die kurz zu erinnern sich lohnt. Als er zehn Jahre alt war, sandte sein Onkel Łączyński ihn zu weiterer Ausbildung in die Schweiz. Die Erziehung in einer renommierten Genfer Schule dauerte vier Jahre, 1824 kehrte der junge Walewski nach Polen zurück. Er war noch keine fünfzehn Jahre alt, aber über sein Alter hinaus entwickelt, gebildet und sehr gutaussehend. Zudem umwehte ihn der Zauber der napoleonischen Legende, denn seine Abstammung bildete für die Warschauer Notablen kein Geheimnis. Dank seiner Vorzüge bemerkte man ihn schnell in der »Gesellschaft«. Aber auch die Spione des Großfürsten Konstantin[67] interessierten sich für ihn. Bonapartes Sohn, der auch noch einen historischen polnischen Namen trug, beunruhigte den Statthalter des Zaren. Anfangs versuchte Konstantin, ihn für sich zu gewinnen, und bot ihm ungeachtet seines jugendlichen Alters sogar die Stellung seines Flügeladjutanten an. Da Alexandre jedoch den Militärdienst unter dem Befehl des »Zarewitsch« entschieden ablehnte, änderte sich die Einstellung der Behörden, und der junge Mann, der nicht Adjutant des Oberbefehlshabers sein wollte, wurde unter Polizeiaufsicht gestellt. Napoleons Sohn war dieser Beschneidung seiner Freiheit bald überdrüssig und bemühte sich um die Ausreise nach Frankreich. Als die monatelangen Bemühungen um einen Paß ergebnislos verliefen, beschloß er, illegal auszureisen. Nach vielen Abenteuern erreichte er Petersburg und gelangte dort verkleidet auf ein englisches Schiff, mit dem er nach Frankreich fuhr.

In Paris erschien er 1827. Der siebzehnjährige polnische Aristokrat – schön, intelligent und mit ungewöhnlichem Charme begabt – wurde binnen kurzem zur Attraktion in den exklusiven Salons der Hauptstadt. Hier half ihm auch die Fama seiner hohen Abkunft; sie wurde bestätigt durch seine überraschende Ähnlichkeit mit dem Kaiser, dessen Mythos in Frankreich gerade wiedererstand. Alexandre bekannte sich jedoch nicht zu seinem Vater und gestattete niemandem, die Echtheit seiner offiziellen Geburtsurkunde in Frage zu stellen. Einer würdigen Dame, die es wagte, ihn mit den Worten zu begrüßen: »Ach, wie sind Sie Ihrem Vater ähnlich!«, antwortete er eisig: »Ich wußte nicht, daß Graf Walewski die Ehre hatte, Ihnen bekannt zu sein.«[68]

Im Dezember 1830, nach dem Ausbruch des Aufstandes in Polen erhielt Alexandre seinen ersten diplomatischen Auftrag. König Louis-Philippes Außenminister Sébastiani (einst Kommandeur der Gardekavallerie Napoléons I.) sandte ihn in geheimer Mission zu den Führern der polnischen Aufständischen. Die Reise des jungen Emissärs war reich an ungewöhnlichen Abenteuern, im Posenschen wurde er von den Preußen festgenommen, doch gelang es ihm zu entfliehen und die Grenze zum Königreich zu überschreiten. Nach Erfüllung der ihm aufgetragenen Mission trat er als Leutnant in das polnische Heer ein und war eine Zeitlang Adjutant des Oberbefehlshabers des Aufstands, Fürst Michał Radziwiłł. Dann avancierte er zum Oberleutnant und Hauptmann und erhielt für seine Tapferkeit in der Schlacht bei Grochów das Goldene Kreuz des Ordens »Virtuti Militari«. In der Schlußphase des Krieges entsandte die aufständische Regierung den einundzwanzigjährigen Hauptmann als ihren Vertreter nach London. Der Zusammenbruch des Aufstands machte ihm die Ausführung seiner Aufgabe unmöglich. 1832 befand er sich wieder in Paris.

Die Jahre 1833-1837 verbrachte Walewski in der Armee. Nachdem er die französische Staatsbürgerschaft erlangt hatte, reiste er nach Nordafrika und trat in die Truppe der afrikanischen Schützen ein. Er erfüllte militärische und diplomatische Aufgaben, man sandte ihn häufig zu Verhandlungen mit arabischen Anführern. 1835 wurde er nach Frankreich versetzt und einem Husarenregiment zugeteilt. Zwei Jahre später verließ er die Armee und widmete sich völlig politisch-literarischer Tätigkeit. Er redigierte Zeitungen, gab politische Broschüren heraus und schrieb sogar Stücke, die von den Theatern, wenngleich ohne Erfolg, aufgeführt wurden. In den Jahren 1840-1848 beschäftigte er sich mit diplomatischer Arbeit. Er wurde von der Regierung in allerlei politischen und wirtschaftlichen Missionen abgesandt und bereiste fast die ganze Welt. Schließlich erhielt er die Ernennung zum französischen Gesandten in Kopenhagen, doch der Ausbruch der Revolution 1848 gestattete es ihm nicht mehr, an seinen Bestimmungsort zu gelangen.

Walewskis wahre politisch-diplomatische Karriere begann mit dem Augenblick, in dem Prinz Louis-Napoléon (der spätere Kaiser Napoleon III.) in Frankreich die Macht übernahm. In den Jahren 1849-1855 bekleidete Alexandre folgende Posten: bevollmächtigter Minister in Florenz, in Neapel, danach Botschafter in Madrid und in London. Auf dem letzten Posten geriet der Sohn des von den Engländern zu Tode gequälten Napoleon mehrfach in schwierige Situationen. 1852 mußte er als offizieller Vertreter Frankreichs der Beerdigung des Herzogs von Wellington, des Siegers von Waterloo, beiwohnen, und zwei Jahre später fiel ihm auf einem Ball in der französischen Botschaft die Ehre zu, mit der Königin Victoria Quadrille zu tanzen.

Im April 1855 wurde er in den Senat berufen, einen knappen Monat später empfing er von Napoleon III. das Portefeuille des Außenministers. Im nächsten Jahr führte er in dieser Funktion den Vorsitz auf dem Pariser Kongreß, der den Krimkrieg beendete, und ging auf diese Weise für immer in die Geschichte der europäischen Diplomatie ein.

Das Amt des Außenministers versah Walewski fünf Jahre lang. Als Belohnung für seine im Dienst des Zweiten Kaiserreichs errungenen Meriten verlieh ihm Napoleon III. umfangreichen Landbesitz.

In den sechziger Jahren blieb er, nachdem er sich aus der Leitung der Außenpolitik zurückgezogen hatte, weiterhin an der Spitze der staatlichen Hierarchie. Er bekleidete der Reihe nach folgende Ämter: Staatsminister, Präsident der Deputiertenkammer, Präsident der Verfassunggebenden Versammlung. Anfang 1868 wurde er zum Mitglied der Akademie der Schönen Künste gewählt. Am 27. September 1868 starb Alexandre Graf Colonna-Walewski auf dem Rückweg von einer langen Reise durch Deutschland mit achtundfünfzig Jahren plötzlich an einem Schlaganfall in einem Straßburger Hotel.

Von Napoleons und Marias Sohn stammt die französische Familie der Grafen Colonna-Walewski ab, die im Prinzip mit dem polnischen Geschlecht gleichen Namens durch keine Blutsverwandtschaft verbunden ist.

Alexandre Walewski war zweimal verheiratet. In erster Ehe heiratete er 1831 in London Lady Katherine Caroline

Montagu, Tochter des John Montagu Graf Sandwich, die drei Jahre nach der Hochzeit starb; in zweiter Ehe heiratete er 1846 die Markgräfin Maria Ricci, Enkelin des Fürsten Stanisław Poniatowski[69]; dieser war der ältere Neffe des letzten polnischen Königs. Die Gräfin Maria Walewska geb. Ricci wurde in Frankreich weit bekannt als eine der kostspieligsten Damen des Zweiten Kaiserreichs. Einige Jahre lang spielte sie für Napoleon III. dieselbe Rolle wie ihre mit ihr namensgleiche Schwiegermutter für Napoleon I.

Aus diesen beiden Ehen hatte Alexandre insgesamt sechs Kinder, doch nur drei von ihnen erreichten das Volljährigkeitsalter: der Sohn Charles und die Töchter Elise und Eugénie. Entsprechend der feststehenden Tradition hätte Alexandres Erbteil aus Madame Walewskas Papieren nach seinem Tod auf seinen Sohn Charles übergehen müssen. Es geschah jedoch anders.

Als Frédéric Masson 1893 Madame Walewskas Papiere publizierte, stellte er eindeutig fest, die Dokumente seien ihm von ihrem Besitzer, dem Grafen Antoine Colonna-Walewski, Alexandres Sohn, zugänglich gemacht worden. Die polnischen Historiker, die den Vornamen von Alexandres einzigem legalem Sohn kannten, meldeten gegenüber Massons Information Zweifel an. Marian Kukiel wiederholt in seiner letzten Skizze über Madame Walewska zwar die Information, stellt aber hinter den Vornamen Antoine in Klammern ein Fragezeichen. Doch Masson hat sich wohl nicht geirrt. Das Rätsel wird gelöst durch die vollständige genealogische Tafel der französischen Walewskis in Joseph Valynseeles Buch *La descendance naturelle de Napoléon Ier*. Aus dieser Tafel geht hervor, daß Alexandre Walewski außer seinen ehelichen Nachkommen noch einen natürlichen Sohn

Alexandre-Antoine hatte, den ihm die berühmte Schauspie-
lerin Rachel (Elisa Rachel Félix) geboren hatte. Diesen Sohn
erkannte er unmittelbar nach seiner Geburt an und verlieh
ihm das Recht zur Führung von Name und Titel. Nach
Rachels Tod wurde der junge Alexandre-Antoine Graf Colonna-Walewski zusammen mit seinen legalen Geschwistern
erzogen. Der Umstand, daß Alexandre gerade ihm die wert-
vollsten und intimsten Familienpapiere vermachte, legt ein
gutes Zeugnis von ihm als Vater ab. Er wollte offensichtlich
diesen Sohn vor dem Komplex des natürlichen Kindes bewahren, indem er ihm das sorgsam gehütete Geheimnis
seiner eigenen unehelichen Herkunft enthüllte. Alexandre-
Antoine Walewski verkündete durch Masson dieses Geheimnis der ganzen Welt. Man kann also sagen, fast alles, was wir
heute von Madame Walewska wissen, verdanken wir
einerseits dem Zartgefühl ihres Sohnes, andererseits der In-
diskretion ihres Enkels. Denn hätte Alexandres ehelicher
Sohn Charles Marias Papiere geerbt, wäre die Geschichte
der berühmten historischen Romanze wahrscheinlich ein
Privatgeheimnis der Familie Walewski geblieben. Man muß
noch hinzufügen, daß Roger Graf Colonna-Walewski, der
siebzig Jahre später zum zweitenmal einem Historiker das
Familienarchiv öffnete, in direkter Linie ein Enkel Alexan-
dre-Antoines war.

Noch einige Informationen über die lebenden Nachkommen Alexandre Walewskis, des Sohnes von Maria und Napoleon. Es gibt zur Zeit etwa dreißig. Ihre materielle und
soziale Lage ist sehr unterschiedlich. Die meisten von ihnen
zählen sich zum französischen Hochadel, nehmen aber
gleichzeitig exponierte Stellungen als Aufsichtsratsvorsit-
zende und Generaldirektoren in Großindustrie und Finanz-

konzernen ein. Andere haben den Titel verloren, sind deklassiert und verarmt. In der genealogischen Übersichtstafel des Geschlechts habe ich folgende Berufe gefunden: einen Berufsunteroffizier, einen Privatlehrer für Musik, einen Zirkusakrobaten, einen Fabrikangestellten, einen Laboranten und einen Kraftfahrer. 1964 gab es in Paris eine Sensation durch den Prozeß gegen den fünfundzwanzigjährigen Chauffeur Hugues Mathéus, der wegen Mordes an seiner Frau, einem Zimmermädchen, angeklagt wurde. Der Mörder, Urenkel von Alexandre Walewskis Tochter Eugénie, war ein direkter Nachkomme des Kaisers Napoleon I. und des Fürsten Stanisław Poniatowski.

Und nun müssen wir uns mit Marias jüngstem Sohn und dem von ihm ererbten Teil der Papiere beschäftigen. Rodolphe Auguste d'Ornano oder — wie er nach dem Tode seines Vaters unterschrieb — der II. Graf Ornano[70] führte ein einfaches, konfliktloses Leben, frei von Komplikationen, ungewöhnlichen Ereignissen und tragischen Umbrüchen. Aus Begabung und Neigung war er Schriftsteller und Dichter. Bei dieser Gelegenheit lohnt es zu unterstreichen, daß Marias beide Söhne (den Lebenslauf des ältesten, Antoni, kennen wir nicht) mit literarischem Talent begabt waren, sie hatten es zweifellos von ihrer Mutter geerbt. Bei der Beurteilung von Madame Walewskas Briefen und Memoirenfragmenten darf man keinen Augenblick lang vergessen, daß sich in der Autorin eine potentielle schöngeistige Schriftstellerin verbarg.

Rodolphe Auguste ließ ein paar Bücher erscheinen, doch die Literatur bildete nicht die Hauptquelle seines Lebensunterhalts. Von Beruf war er hoher Beamter in der Staatsverwaltung und in seinen letzten Lebensjahren Kammerherr und erster Zeremonienmeister am Hofe Napoleons III. Außerdem war er Großgrundbesitzer und Eigentümer der beiden Familienschlösser La Branchoire und Ormes. 1845 heiratete er die Comtesse Elisabeth Aline de Voyer d'Argenson, Tochter eines aristokratischen Geschlechts, das Frankreich in dreihundert Jahren viele Staatsmänner und hohe Staatsbeamte geschenkt hatte. Dieser Ehe entsprangen sechs Kinder, zwei Söhne und vier Töchter. Der zweite Graf Ornano starb 1865 mit kaum achtundvierzig Jahren. Seine Nachkommenschaft war zahlreich, was infolge ständiger Erbteilungen zu einer erheblichen Verarmung des Geschlechts führte. Erst nach dem Ersten Weltkrieg kamen die Ornanos materiell wieder hoch, weil sie die Reste ihres Kapitals in der kosmetischen Industrie investierten. Langsam wurden sie zu den führenden Potentaten dieses Produktionszweigs. Gegenwärtig leben zwölf Namensträger, die in direkter Linie von der Heldin der Romanze abstammen. Derzeitiger Senior der Familie und sechster offizieller Inhaber des Grafentitels ist Rodolphe Graf Ornano, ein achtundvierzigjähriger, in Paris wohnhafter Industrieller.

Von Madame Walewskas intimen, im Familienarchiv auf Schloß La Branchoire verwahrten Papieren erfuhr die Welt aus den Büchern des IV. Grafen Ornano, Philippe-Antoine, des Historikers und Literaten, Autors zahlreicher biographischer Arbeiten. In der Einleitung zu seinem Buch *Maria Walewska – l'épouse polonaise de Napoléon* führt Graf Ornano den Leser in die Atmosphäre des Schlosses La Branchoire ein, er erzählt von seiner Familie und legt die Umstände dar, unter denen er sich mit den Papieren seiner Urgroßmutter beschäftigt hatte. Diese Einleitung, gestützt auf die eigenen Erlebnisse des Autors und die Erzählungen seines Vaters, der im Augenblick, als Madame Walewskas Mann (sein Großvater) starb, immerhin schon sechzehn Jahre alt war, bezaubert durch unbezweifelbare Authentizität und mildert erheblich die Vorwürfe, die der Familienbiograph wegen seines ungenierten Umgangs mit Marias Papieren verdient hat.

Wir sind also auf dem alten Adelsschloß La Branchoire in der französischen Touraine. Es ist angefüllt mit Erinnerungsstücken an die hervorragenden Menschen aus dem Geschlecht Ornano. Gäste und Touristen, denen man eine Besichtigung des Schlosses gestattet, betrachten voller Bewunderung die Marmorbüsten der Vorfahren des Schloßherrn, der Marschälle und Generäle, sowie die Glasschränke mit Uniformen, Waffen und Orden aus den verschiedenen Abschnitten der Geschichte Frankreichs, beginnend mit der Zeit Ludwigs XIV. und endend mit der des Zweiten Kaiserreichs. Besonderes Interesse bei den Besuchern weckt die Schloßbibliothek. Dort hängen nebeneinander zwei große Porträts von Gérard. Das eine stellt eine schöne junge Dame dar mit Rosen im Haar, in einem Empirekleid aus dunklem Samt mit Schleppe und hellen Seidenschuhen. Auf dem zweiten Porträt ein imponierender Offizier in hellblauer, reich mit Gold bestickter Uniform, in weißen Hosen und hohen Lackstiefeln. Vor diesen Porträts bleiben die Besucher am längsten stehen und flüstern einander ehrfürchtig zu: »Die Marschallin! . . . Der Marschall!«

Die Kinder und Neffen der Schloßeigentümer, der künftige Familienbiograph, seine Geschwister, Vettern und Kusinen, wissen genau, wen die Porträts im Bibliothekssaal darstellen. Es ist ihr Urgroßvater, der Marschall Philippe-Antoine Auguste, I. Graf Ornano, und seine Frau, die Polin, die in der Familie »die Marschallin« heißt, obwohl ihr Mann erst über dreißig Jahre nach ihrem Tode Marschall wurde. Die Kinder haben mehr als einmal von ihrem Vater gehört, wie sehr der Marschall seine so jung verstorbene Frau liebte. In sechsundvierzig Jahren Witwertum hat er kein einziges Mal versucht, wieder zu heiraten. Wenn in der Familie etwas Erfreuliches geschah, rief er Kinder und Enkel in den Bibliothekssaal, versammelte sie unter dem Porträt seiner Frau und pflegte zu sagen: »Mag auch die Marschallin teilhaben an unserer Familienfreude.«

Für die Urenkel des Marschalls ist ihre polnische Urgroßmutter eine seltsame und geheimnisvolle Gestalt. Sie können nicht verstehen, warum ihr Porträt die Besucher erheblich mehr interessiert als die prächtigsten Erinnerungsstücke des Geschlechts Ornano, warum man sie oft mit dem fremd klingenden Namen Walewska bezeichnet, warum man ihre Person mit dem großen Kaiser Napoleon in Verbindung bringt.

Die Kinder suchen die Lösung des Rätsels bei ihren Eltern, doch die Eltern geben ihnen zu verstehen, daß es sich auf Schloß La Branchoire nicht gehört, daran zu rühren, also greift die Jugend nach dem Konversationslexikon; bei dem Buchstaben O findet sie nichts, bei W wird ihnen alles klar.

Kurz darauf geschieht etwas, das in der Familie der Schloßeigentümer heftige Erregung verursacht. Aus erlauschten Gesprächen der Eltern, aus halben Sätzen des Hausgesindes erfährt die Jugend, einer der Onkel habe eine unverzeihliche Sünde begangen: er hat einem Historiker die vertraulichen Papiere der Marschallin geliehen, und dieser »taktlose Historiker« (selbstverständlich handelt es sich um

Frédéric Masson) hat die Geheimnisse in einem Buch veröffentlicht. »Der Knabe bekam das verdächtige Buch erst im Mannesalter in die Hand«, schreibt der spätere Familienbiograph über sich selbst. »Die Lektüre befriedigte ihn nicht. Einzelheiten und genaue Beschreibungen fehlten. Den gleichen Eindruck hatten auch die anderen Enkelkinder, die sehr oft mit ihm vor dem Porträt der ›Marschallin‹ standen.«

Dieses Bekenntnis ist wichtig, es erklärt die Grundursache der späteren biographischen Absichten Philippe-Antoine d'Ornanos; schon damals beschloß er, die Publikation des »taktlosen Historikers« Masson durch neue Einzelheiten zu bereichern und ihr größere Präzision zu verleihen. Doch zur Verwirklichung dieser Absichten kam es erst viele Jahre später, als Philippe-Antoine schon der IV. Graf Ornano geworden und das Schloß La Branchoire infolge von Erbteilungen in der Familie in den Besitz von Vetter und Kusine Louis und Vanina d'Ornano übergegangen war.

Eines Tages besuchte sie der IV. Graf, um nach Jahren seine Kindheitserinnerungen aufzufrischen. Die Veränderungen, die er in La Branchoire vorfand, überraschten ihn unangenehm. Die Ornanos machten damals eine schwere Zeit durch, und der Familienbesitz wurde nur teilweise benutzt. Die Bibliothek und das Zimmer des Marschalls waren verschlossen, die Bilder Gérards verkauft, andere Erinnerungsstücke an die schöne Polin verstreut. In einem der unbenutzten Zimmer fand er unter Stößen von Gerümpel einen wurmstichigen, alten Schreibsekretär, den man dort abgestellt hatte, weil er unmodern und nicht zu verwenden war. Mit Einwilligung der Besitzer beschloß er, ihn zu öffnen. Nach langem Probieren mit vielen Schlüsseln sprang die Klappe des Sekretärs auf. Es zeigte sich, daß seine Fächer und Schubladen voller Familienandenken steckten. Es gab dort zahlreiche alte Rechnungen und Ausschnitte aus ebenso alten Zeitungen, außerdem Schächtelchen mit Milchzähnen und Kinderhaaren sowie verschieden dicke Päckchen mit Briefen und Papieren. Auf jedem Päckchen war in der gleichmäßigen Schrift der Frau Rodolphes d'Ornano, der Schwiegertochter Maria Walewskas, der Inhalt angegeben: »Briefe der Marschallin«, »Papiere der Marschallin«, »Notizen der Marschallin«, »Erinnerungen der Marschallin, Polen«, »Briefe des Marschalls«.

»Es war ein wahrer Schatz!« begeisterte sich Graf Ornano über die ungewöhnliche Entdeckung. Doch er machte sich nicht sofort an die Familienbiographie. Zur Zeit hatte er andere schriftstellerische Pläne; ihn interessierte die Geschichte – der Huronen-Indianer, der ersten Verbündeten der französischen Siedler in Kanada. Also fuhr er nach Montreal, um Material über die Huronen zu sammeln. »Während eines Frühstücks kam die Rede auf historische Themen«, erzählte Ornano in einem Interview, das er 1938 der Pariser Korrespondentin des *Kurier Poznański* gewährte[71]. »Mein Tischnachbar war ein Verleger aus Montreal. Als er erfuhr, daß ich in direkter Linie ein Nachkomme Madame Walewskas sei und mich ihrer bisher nicht edierten Papiere bedienen könne, drang er so in mich, daß ich beschloß, die Indianer beiseite zu schieben und mich mit meiner Urgroßmutter zu beschäftigen.«

Als Ergebnis dieser Bestellung entstand das Buch *The Life and Loves of Marie Walewska* und vier Jahre später *Marie Walewska – l'épouse polonaise de Napoléon*. In der Einleitung zu der französischen Version schrieb der Autor: »Der Urenkel der ›Marschallin‹ brauchte sehr lange, um Schritt für Schritt den Werdegang dieser Existenz nachzuvollziehen. Wenn es ihm überhaupt gelang, so nur, weil er ganz Polen bereiste, um dort die Spuren der Marie Walewska wiederzufinden. Ihre schriftlichen Bekenntnisse belegten alles, was ihm seltsam erscheinen konnte an diesem Bericht, der – weit entfernt, von der Wahrheit abzuweichen – im Gegenteil treuester Ausdruck der Wahrheit ist.«

Was sich aus dieser schönen Ankündigung ergab, weiß der Leser bereits.

Als ich meine hier vorliegende »Antibiographie« Madame Walewskas begann, hatte ich die Absicht, sie mit einem starken und effektvollen Akkord abzuschließen, mit einem Bericht über die Öffnung des Sargs der »polnischen Gattin Napoleons«. Ich ereiferte mich für diese Idee unter dem Einfluß eines Gesprächs mit einem Konservator, der mir feierlich versicherte, wenn der Sarg dicht sei und sich an einem trockenen Platz befinde, könne man nach seiner Öffnung selbst hundertfünfzig Jahre später einen Augenblick lang die verstorbene Person in dem Zustand sehen (und sogar fotografieren), in dem man sie beigesetzt habe. Selbstverständlich dauert das nur den Bruchteil einer Sekunde, dann zerfällt die Leiche zu Staub.

Die Möglichkeit, die wahre Madame Walewska zu sehen, beflügelte meine Phantasie und mobilisierte meine gesamte Energie[72]. Leider war die Angelegenheit, wie sich herausstellte, schwieriger, als ich gedacht hatte. Der Oberst Teodor Łączyński hatte die Leiche seiner Schwester, nachdem er sie aus Paris nach Kiernozia gebracht, am 27. September 1818 in der Krypta einer Kapelle beigesetzt, die extra zu diesem Zweck an die Kirche von Kiernozia angebaut worden war. Vor dem Ersten Weltkrieg ließ einer der Pröpste den Eingang zu der Krypta zumauern. Man hätte also, um an den Sarg zu gelangen, eine Wand der Kirche abtragen müssen. Eine so große Verantwortung wollte keine der zuständigen Stellen übernehmen. Die Verhandlungen, die durch die Vermittlung dritter Personen geführt wurden, zogen sich in die Länge und waren mühsam; inzwischen wühlte ich in den biographischen Materialien über Madame Walewska und – verlor langsam die Begeisterung für das ganze Vorhaben. Je besser ich die Verfälschungen und Fallgruben dieser ungewöhnlichen Biographie kennenlernte, desto häufiger suchte mich ein beängstigender Gedanke heim: Und was dann, wenn der Sarg in der Krypta sich als leer erweist, wenn Madame Walewska dort nicht liegt?! Was werde ich dann meinen Lesern sagen?

Als man mich also vor kurzem benachrichtigte, die Öffnung der Krypta sei zur Zeit unmöglich, nahm ich diese Mitteilung erleichtert auf. Was hilfts! Ich werde nie mehr erfahren, wie Madame Walewska wirklich aussah, aber ich werde auch dem Risiko einer tiefen Enttäuschung entgehen. Mag die »süße Marie« ruhig schlafen in der Krypta der Kirche von Kiernozia. Ich werde ihre ewige Ruhe nicht stören. Ohnehin habe ich genug mitgemischt in dieser Angelegenheit!

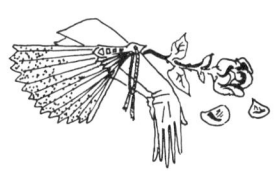

EIN UNERWARTETER EPILOG

Ein Prozeß um Madame Walewska

Ich las gerade die Korrektur des vorliegenden Buches, als man mir eine Postsendung aus Frankreich zustellte. Sie enthielt eine Arbeit des bekannten Historikers und Biographen Jean Savant mit dem Titel *L'affaire Marie Walewska*, erschienen in Paris 1963.

Auf dieses Buch hatte ich seit langem gewartet. Zum erstenmal war ich ein Jahr zuvor darauf aufmerksam geworden, als ich die französische Bibliographie des mit Maria Walewskas Leben zusammenhängenden Quellenmaterials durchsah. Der seltsame Untertitel *Der Prozeß Ornano – Jean Savant* erregte mich, weil er vermuten ließ, daß der Familienbiograph der »polnischen Gattin Napoleons« sich in einen Gerichtsstreit mit einem der besten Kenner von Napoleons Privatleben und Autor zahlreicher großartiger biographischer Arbeiten eingelassen hatte. Worum konnten diese beiden Biographen miteinander prozessiert haben, wenn nicht um die Wahrheit über Maria Walewska? Wie ich vom ersten Augenblick an vermutet hatte, verbarg sich in Savants Buch ein Geheimnis, das in engem Zusammenhang mit meinen Schwierigkeiten und Zweifeln hinsichtlich der Archivalien auf Schloß La Branchoire stand. Ich mußte dieses Geheimnis erfahren, um mir ein richtiges Urteil über die biographischen Materialien bilden zu können, die in den verschiedenen Versionen der Erzählung Graf Ornanos angeführt sind.

Es erwies sich aber als eine äußerst schwierige Aufgabe, dieses Buch zu bekommen. Es war in einer kleinen Auflage außerhalb des Buchhandels *(édition hors commerce)* erschienen, also hatten es weder die Bibliotheken noch die Antiquariate; das Exemplar in der Pariser Bibliothque Nationale war ständig ausgeliehen; die Verlage, die Savants frühere Bücher herausgebracht hatten, wollten oder konnten seine derzeitige Adresse nicht preisgeben.

Bei der Suche halfen mir viele wohlwollende Bekannte in Frankreich, unter ihnen zwei hervorragende Historiker. Die Korrespondenz in dieser Angelegenheit und die Abenteuer bei der Suche könnten einen zusätzlichen Dokumentationsband zum »Fall Madame Walewska« füllen. Das geheimnisvolle Buch wurde durch die Vermittlung erfahrener Pariser Antiquare gesucht, mit Anzeigen in der Presse und durch allerlei Protektionen und Beziehungen. Alles vergeblich, das Ding schien unerreichbar.

Und nun, als ich bereits alle Hoffnung aufgegeben hatte, traf das Buch nach vielen Monaten ein. Dank der abgestimmten Bemühungen meiner beiden besonders energischen und opferbereiten Pariser Freunde wurde der Weg zu dem »untergetauchten« Herrn Savant gefunden und unmittelbar von ihm eines der letzten Autoren-Freiexemplare erbeutet.

Das mit so viel Mühe gewonnene Quellenmaterial enttäuschte mich nicht. Die Informationen, die es mir gab, waren so interessant, daß ich mich entschloß, meine Arbeit um zwei Kapitel zu erweitern.

Den Charakter des Buches von Savant wie auch die Umstände seiner Entstehung erläutert ein Text auf der Rückseite des Titelblattes: »Diese Denkschrift als Verteidigung für Jean Savant in dem ›Fall Maria Walewska‹ und von ihm überreicht dem Herrn Präsidenten und den Herren Gerichtsräten, die die 9. Kammer des Appellationsgerichtshofes in Paris bilden, wurde ermöglicht dank der großzügigen Unterstützung von Kollegen, Mitarbeitern, Freunden und Verwand-

252

ten von Jean Savant zu seiner Ehrenrettung und zum Schutz der Arbeit aller Historiker.«

Diese pathetischen Worte sind Ausdruck der reinsten Wahrheit. J. Savants fast vierhundertseitige Abhandlung, herausgegeben auf Kosten des Autors und seiner Freunde, bietet tatsächlich die Begründung und Dokumentation seiner Appellation gegen die Verurteilung durch das Gericht I. Instanz nach einem Prozeß, der in den Jahren 1961-1962 in Frankreich unter dem Namen »der Fall Maria Walewska« großes Aufsehen erregte.

Weil ich nicht weiß, ob es irgendeinem meiner Leser gelingt, an Savants Originaltext heranzukommen, werde ich mich bemühen, möglichst erschöpfend drei sich aufdrängende Fragen zu beantworten. Die erste Frage: Wessen wurde Jean Savant angeklagt und wofür verurteilt? Die zweite Frage: Warum konnte er in seiner Verurteilung nicht nur ein moralisches und materielles Unrecht gegen ihn selbst sehen, sondern auch einen gefährlichen Präzedenzfall, der alle historischen Biographen bedrohte? Die dritte Frage: Welche Rolle spielte in diesem Prozeß die hundertfünfzig Jahre zuvor verstorbene Marie Walewska?

Ich beginne mit einer kurzen Vorstellung des Wissenschaftlers und Schriftstellers Jean Savant. Er ist Mitglied und »ständiger Kanzler« der Historischen Akademie sowie Autor von über fünfzig historischen Arbeiten, die in der Mehrzahl Napoleon und seiner Zeit gewidmet sind. Manche dieser Bücher kenne ich und erinnere mich an sie voller Dankbarkeit. Temperamentvolle Darstellungsweise in Verbindung mit präziser Dokumentation qualifizieren sie für die Spitzengruppe der französischen Biographistik. Ich stehe mit diesem Urteil nicht allein. Auf den letzten Seiten des

Buches *L'affaire Marie Walewska* gibt der bekannte Historiker Jacques Castelnau eine umfangreiche Zusammenstellung von Fragmenten aus Presserezensionen und Leserbriefen über J. Savants Werk. In lobenden Worten über ihn haben sich berühmte Wissenschaftler ausgesprochen (Dr. Albert Schweitzer, Henri Clouard), bekannte Literaten (Jean Cocteau, Marcel Pagnol), Historiker, Journalisten und gewöhnliche Leser.

»Der große Aufspürer falscher Heiliger, der Vorkämpfer für die Wahrheit in der Geschichte«, so wird Savant von dem holländischen Historiker Prof. Dr. J. Presser aus Amsterdam genannt.

»Jean Savant, der große Historiker einer großen Periode unserer Geschichte«, schreibt die in Polen wohlbekannte französische Publizistin Geneviève Tabouis.

Und nun der Brief eines Lesers, dessen Dienststellung sich im Kontext des »Falles Walewska« recht merkwürdig ausnimmt.

Ich bewundere Ihr Werk ... Sie sind ein unvergleichlicher Forscher ... Ich bin begeistert von Ihrer Art zu berichten und von dem, was Ihnen aus den Archiven herauszuholen gelingt ... Sie wissen, wie ich Ihre Werke schätze. Ich finde darin Ihren ungewöhnlichen Geist, Ihre außerordentlichen Geschichtskenntnisse, Ihre neuen Aspekte und Ihren Stil, der das Vergangene zu neuem Leben erweckt.

René Maurice,
Präsident des Appellationsgerichtshofes in Paris

Das in dem Buch *L'affaire Marie Walewska* beschriebene ungewöhnliche schriftstellerische Abenteuer des Historikers und Biographen J. Savant begann mit Vorgängen, die im Leben eines jeden Schriftstellers durchaus üblich sind, mit dem Abschluß von Verlagsverträgen.

Am 15. März 1961 schloß Savant mit dem bekannten Pariser Verlag Librairie Hachette einen Vertrag auf ein biographisches Buch über Maria Walewska. Der seit Jahren von Hachette unter dem Reihentitel *Le Rayon d'Histoire* herausgegebene Zyklus großer historischer Biographien erfreut sich in Frankreich eines riesigen und verdienten Leserinteresses. Hier ist gleich anzumerken, daß 1938 die erste Auflage von Graf Ornanos Buch *Marie Walewska – l'épouse polonaise de Napoléon* ausgerechnet im Rahmen dieses Zyklus erschienen war.

Hachette nimmt seine verlegerischen Aufgaben sehr ernst und behandelt seine Autoren unabhängig von ihrem schriftstellerischen Rang vorsichtig. Der Unterzeichnung des Vertrages mit Savant waren langwierige Verhandlungen vorausgegangen, in denen man Form und Charakter des künftigen Werkes genau festgelegt hatte. Das neue Buch über Maria Walewska sollte »ein möglichst vollständiges Geschichtswerk« sein, »das sich als eine ›Summe‹ des bisherigen Wissens über diesen ›historischen Fall‹ präsentiert«.

Für Savant war das kein neues Thema. Schon 1956 hatte er, ebenfalls unter der Ägide von Hachette, seine Arbeit *Les Amours de Napoléon* publiziert, in der ein umfangreiches Kapitel Maria Walewska gewidmet war. Wie gewöhnlich bei Savant, stützt sich dieses Kapitel auf eine breite Dokumentation. Unter vielen Quellen hatte der Autor auch Informationen zitiert, die in Graf Ornanos Buch enthalten waren.

Entsprechend dem im Vertrag vom März vorgesehenen

Termin lieferte Jean Savant am 1. September 1961 dem Verlag Hachette das Manuskript des Buches *Marie Walewska* ab, bestehend aus 59 Kapiteln, einem Epilog, einer umfangreichen Quellenbibliographie sowie 403 detaillierten Anmerkungen, in denen (Savant unterstreicht das mit besonderem Nachdruck) der Name des Grafen Ornano als Autor des Buches *Marie Walewska – l'épouse polonaise de Napoléon* 68mal angeführt war. Anfang Oktober 1961 gab der Verlag das Buch in die technische Herstellung. Aber kurz darauf wurde alle Arbeit an der *Marie Walewska* ausgesetzt. Grund dieser Unterbrechung waren die unerwarteten Folgen eines zweiten Verlagsvertrages, den J. Savant im Februar 1961 mit der populären Illustrierten *Elle* geschlossen hatte.

Es ist auf der ganzen Welt üblich, daß der Autor in der Zeit vor dem Erscheinen seines Buches das Recht hat, sein Werk (ganz oder teilweise) in Zeitschriften zu veröffentlichen. Dieser Brauch ist sowohl für den Autor als auch für den Verlag vorteilhaft, weil der Vorabdruck in Fortsetzungen in einer populären Illustrierten eine vorzügliche Werbung für das Buch darstellt. Am liebsten bedienen sich die Autoren historischer Werke dieses Brauches, weil er ihnen zugleich die Möglichkeit gibt, zusätzliche Informationen zu erhalten, die dann in der Buchausgabe mit verwertet werden können.

Jean Savant war Mitte Februar 1961 (also einen Monat vor der Unterzeichnung des Vertrags mit Hachette) mit der Arbeit an seinem Buch schon weit vorangekommen. Es ist also nicht verwunderlich, daß er das Angebot des Chefredakteurs von *Elle* annahm, in dieser ungewöhnlich weit verbreiteten Illustrierten fünfzehn Artikel über Maria Walewskas Leben abdrucken zu lassen.

Das Material, das Savant der Redaktion von *Elle* ablieferte, stimmte inhaltlich völlig mit dem Buchtext überein, unterschied sich jedoch in der Anordnung, war entsprechend gekürzt, auf Bedürfnisse und Geschmack großer Leserkreise zugeschnitten und enthielt keine Quellenhinweise, denn es gibt auf der Welt keine Zeitschrift mit Massenauflage, die sich darauf einlassen würde, ihre Feuilletons mit dem Ballast bibliographischer Fußnoten – ein Viertel des für den Gesamttext bestimmten Raums – zu belasten. Das Fehlen der Fußnoten erwies sich in seinen Folgen als fatal für den Autor.

Savants Artikelreihe wurde von *Elle* in fünfzehn aufeinander folgenden Nummern publiziert, beginnend mit Nr. 800 vom 21. April 1961 und endend mit Nr. 814 vom 28. Juli dieses Jahres. Während des Erscheinens und in den drei Monaten nach Abschluß der Serie wurden bei der Redaktion des Wochenblattes *Elle* keinerlei Klagen oder Proteste angemeldet. Keiner der zahlreichen Autoren historischer Werke, die Savant in seinen Feuilletons als Quellen benutzt hatte, beklagte sich wegen Verletzung des Urheberrechts. Das ist auch nicht verwunderlich. Fakten und Dokumente werden, sind sie einmal publiziert, Bestandteile des allgemeinen historischen Wissens, und jedermann hat das Recht, sie zu benutzen. Die Verweisung auf die Quellen, denen man Fakten und Dokumente entnommen hat, sollte selbstverständlich guter Brauch der Autoren sein, das Abweichen von diesem Brauch aber kann in begründeten Fällen (z. B. beim Abdruck in einer populären Zeitschrift) nicht als Verletzung des Urheberrechts angesehen werden.

Aber nach sechs Monaten wurde Savants Ruhe angefochten. Das geschah etwa zur gleichen Zeit, als der Verlag Hachette daranging, sein Manuskript für den Druck vorzubereiten. Möglicherweise war diese zeitliche Koinzidenz nicht zufällig. Möglicherweise beschloß Graf Ornano, als er von Hachettes Verlagsplänen erfuhr, die Veröffentlichung eines Buches zu stören, dessen Erscheinen zweifellos für viele Jahre die Herausgabe von Neuauflagen seines Werkes *Marie Walewska – l'épouse polonaise de Napoléon* unterbunden hätte. Und um Savants für die Buchausgabe vorbereiteten Text zu blockieren, gab es nur die eine Möglichkeit, den in *Elle* abgedruckten Text zu kompromittieren.

Am 17. Oktober 1961, also genau ein halbes Jahr nach dem Erscheinen von Savants erstem Feuilleton in *Elle*, reichte »Graf d'Ornano, wohnhaft in Paris, Rue Eugène-Manuel Nr. 8« Klage ein gegen Jean Savant und die Herausgeber des Wochenblattes *Elle*, und verlangte ihre gemeinsame Verurteilung zur Zahlung von 100 000 Neuen Franken als Schadenersatz an ihn wegen Verletzung des Urheberrechts sowie zusätzlich zur Zahlung von 3000 NF für die Veröffentlichung des Urteils in der Presse.

Der in der Klage formulierte Vorwurf der Verletzung des Urheberrechts umfaßte mehrere Punkte. Generell wurde Savant vorgeworfen, der »Handlungsfaden« und der »Stil« seiner Feuilletons in *Elle* seien dem Buch *Marie Walewska – l'épouse polonaise de Napoléon* »entlehnt«. Außerdem wurden in der Klage fünf »Ähnlichkeiten« zwischen den Artikeln und dem genannten Buch aufgezählt. Im letzten Punkt wurde dem Autor die schwerste Schuld vorgeworfen: »Die Wiedergabe eines Briefes, den Herr d'Ornano vollständig erdacht und, weil das Buch das erforderte, Anastazy Colonna-Walewski zugeschrieben hat« (es handelte sich um den vielfach von Autoren und Biographen wiedergegebenen Brief, in dem der Kammerherr seine Frau einlud, zur Nie-

258

derkunft nach Walewice zu kommen). In der Zusammenfassung behauptete die Klage, Jean Savant habe sich eines bewußten »Plagiats« des Werkes des Grafen Ornano schuldig gemacht, eines Werkes, das dem Urheberrechtsschutz voll unterliegt, weil es »ein Roman mit historischem Hintergrund« sei und keine historische Biographie.

Zehn Tage nach Einreichung der Klage bei Gericht, am 27. Oktober 1961, starb der fast achtzigjährige Graf Ornano, Verfasser des Buches *Marie Walewska – l'épouse polonaise de Napoléon*, ohne Nachkommen zu hinterlassen. Die Initiative in der begonnenen gerichtlichen Auseinandersetzung übernahm seine Witwe Marcelle Françoise d'Ornano geb. Finet, Besitzerin eines kosmetischen Salons in Paris.

Anfangs schien es, als würde die Sache gütlich beigelegt. Die Herausgeber des Wochenblattes *Elle* hatten panische Angst vor einem öffentlichen Skandal und waren zu weitgehenden Zugeständnissen bereit. Ohne Savants Wissen nahmen sie Verhandlungen mit der Gegenseite auf und erklärten sich einverstanden, eine enorme Entschädigung (85 000 NF) zu zahlen, nur um einen aufsehenerregenden Prozeß zu vermeiden. Aber Savant erfuhr von diesem Vergleich früh genug, um kategorisch gegen ihn protestieren zu können. Für ihn war eine gütliche Beilegung der Sache gleichbedeutend mit dem Eingeständnis des Plagiats. Dem konnte er nicht zustimmen, da er guten Glaubens gehandelt hatte und sich keiner Schuld bewußt war. Er beschloß, seine Ehre vor Gericht zu verteidigen.

Und so begann einer der seltsamsten Prozesse nicht nur in der Geschichte der historischen Biographistik, sondern auch in der Geschichte des literarischen Plagiats. Es fällt mir schwer, den Verlauf des Gerichtsverfahrens zu beschreiben, das sich, von Termin zu Termin vertagt, in der ersten Instanz länger als ein Jahr hinzog. Ich beschränke mich auf die Darlegung der Gründe des Beklagten und der Kläger sowie auf die Schilderung der beiden Hauptaspekte dieses Prozesses, des formalrechtlichen und des moralischen.

Savant brachte zu seiner Verteidigung eine Reihe wichtiger und überzeugender Argumente vor. Graf Ornanos in der Anklageschrift als Roman bezeichnetes Buch galt allgemein als historische Quellenarbeit. Zwei Auflagen waren in populären, der Verbreitung historischen Wissens dienenden Verlagsreihen erschienen. Keine der drei Auflagen trug auf dem Umschlag das stereotype Schlagwort *roman*, mit dem man in Frankreich üblicherweise zur Gattung Roman gehörige Werke kennzeichnet. Ornano selbst hatte in den Einleitungen zu allen Auflagen den Lesern versichert, seine Arbeit sei, wenn auch in romanhafter Form geschrieben, dennoch eine genau belegte Biographie und stelle den »treuesten Ausdruck der Wahrheit« dar. Auf jeder Seite seines Buches hatte er sich auf Madame Walewskas verschiedene, von den Ornanos ererbte Papiere berufen: die »Briefe«, »Notizen«, »Aufzeichnungen«, »Memoiren«. Er hatte genau beschrieben, wie er diese Dokumente in dem »wurmstichigen Schreibsekretär« auf Schloß La Branchoire fand. Er hatte eindeutig zu verstehen gegeben, die in seinem Buch zitierten Briefe und Gespräche stützten sich auf authentische Stücke aus dem Familienarchiv. All das gab Savant das Recht, die Arbeit des Grafen Ornano als historische Quelle zu benutzen.

Zu Savants Verteidigung sprachen vor Gericht viele in Literatur und Wissenschaft namhafte Zeugen. Die Historiker verteidigten ihn gegen den Vorwurf, er habe »den

Handlungsfaden entlehnt«, indem sie feststellten, der Handlungsfaden biographischer Werke sei durch den Lebenslauf einer historischen Gestalt vorgegeben und entspringe nicht der Phantasie des einen oder anderen Biographen; die Schriftsteller priesen Savants individuelles stilistisches Können und wandten sich gegen den Vorwurf der »Stilentlehnung«. Zu Savants Gunsten zeugte auch der Stoß von Büchern ernsthafter Historiker und Napoleonisten aus verschiedenen Ländern, die sich im Laufe eines Vierteljahrhunderts (seit dem ersten Erscheinen des Buches) auf Graf Ornanos »biographische Entdeckungen« als auf Quellenmaterial berufen hatten.

Trotz dieser vielseitigen und überzeugenden Verteidigung stellte sich Savants Situation formalrechtlich gesehen nicht sehr günstig dar. Der erfahrene Biograph war das Opfer eines selbstverschuldeten Versäumnisses geworden. Bei der Materialsammlung für sein Buch über Madame Walewska hatte er nicht daran gedacht, die beiden verschiedensprachigen Versionen der Erzählung des Grafen Ornano miteinander zu vergleichen. Hätte er diesen Vergleich vorgenommen, wäre er notwendigerweise zu dem Schluß gekommen, er habe es mit einem Bastard-Werk zu tun, in dem historische Wahrheit und literarische Fiktion zu einem schwer trennbaren Gemisch verbunden sind. Dann hätte er nicht so vertrauensvoll die Tatsachenfeststellungen und Dokumente aus Graf Ornanos Buch zitiert, auf jeden Fall aber nicht ohne Berufung auf die Quelle.

Die Gegenseite nützte Savants Unvorsichtigkeit voll aus. Im Verlauf des Gerichtsverfahrens ließen die Sprecher des Klägers nach und nach die allgemeinen Vorwürfe hinsichtlich des »Handlungsfadens« und des »Stils« des ganzen

Werkes fallen und konzentrierten die Hauptkraft ihres An-
griffs auf die »peinlichen Ähnlichkeiten« einzelner Partien,
indem sie mit Behagen betonten, der Beklagte habe folgendes
aus Graf Ornanos Buch wörtlich abgeschrieben«: das »ima-
ginäre« Gespräch zwischen Madame Walewska und Poniatowski sowie Anastazy Walewskis vom Autor »völlig
erdachten« Brief. Gegen diese Anschuldigungen konnte sich
Savant nur schwer verteidigen. In der Tat, er hatte die
beanstandeten Stellen wörtlich übernommen. Er hatte sie
übernommen, weil er leichtsinnigerweise den vielfachen
Versicherungen des Grafen Ornano geglaubt hatte, es handle
sich dabei um historisches, dem Archiv seiner Urgroßmutter
entnommenes Material.

Mir scheint, hätte Graf Ornano noch gelebt und wäre
persönlich als Kläger vor Gericht aufgetreten, so hätte der
Prozeß einen etwas anderen Verlauf genommen. Er wäre
dann ein historisch-literarischer Streit zwischen zwei Biographen geworden. Jean Savent hätte das Recht des Historikers zur Benutzung des Quellenmaterials verteidigt und
Graf Ornano das Recht des Schriftstellers zur belletristischen Verschönerung der Geschichte. Ich kann mir jedoch
nicht vorstellen, daß Graf Ornano in seinem anklägerischen
Eifer bis zur Selbstvernichtung gegangen wäre; daß er es vor
Gericht gewagt hätte, seine feierlichen, in den Einleitungen
zu sechs (drei französischen und drei englischen) Auflagen
abgegebenen Versicherungen über den dokumentarischen
Charakter seiner Biographie der Madame Walewska auf die
leichte Schulter zu nehmen; daß er sich entschlossen hätte,
seine Ehre als Schriftsteller und Historiker selbst mit Füßen
zu treten.

Aber Graf Ornano starb zehn Tage nach Einreichung der

Klage, also lange vor der ersten Gerichtsverhandlung. Savant gibt Ursachen und Umstände des Todes seines Gegners nicht an, wahrscheinlich kannte er sie nicht. Doch die überraschende Koinzidenz der Daten des Todes und des Prozesses legt unwillkürlich die Vermutung nahe, der Tod des Familienbiographen hänge auf irgendeine Weise mit dem »Fall Walewska« zusammen. Vielleicht wußte Graf Ornano, daß ein Sieg in dieser Sache vor Gericht in der Meinung der Öffentlichkeit sein gesamtes schriftstellerisches Werk vernichten und lächerlich machen müsse. Vielleicht verhielt er sich wie jene amerikanischen Börsianer, die kurz vor dem Bankrott eine hohe Versicherungspolice kaufen, um durch ihren Tod die materiellen Umstände ihrer Erben zu verbessern.

Graf Ornanos Erben, die seine Klage in dem Plagiatsprozeß übernahmen, hatten weder mit der Geschichte noch mit der Literatur irgend etwas zu tun. Sie waren Geschäftsleute, Parfümproduzenten. Die komplizierten Arkana der historischen Biographistik interessierten sie ebensowenig wie die subtilen Probleme schriftstellerischer Ethik. Ihnen ging es ausschließlich um die Entschädigung.

Einer der Verteidiger Savants schrieb in einem dem Gericht vorgelegten Rechtsgutachten: »...wenn man seine Adoptiv-Erben, von Beruf Parfümhändler auf den Champs-Elysées, diesen widerwärtigen Prozeß gegen einen der zuverlässigsten Historiker unserer Zeit aufnehmen sieht..., in der Hoffnung, einige Millionen Franken[73] zur Beschaffung von zwei oder drei neuen Sesseln für ihren Frisiersalon zu ernten, kann man nur große Verachtung zeigen...«

Doch die Höhenflüge der Advokaten konnten das Gebäude der Kläger nicht ins Wanken bringen. Die »Parfumeurs des Champs-Elysées« standen auf dem Boden des formalen Rechts und verteidigten ihr ererbtes Eigentum hartnäckig. In ihrem Kampf um eine Entschädigung zögerten sie nicht, die drastischsten Mittel zu benutzen.

In einer bestimmten Phase des Prozesses beschlossen Savants Verteidiger, eine Gegenüberstellung des Textes von *Marie Walewska – l'épouse polonaise de Napoléon* mit den Archivalien auf Schloß La Branchoire vorzunehmen, auf die der Urenkel und Biograph seine Erzählung gestützt hatte. Diese Gegenüberstellung schien notwendig, um festzulegen, was in Graf Ornanos Buch das Hauptelement bildete, die Geschichte oder die Literatur. Das Resultat der Gegenüberstellung sollte endgültig über Jean Savants Schuld oder Unschuld entscheiden. Wenn sich herausstellen würde, daß das Buch wirklich ein Roman war (wie die Kläger behaupteten), hätte Savant zweifellos ein Plagiat begangen; wenn es dagegen seinen Verteidigern gelingen würde, seinen historisch-dokumentarischen Charakter nachzuweisen, mußte die Plagiatsklage zusammenbrechen.

Man wandte sich also an die Witwe Finet-d'Ornano mit der Forderung, Madame Walewskas Papiere vorzulegen, auf die sich Graf Ornano in seinem Buch berief. Diese Forderung stieß auf eine verblüffende Antwort. Die alte Dame erklärte vor Gericht, solche Papiere existierten überhaupt nicht. Die in dem Buch *Marie Walewska – l'épouse polonaise de Napoléon* angeführten Briefe, Notizen und Gespräche seien von dem verstorbenen Grafen frei erfunden.

Man kann sich vorstellen, was für ein Schlag diese Aussage für die ernsthaftesten Historiker und Napoleonisten Frankreichs und anderer Länder sein mußte, die sich seit über zwanzig Jahren auf die Quelleninformationen des Familienbiographen von Madame Walewska berufen hatten; wie verblüfft mußten Tausende von Lesern des Buches *Marie Walewska – l'épouse polonaise de Napoléon* sein, denen fast auf jeder Seite dieses Werkes die authentischen »Notizen« und »Aufzeichnungen« der süßen Marie vorgehalten worden waren.

Und der unselige Familienbiograph selbst? Mußte er sich nicht in seinem Sarg umdrehen, in der ehrwürdigen Familiengrabstätte auf dem Friedhof Père-Lachaise?

Und die Marmorbüsten der Marschälle und Generäle aus der Familie Ornano? Fielen sie nicht von ihren Sockeln auf dem Stammschloß in der Touraine?

Denn wäre die Behauptung wahr, hätten die berüchtigten Archivalien auf La Branchoire tatsächlich nicht existiert, so müßte der IV. Graf Ornano in die Geschichte des biographischen Schrifttums als einer der größten Betrüger eingehen.

Die Aussage der alten Gräfin überzeugte Jean Savant nicht. ». . . die Dokumente existieren«, stellt er in seinem Buch *L'affaire Marie Walewska* kategorisch fest. »Nur — wenn man sie veröffentlichte, würde die Behauptung ›Roman‹ zusammenbrechen. Und dann adieu, Millionen.

Sie existieren.«

Zum Beweis für diese Worte zitiert Savant alle Stellen des Buches *Marie Walewska – l'épouse polonaise de Napoléon*, an denen Graf Ornano sich auf die Archivalien in La Branchoire beruft, wobei er unterscheidet zwischen »Memoirenfragmenten«, »Aufzeichnungen« und »Notizen«.

Savant zieht auch ein anderes biographisches Buch des Grafen Ornano heran, das Alexandre Walewski gewidmet ist (*La vie passionnante du comte Walewski*. Editions Comtales. Paris 1953). Dort erwähnt Ornano Madame Walewska und schreibt: »Das Leben der ›polnischen Gattin Napoleons‹ wurde zum Gegenstand einer Arbeit, die sich auf ihre Erinnerungen, Aufzeichnungen und Briefe stützt.« Und damit es keine Zweifel gibt, um welches Werk es sich handelt, fügt der Familienbiograph eine Fußnote hinzu: *Maria Walewska – l'épouse polonaise de Napoléon* par le comte d'Ornano.

Doch das Gericht, das sich ausschließlich auf das formale Recht stützte, vertiefte sich weder in die Verwicklungen des biographischen Schrifttums noch in die Motive der Seite des Klägers. Es erkannte dessen Erklärung, es gebe keine Dokumente, als schlüssigen Beweis an.

Bei ihrer öffentlichen Sitzung vom 6. Dezember 1962 verkündete die XVII. Strafkammer des Gerichts erster Instanz des Departements Seine den Spruch, der Jean Savant des Plagiats schuldig sprach und ihn dazu verurteilte, eine Entschädigung von 2000 NF an den Zivilkläger und eine Geldstrafe von 500 NF zu zahlen sowie die Kosten für die Veröffentlichung des Urteils in fünf Zeitschriften zu tragen, jedoch nicht mehr als 3000 NF.

In der Urteilsbegründung stellte das Gericht fest, Graf Ornanos Buch sei trotz der Behauptung des Autors im Vorwort kein Geschichtswerk. »Die Historie tritt in Ornanos Werk . . . nur in zweiter Linie auf und in einem Verhältnis, das aus Mangel an genauen Quellen unmöglich zu bestimmen ist . . .« Savant habe sich also des Plagiats eines literarischen Werkes schuldig gemacht, indem er aus ihm »Stellen abdruckte, die umfangreich genug sind, um erkannt zu werden, und geeignet, im Geist eines Dritten Verwirrung anzurichten«.

»Das Gericht zieht sich zurück«, schreibt Savant in seinem Buch *L'affaire Marie Walewska*. »Mein Rechtsanwalt und ich sahen uns an und fragten uns, ob wir nicht träumten . . .«

Der Verurteilte legte Berufung ein. Er schrieb sie in Form eines Buches nieder. »Dieses Urteil ist also weder gerecht noch in irgendeinem Gesetz begründet«, lesen wir in *L'affaire Marie Walewska*, »da man unterlassen hat, die moralische Seite des Vergehens in Betracht zu ziehen und zur Diskussion zu stellen . . . Es ist nicht gerecht, denn es hat nichts berücksichtigt, was zugunsten von Jean Savant und für seinen guten Glauben sprach. Wenn man dem entgegenhält, daß das Gericht gewisse moralische Gesichtspunkte bedacht hat, um Jean Savant mildernde Umstände[74] zuzubilligen, besteht dieser Einwand nicht . . . Denn der gute Glaube ist unteilbar. Man erkennt ihn an oder erkennt ihn nicht an. Wenn man ihn nicht anerkennt, muß man ihn wenigstens diskutieren, um zu beweisen, daß es so etwas nicht gibt. Das aber hat das Gericht nicht getan. Oder aber: man erkennt ihn an. Dann ist es kein Vergehen mehr.«

L'affaire Marie Walewska ist ein außergewöhnliches, aber beim Lesen unerfreuliches Buch. Es enthält zuviel Gift und Galle. Beim Kampf um die Verteidigung seiner Rechte für das ihm angetane Unrecht ist Jean Savant nicht wählerisch in den Mitteln. Er haßt seine Prozeßgegner, die ihn in eine ausweglose Falle getrieben haben; sein Haß betrifft das gesamte Geschlecht Ornano, er überträgt ihn sogar auf Madame Walewska. Manche Urteile Savants über unsere Landsmännin und ihr Verhältnis zu Napoleon kann man als voreilig oder geradezu unbillig bezeichnen. Doch wir müssen ihm das vergeben, denn hinter seiner Aggressivität, Arroganz und Giftigkeit (die übrigens nicht frei sind von scharfen Klassenakzenten) spürt man den gerechten Zorn des gekränkten Humanisten, der dem seelenlosen Buchstaben des Gesetzes die innere Berechtigung entgegenstellt.

Hier eine Probe für den Stil dieses Historikers und Pamphletisten. Nach einem boshaft gemalten Porträt des verstorbenen Grafen Ornano (mit besonderer Hervorhebung seiner Leidenschaft für Pferderennen) zeichnet Savant seine eigene Silhouette:

»Nach dem Kläger der Beklagte.

Der Beklagte erkennt demütig an, daß keine seiner Ahnfrauen das Bett von Königen und Kaisern geteilt hat. Folglich ist er ohne Vermögen geboren, er kann deshalb auch nichts auf Rennplätzen vergeudet haben. Als Sproß einer Arbeiterfamilie hat er die Grenzenlosigkeit der freien Zeit, wie sie völlig untätigen Existenzen eigen ist, nicht kennengelernt. Im Gegenteil, wenn er auch nicht sehr bewandert ist in den ›Tips‹ der Pferderennen, glaubt er doch die Geschichte ausreichend zu kennen.

Der Beklagte ist kein Graf . . . er gibt das zu. Aber das ist ein Makel, den er mit Pasteur, Balzac, Corneille, Cervantes, Taine, Michelet, Albert Schweitzer, Dante Alighieri, Goethe, Villon, Voltaire, Beaumarchais und einigen anderen teilt . . . In diesem Kummer tröstet ihn der Gedanke, daß weder Tacitus noch Livius, weder Herodot noch Plinius, weder Thukydides noch Fustel de Coulanges mit dem Titel eines Grafen ausgestattet waren.

Der Beklagte ist nur Historiker, aber in jedem seiner Werke hat er viele Ereignisse, Tatsachen und unveröffentlichte Beweisstücke ans Licht gebracht. Und im ›Fall Marie Walewska‹ ist es ihm wichtig festzustellen, wer – auf seiten des Klägers oder des Beklagten – den Gegenstand besser kennt und über das umfangreichere Beweismaterial verfügt. Wenn es der Beklagte ist, bricht die Anklage von selbst zusammen.«

Ich weiß nicht, ob die im letzten Absatz dieses »Selbstporträts« enthaltene Argumentation die Richter des Pariser Appellationsgerichtshofes überzeugt hat. Dagegen hat sie Maria Walewskas polnische Biographen völlig überzeugt.

Denn Jean Savant hat in seinem »Verteidigungsmemorandum« etwas Außerordentliches vollbracht, etwas Beispielloses sowohl in der Geschichte der Gerichtsprozesse als auch in der Geschichte der historischen Biographistik. Er hat den »Wahrheitsbeweis« erbracht, indem er den verstorbenen Philippe-Antoine Graf Ornano als Schriftsteller und Historiker rehabilitierte. Im eigenen Interesse wie in dem aller anderen Biographen hat er nachgewiesen, daß der angebliche »Roman« seines Prozeßgegners in Wirklichkeit eine historische Biographie ist, daß die absolute Mehrheit der in ihm angeführten Fakten, Umstände und Dokumente von der Geschichte gedeckt wird.

Obwohl er bereits über ein tiefgründiges, bei der Abfassung des Buches *Marie Walewska* erworbenes Wissen über das Thema besaß, tat er alles, um dieses Wissen noch zu vervollständigen. Da er nicht beweisen konnte, daß die Archivalien in La Branchoire existieren, beschloß er, ihre Existenz so wahrscheinlich wie möglich zu machen. Diese Arbeit kostete ihn viele Monate. Er widmete sich der mühevollen Suche nach den Spuren Maria Walewskas sowie ihres Urenkels und Biographen. Er durchforschte das ganze Leben des verstorbenen Grafen Ornano von Anfang bis Ende. Es gelang ihm, zufällige Gespräche des Familienbiographen mit Verlegern, Redakteuren und Historikern zu rekonstruieren, die offensichtlich auf die Existenz der Papiere in La

Branchoire hinwiesen. In den Archiven der Notare der Stadt
Tours fand er Eintragungen, die es ermöglichten, das Datum
der Auffindung dieser Papiere durch Ornano festzustellen. In
den Akten der Pfarrei Sts. Michel-et-Gudule in Brüssel entdeckte er Beweise dafür, daß Graf Ornano sich bemüht hatte,
die in seinem Besitz befindlichen Familienpapiere durch bestimmte Angaben über Madame Walewskas Hochzeit zu
vervollständigen. Er enthüllte Beweise für Graf Ornanos
Suche nach Dokumenten, die sich im Archiv des Kriegsministeriums erhalten hatten. Aus den Archiven Pariser Notare
förderte er eine Reihe unbekannter Dokumente über die
Vermögens- und Familienverhältnisse der »polnischen Gattin
Napoleons« zutage. Usw ... usw ... usw ...

Wegen Jean Savants »Skandalprozeß« verzichtete der er-
schreckte Verlag Librairie Hachette auf die Herausgabe
seines Buches *Marie Walewska*. Statt dessen erschien, finan-
ziert durch spontane Spenden von fast zweihundertfünfzig
Privatpersonen, das Buch *L'affaire Marie Walewska*. Der
Autor des Werkes gab darin das gesamte erreichbare Wissen
über Madame Walewska bekannt[75].

Maria spricht

Bei der Suche nach Dokumenten zur Niederringung seiner
Prozeßgegner und Rekonstruktion der vollen Wahrheit über
Madame Walewska stieß Jean Savant auch auf die von Fré-
déric Masson hinterlassenen Papiere. Der 1923 verstorbene
Historiker hatte sein schriftstellerisches Erbe dem Institut
de France vermacht. Zur Zeit wird es in einem Anbau des
Instituts aufbewahrt, in der Bibliothek Thiers. Savant fand

in diesem Archiv ein ungewöhnlich wichtiges Dokument und publizierte es (in dem Buch *L'affaire Marie Walewska*) zum ersten Mal: Massons eigenhändige Abschrift der unveröffentlichten *Memoiren* Maria Walewskas, die ihm ihre Erben geliehen hatten. Diese Abschrift hatte dem Historiker als Material zu seiner berühmten Skizze *Madame Walewska* gedient, aus der alle späteren Biographen ihre Kenntnisse über die »polnische Gattin Napoleons« geschöpft hatten. In seiner Skizze jedoch referiert Masson Madame Walewskas Erinnerungen mit seinen eigenen Worten, während sich in der Abschrift umfangreiche Partien des Originaltextes der *Memoiren* erhalten haben.

Indem ich zum ersten Mal den polnischen Lesern diese legendären Memoiren präsentiere, empfinde ich keine geringe Erschütterung. Auf fast zweihundert Seiten meines Buches habe ich mit den falschen Angaben, Fallen und Widersprüchen der Sekundärliteratur gerungen und versucht, die wirklichen Erlebnisse, Gedanken und Gefühle der Heldin der Romanze zu rekonstruieren, aber erst jetzt, auf den letzten Blättern haben wir infolge eines glücklichen Zufalls die Möglichkeit, Madame Walewska unmittelbar zu begegnen. Jetzt brauchen wir keine Fälschungen oder Entstellungen durch Bearbeiter und Kommentatoren mehr zu befürchten. Wenn irgendeine Behauptung der Heldin uns zweifelhaft vorkommt, trägt ausschließlich sie die Verantwortung dafür.

Die Gegenüberstellung der Erstschrift Massons mit seiner Skizze *Madame Walewska* zwingt zu einigen Überlegungen. Vor allem fällt auf, daß es in Marias Bericht keine Daten und (mit wenigen Ausnahmen) keine Namen gibt, sie werden durch Anfangsbuchstaben ersetzt. Manche dieser Kryptonyme hat Masson allzu willkürlich entschlüsselt. Zum Beispiel sind Marias Freundinnen in den *Memoiren* mit vier Initialen bezeichnet: C. (Cichocka), D. (wahrscheinlich Dzierżanowska), S. (wahrscheinlich Sobolewska), M. (eine schwer zu identifizierende Person). Masson erleichtert sich die Sache, indem er alle Initialen auf Frau Cichocka bezieht. Ein anderes Beispiel: Die Autorin der *Memoiren* bezeichnet die Gastgeberin eines Warschauer Empfangs mit den Buchstaben K. Masson sieht darin die Initiale einer nicht näher bekannten Frau Kołłątajowa, was wiederum gewiß Ornano ermunterte, den Geistlichen Hugo Kołłątaj in Madame Walewskas Angelegenheiten einzubeziehen. In manchen Szenen, die die Memoirenschreiberin mit absichtlicher Diskretion darstellt, setzt der Historiker den sprichwörtlichen Punkt auf das i (die berüchtigte Vergewaltigungsszene während des zweiten Stelldicheins im Schloß). Marias voreheliches Abenteuer mit dem jungen Russen gibt Masson mit eigenen Worten wieder, aber umfangreicher und etwas anders als in der später veröffentlichten Skizze. Wir erfahren, daß dieser junge Mann, in den *Memoiren* mit dem Buchstaben S. bezeichnet, das Fräulein Łączyńska auf einem von dem Kammerherrn Walewski gegebenen Ball in Walewice kennengelernt hatte.

»Der Ball ist für den nächsten Sonntag festgesetzt . . . Ihre Mutter sagt ihr, daß es nur von ihr abhänge, die Gräfin Walewska zu werden. Als Marie ihr erwidert: ›Gott bewahre mich davor‹, versetzt die Mutter ihr eine heftige Ohrfeige.

Und am Abend des Balles steht der alte Graf, im Rock des Kammerherrn mit blauem Ordensband und Stern, auf dem Hof und hält einen riesigen Rosenstrauß in der Hand.

Auf dem Ball befindet sich ein charmanter junger Mann, der ihr grenzenlos gefällt und dem sie nicht weniger gefällt. Aber es ist ein Russe. Der alte Graf Walewski stellt ihr Herrn von S. vor und sagt ihr, daß sie eine Eroberung gemacht habe. Sie will es nicht. Sie kämpft mit sich selbst. Sie ruft den Himmel an.

Gleich am nächsten Tag erneuter Besuch des Grafen, ganz allein. Sie erscheint nicht. Als er fortgegangen ist, sucht ihre Mutter sie auf und erklärt ihr, daß sie zwei Anträge erhalten habe: von dem Russen und von dem Alten. Sie solle wählen.

Marie entscheidet sich für den Alten (sic!).

Aber sie bekommt eine fiebrige Entzündung; sie schwebt drei Wochen zwischen Leben und Tod. Bei ihrer Rückkehr ins Leben findet sie den Alten (sic!) an ihrem Bett. Sie liegt mit einem Rückfall nochmals drei Monate krank darnieder.

Endlich entschließt sie sich, ihn zu heiraten. Er sagt ihr, daß er in seinem Alter keine Gefühle der Liebe mehr erwecken könne, aber Freundschaft, Vertrauen, etc.«

Auf ähnliche Weise gibt Masson den Inhalt des gesamten ersten Teils der *Memoiren* wieder. Madame Walewska selbst kommt erst kurz vor der Begegnung mit Napoleon zu Wort. Von dieser Stelle an zitiere ich ihren Text vollständig, lasse dagegen von Massons Umschreibungen und Abschweifungen jeweils nur einige für den Handlungsverlauf notwendige Wörter in Klammern stehen.

Ich war anscheinend mehr als die anderen von diesem Fieber der Ungeduld gepackt, da ich einen so unüberlegten Plan entwarf. Ich gewann eine meiner Kusinen als Begleiterin, um ihm entgegenzufahren, und sei es nur, um ihn flüchtig zu sehen.

Diese Unklugheit entschied über mein Schicksal und beraubte mich der Ruhe, obwohl ich glaubte, etwas Verdienstvolles getan zu haben. Schlicht gekleidet, mit einem schwarzen Schleierhut, stieg ich mit meiner Begleiterin hastig und sehr geheimnisvoll in einen von vier kräftigen Pferden gezogenen Wagen; in diesem Augenblick kündigten Kuriere an, daß Napoleon nur eine Poststation von Błonie[76] entfernt sei.

Keines vernünftigen Gedankens fähig, überließ ich mich der Begeisterung und dem allgemeinen Rausch, überzeugt, daß jeder Pole, jede Polin nicht besser ihren Eifer zeigen könne beim Herannahen dessen, den wir für den Retter des Vaterlandes hielten.

(Masson: Bei der Ankunft der Wagen stößt Marie Schreie höchster Not aus. Die Menge teilt sich, als ein hoher französischer Offizier, vermutlich aus seinem Gefolge, sich nähert.)

Ich hob ihm meine Hände entgegen und rief mit flehentlicher Stimme auf französisch: »Monsieur, holen Sie uns hier heraus und ermöglichen Sie, daß ich ihn nur einen einzigen Augenblick sehen kann.«

Lächelnd befreite er uns, reichte mir die Hand, führte mich zum Wagenschlag des Kaisers und stellte mich vor:

»Sire, diese Dame hat alle Gefahren der Menge um Ihretwillen ertragen.«

Napoleon nahm seinen Hut ab und beugte sich zu mir. Was er dann sagte, weiß ich nicht mehr, denn ich fühlte mich zu sehr gedrängt, mein Anliegen auszusprechen:

»Seien Sie willkommen, tausendmal willkommen auf unserem Boden. Nichts wird Ihnen nachdrücklich genug die Gefühle zeigen, die wir für Ihre Person hegen, und auch nicht die Freude, die wir empfinden, Sie den Boden unseres Vaterlandes betreten zu sehen. Polen wartet auf Sie, um sich zu erheben.«

In einer Art Taumel und Rausch entfuhr mir dieser stürmische Ausbruch meiner Gefühle, die mich damals so erschütterten. Ich weiß selbst nicht, wie das bei meiner angeborenen Schüchternheit möglich war.

Napoleon sah mich aufmerksam an. Er überreichte mir einen Strauß aus seinem Wagen und sagte:

»Bewahren Sie dies als Zeichen meiner guten Absichten. In Warschau werden wir uns wiedersehen, und dort erwarte ich den Dank aus Ihrem schönen Mund.«

Die bedeutende Persönlichkeit nahm dann wieder Platz neben dem Kaiser. Der Wagen fuhr schnell davon, nur der Hut des berühmten Mannes winkte mir noch zu.

Unbeweglich sah ich dem Wagen nach, bis er in der Ferne entschwand. Meine Begleiterin mußte mich anstoßen und aufwecken, damit ich zu mir selbst kam.

Meinen Schatz wickelte ich sorgfältig in ein Batisttaschentuch. Wir fuhren ab und kehrten erst spät in der Nacht zurück. Erschöpft von den Strapazen und von der glücklichen Erregung ging ich zu Bett.

Ich erfuhr, der Kaiser habe bei Graf S. P. [Stanisław Potocki] diniert, der die Elite der Damen der guten Gesellschaft eingeladen hatte.

(Masson: Eines Morgens erhält sie von einer sehr bekannten Persönlichkeit [Józef Poniatowski[77]] die Anfrage, wann sie zu sprechen sei. Sie empfängt ihn mittags.)

»Madame, ich komme, um Sie zu fragen, warum Sie verhindern, daß unser Gast eine der schönsten Blumen unseres Landes bewundern kann... Ferner bin ich gekommen, um Sie zu bitten, daß Sie uns nichts nachtragen, sondern die Einladung zu einem Ball bei mir annehmen. Vermutlich brauchen Sie nicht mehr vorgestellt zu werden. Wir wissen alles, Madame.«

Sein lautes und spöttisches Lachen verwirrte mich, ich errötete und wollte seine Anspielung nicht verstehen.

»Also, markieren Sie nicht weiter die Bescheidene, verstecken Sie nicht weiterhin Ihren Triumph, Ihr Geheimnis ist verraten.«

(Masson: Kaum ist Fürst Józef Poniatowski fortgegangen, kündigt man ihr weitere aufdringliche Besucher an, alle genauso bedeutend wie der erste.)

Ich war achtzehneinhalb Jahre alt, ohne jede Kenntnis der Welt und ohne Erfahrung; das patriotische Triumvirat beeindruckte mich so, ich brachte ihm so viel Verehrung entgegen, daß ich mich seinem Einfluß überließ.

(Masson: Sie schreitet vorbei an den zahlreichen Gästen... bis dahin, wo sich die Dame des Hauses und der gefeierte Star befinden... Man setzt sie zwischen zwei ihr unbekannte Damen. Doch sofort tritt der Fürst Poniatowski hinter ihren Stuhl und beginnt wieder den Angriff.)

»Man hat Sie ungeduldig erwartet. Man hat Sie mit Freude kommen sehen. Man ist glücklich, Sie wiedergefunden zu haben. Man hat Ihren Namen wiederholt, bis man ihn auswendig konnte. Man hat sich nach Ihrem Gatten erkundigt. Man hat mit den Achseln gezuckt und gesagt: Unglückliches Opfer. Und man hat mir den Befehl gegeben, Sie zum Tanz aufzufordern.«

»Ich tanze nicht. Ich habe keine Lust zu tanzen.«

»Das ist ein Befehl, Madame, dem Sie sich nicht entziehen können.«

»Ein Befehl! Befehl zu tanzen? Nein! nein! Ich bin keine Wetterfahne, die sich nach Wunsch drehen läßt«, sagte ich lachend.

»Wie, Sie rebellieren schon?«

»Ja, immer bei Ungerechtigkeit oder bei einer unsinnigen Forderung.«

»Aber um Himmels willen, schauen Sie auf, sehen Sie hin! Er beobachtet uns. Ich beschwöre Sie!«

»Soll er uns beobachten. Ich werde meinen Platz nicht verlassen. Sagen Sie ihm, daß ich nicht tanzen will.«

»Sie scherzen wohl, Madame. Bestimmt liegt es nicht in Ihrer Absicht, mich zu kompromittieren.«

»Ich bin es, die Sie kompromittieren, indem Sie mit soviel Starrsinn darauf bestehen. Ach, lassen Sie mich, Gnade, alle Augen blicken auf uns.«

(Masson: Widerwillig entfernt er sich und geht direkt zu Marschall Duroc, um ihm den Zwischenfall zu berichten. Dieser berichtet seinerseits unmittelbar dem Kaiser. Bald ist Tanzpause . . .)

Vor Angst hatte ich Herzklopfen. Er stand nur wenige Schritte von mir entfernt. Sein Blick folgte mir und ließ mich schaudern. Meine Nachbarinnen stießen mich mit dem

Ellbogen an, um mir ein Zeichen zu geben, man müsse sich erheben, um seine Worte zu hören. Ich hatte die Augen gesenkt, aber ich hörte den für mich bestimmten Satz:

»Weiß auf Weiß paßt nicht, Madame.«

Und dann ganz leise:

»Einen solchen Empfang habe ich nicht erwartet, nach ... dem Warten...«

Ich stand da wie eine Statue, ohne zu antworten oder die Augen zu erheben. Einen Augenblick lang beobachtete er mich aufmerksam, dann ging er weiter. Bald darauf verließ er den Ball. Ich fühlte mich wie von einer schrecklichen Last befreit.

(...)

»Was hat er Ihnen gesagt?«

Die Erklärungen weckten rundum ein erstauntes Lachen.

»Aber was hat er denn zu Madame Walewska gesagt?«

»Ach«, riefen meine beiden Nachbarinnen, »er hat ihr auf galante Weise gesagt, daß Weiß nicht auf Weiß passe, der Rest ist uns entgangen, außer: ›mich nachher zu erwarten‹...«

(Masson: Kaum ist sie heimgekehrt, überreicht ihr die Zofe [Julia] heimlich ein Briefchen und sagt: »Man wartet auf Antwort...«

Ich habe nur Sie gesehen, ich habe nur Sie bewundert, ich begehre nur Sie. Eine schnelle Antwort wird meine ungeduldige Glut stillen.   *N.)*

Dieser Stil empörte mich, ich warf das Briefchen mit Abscheu zu Boden und blieb versteinert.

»Aber, Madame, wissen Sie, wer auf der Straße wartet?«

»Sei's drum, Julia, geh und sag ihm, daß es keine Antwort gibt und daß er nicht darauf warten soll.«

(. . .)

Napoleon war in meinen Augen nur das gigantische Standbild des Genius und der nationalen Hoffnung. Ich rief ihn an, ich verehrte ihn von ferne, aber in seiner Nähe hatte ich Angst.

(Masson: Kaum ist sie am anderen Morgen aufgewacht, bringt Julia ihr ein neues Briefchen. Sie öffnet es nicht; sie legt es zu dem ersten und packt alles ein. Ohne Adresse und ohne Siegel läßt sie es dem Überbringer zustellen.

Den ganzen Vormittag über geht die Tür. Welch ein Trubel. Der Graf zwingt sie, im Salon zu erscheinen. Dort sind die bedeutendsten Persönlichkeiten des Landes und der Großmarschall Duroc versammelt . . .

Gedemütigt durch den leichten und wenig höflichen Ton des ersten Briefchens und bestürzt, daß ihre Gefühle so wenig verstanden wurden, war sie entschlossen, dem Essen, an das sie nur mit Schrecken dachte, fernzubleiben . . .)

Aber konnte ich noch tun, was ich wollte, allein gegen alle?

(Masson: Ihr Mann sagt streng zu ihr:)

»Sie können sich nicht weigern, die zuverlässigsten Stützen unserer Sache zu empfangen. Ihre Vorstellung ist unvermeidlich, wie mir soeben der Großmarschall erklärte. Die Hofetikette befiehlt es. Sie können sonst nicht zur kaiserlichen Gesellschaft gehören.«

(. . .)

»Alles muß zurücktreten, Madame, gegenüber so großen und für die Nation so wichtigen Dingen. Wir hoffen, daß Ihr Kopfweh bis zu dem geplanten Essen vorbei ist. Sollten Sie dort fehlen, erscheinen Sie als schlechte Polin.«

(...)

»All das mißfällt mir, Madame. Ich möchte nicht vor der Welt als eifersüchtiger Greis dastehen! Aber Sie geben mir diesen Anschein. Außerdem wünsche ich, meine Ehefrau in dem Rang zu sehen, der ihr zusteht.«

(...)

»Ihr Wunsch wird erfüllt!«

(...)

»Ich liebe ihn nicht. Ich habe nichts zu befürchten.«

(Masson: Als sie aus dem Wagen steigt, erwartet sie Herr S., der Vetter einer Verwandten, und reicht ihr den Arm.)

»Man erwartet Sie«, sagt er. »Neben Ihnen verblassen alle dort oben versammelten Schönheiten. Bitte, vergessen Sie mich nicht. Ich bin der erste, der Ihren Sieg öffentlich verkündet hat.«

(Masson: Frau K. erwartet sie mit offenen Armen:)

»Schnell, schnell, ich hatte nur schreckliche Angst, Ihre Ankunft zu verpassen . . . Ich hoffe, Ihre Erfolge werden Sie formen.«

(Masson: Der Kaiser trifft ein. Er nähert sich dem Kreis . . . Aber als er zu Madame Walewska herantritt und man ihren Namen nennt,)

. . . Vernehme ich nur eine recht trockene Frage:

»Ich dachte, Madame seien indisponiert? Sind Sie völlig wiederhergestellt?«

Ich wagte meine Augen zu ihm zu erheben. Später gestand er mir, daß er darin die Anerkennung seines Zartgefühls gesehen habe.

(Masson: Beim Essen . . .)

Ich begegnete seinem Blick, der mich ständig beobachtete und der in seltsamem Gegensatz zum Ernst des Themas stand, mit dem er beschäftigt war.

(Masson: Der Marschall . . . spricht mit ihr halblaut, stets im Interesse seines Herrn . . .)

. . . mit dem er sich durch gegenseitige Blicke zu verständigen scheint.

»Der Erfolg hängt vielleicht nur von Ihnen ab, Madame. Man sagt, Sie werden erhalten, was Sie fordern – und Sie lehnen ab.«

Während dieses Dialogs verlor mein erlauchtes Gegenüber niemals den Gesprächsfaden, obwohl er an der allgemeinen Unterhaltung aktiv teilzunehmen schien. Ich bemerkte Zeichen ähnlich der Taubstummensprache, Ausdruck für Sätze, die mir mein Nachbar (Duroc) übermittelte.

Auf ein Zeichen der kaiserlichen Hand, die sich auf die linke Seite des Uniformaufschlags legte, schien der Telegraf gestört. Er zögerte einige Augenblicke, dann sagte er:

»Und was haben Sie mit dem Strauß gemacht?«

»Er ist mir zu kostbar, um zu riskieren, daß ein einziges

Blatt abgerissen wird oder verlorengeht. Es ist ein Erbe, das ich für meinen Sohn aufhebe.«

»Ah, Madame, erlauben Sie, daß man Ihnen etwas anbietet, was Ihrer würdiger ist.«

»Er liebt nur Blumen«, beeilte ich mich zu antworten, ziemlich laut und dabei errötend, um eine Anspielung zurückzuweisen, die mich entrüstete.

Der Marschall betrachtete mich mit Erstaunen und sagte nach kurzem Zögern:

»Gut, dann werden wir Lorbeeren in Ihrem Vaterland pflücken, um sie Ihnen zu schenken.«

»Ach, wenn das möglich wäre. Ach, Monsieur le Maréchal! Nach einem solchen Strauß sehnen wir uns alle.«

So verlief das ganze Essen ...

Man ging wieder in die Salons. Seine Majestät benutzte das Durcheinander, um sich mir zu nähern. Wenn er seinen Blick eindringlich machen wollte, war in seinen Augen ein Feuer, vor dem man nur die eigenen senken konnte. Diesen Eindruck rief er in mir hervor. Dann nahm er meine Hand, drückte sie mit Kraft und sagte leise:

»Nein, nein, mit diesen sanften und zärtlichen Augen, mit diesem Ausdruck der Güte, gibt man nach und kann nicht quälen – oder man ist die koketteste und grausamste aller Frauen.«

Nach diesen wenigen Worten ging er schnell davon. Alle folgten ihm.

(Masson: Sie gerät in einen Kreis, der nur aus Eingeweihten besteht ... Alle umdrängen sie.)

»Er hat nur Sie gesehen, er hat Ihnen flammende Blicke zugeworfen. Das war deutlich.«

Der Zauber begann zu wirken. Ich war bereit, mich als Instrument der göttlichen Vorsehung zu fühlen.

(Masson: Der Marschall tritt ein. Ohne Zweifel verabredet oder erwartet. Es sind nur drei Personen da: Madame C., sie und Duroc.)

Duroc setzte sich neben mich, legte einen Brief auf meine Knie, nahm meine Hand und sagte mit flehentlicher Stimme:

»Madame, können Sie jemandem eine Bitte verweigern, der noch nie eine Ablehnung erfahren hat? Ruhm ist mit Trauer verbunden; von Ihnen hängt es ab, sie durch einige Momente des Glücks zu verdrängen.«

Die Schande erstickte mich. Ich legte die Hände vors Gesicht. Selbst wenn man mich getötet hätte, hätte ich kein Wort über die Lippen gebracht oder die Augen zu ihm erhoben.

»Wer nicht nein sagt, stimmt zu; ja, Monsieur le Maréchal, versichern Sie Seiner Majestät, daß der schöne Vogel noch nicht gezähmt ist, aber es bald nach seinem Willen sein wird.«

»Um Himmels willen, was sagen Sie?« rief ich aus.

»Das, was Sie selbst sagen sollten. Ich bin ein besserer Pole als Sie, und ich glaube wie alle mit ihrem Vaterland Verbundenen, daß man gar nicht genug für Napoleon tun kann.

Öffnen Sie diesen Brief, Madame, ich beschwöre Sie. Nach der Lektüre werden Sie ihm hoffentlich geneigter sein.« Er ging hinaus, und Madame C. beeilte sich, den Brief zu lesen.

(Masson: »Können Sie ablehnen«, sagte Madame C. [Cichokka] zu ihr. »Das Geschick Ihres Landes liegt in Ihren Händen.«)

»Beunruhigen Sie sich nicht«, antwortet Madame C. »Folgen Sie nur den Ratschlägen der eifrigen Parteigänger des Vaterlandes. Was die berühmten Frauen betrifft, die . . . etc., Sie stehen allein, wenn Sie sie verachten. Es ist niedrige Gesinnung provinzieller Erziehung, deren Unvernunft Sie erst später kennenlernen werden. Meinen Sie, daß der Ihnen angebotene Platz nicht von anderen begehrt wird? Ach, glauben Sie mir, beeilen Sie sich mit der Zusage, es könnte zu spät sein. Warum zweifeln Sie an dem Gut, das Sie erhoffen können? Wissen Sie nicht, daß ein Herrscher, der glaubte, nur sein Herz zu geben, oft genug auch die Krone zu Füßen der Schönen niedergelegt hat, die ihn zu entflammen wußte? Wenn er auch Kaiser ist, er ist ein Mann, und nichts mehr.«

»Gut«, sage ich, »machen Sie mit mir, was Sie wollen.«

»Ah, das ist gut. Sie werden vernünftig. Sie werden den Brief beantworten.«

»Niemals werde ich die Kraft haben, das zu schreiben. Verfügen Sie über mich. Lassen Sie das Opfer vollenden, zu dem Sie mich alle verurteilt haben, aber verlangen Sie nicht, daß ich ein einziges Wort schreibe, daß ich einen einzigen Satz zu diesem Thema sage.«

(Masson: Ein Gedanke, ein Hirngespinst kommt Madame Walewska.)

Könnte ich nicht, sagte ich mir, in heimliche Zusammenkünfte einwilligen, ohne zu fehlen? Könnte ich nicht, indem ich ihm Achtung und Freundschaft einflöße, den Weg in sein Vertrauen finden, um ihm unsere Wünsche darzulegen, um wagen zu können, ihm einzuflüstern, was andere nicht wagen oder nicht können, um ihm die patriotischen Stimmen zu übermitteln, die meine Seele beherrschen und durchdringen? Sollte seine Seele unempfindlich sein für diese männlichen und energischen Töne? Sollte er sich erniedrigen zu fordern, Gewalt anzuwenden, um den Widerstand einer Frau zu besiegen, die rein bleiben will und ihm keine Liebe geben kann, wohl aber viel Bewunderung, Begeisterung und Freundschaft?

Ja, ich werde frei und offen sein. Ich werde ihm alles sagen, was ich ihm in Błonie sagte und ihm den Tribut dieser friedlichen Zuneigung anbieten, eine opferbereite Freundschaft, frei von allem persönlichen Interesse. Wenn er mich dann nicht mehr lieben wird, so wird er mich noch achten.«

(...)

Man machte mit mir alles, was man wollte. Ein einziger Gedanke: die Angst der Erwartung.

Zwischen 10 und 11 Uhr klopfte es. Das war das Zeichen.

»Gehen wir, nehmen Sie diesen Schleierhut. Werfen Sie diesen Mantel über und folgen Sie mir. Man erwartet Sie an der Straßenecke. Alles ist vorgesehen und vorbereitet, um Ihr großes Zartgefühl zu schonen.«

Ich weiß nicht, wie ich diese Fahrt überlebt habe. Ein Wagen wartete, ein Mann im Mantel und mit rundem Hut stand am offenen Wagenschlag. Man hob mich, man stieß mich hinein. Der Mann zog das Trittbrett ein und setzte sich neben mich. Wir fuhren ab und kamen an, ohne ein Wort gesprochen zu haben. Es war immerhin Duroc.

Nach dem Aussteigen trug man mich fast zu der bezeichneten Tür, die sich mit Ungeduld öffnete.

Man setzte mich auf einen Sessel. Schluchzend sank ich hinein, das Taschentuch vor den Augen. N. war zu meinen Füßen.

»Sie hassen mich, ich flöße Ihnen Furcht ein. Sie lieben einen anderen, einen Glücklicheren als mich? Oh, sprechen Sie, sprechen Sie!«

Schluchzend, mit zitternder Stimme wagte ich zu antworten:

»Nein, das ist es nicht. Ich schäme mich vor Ihnen. Ich schäme mich vor mir selbst!«

»Teurer Engel, kannst Du Dich einer guten Tat schämen? Du bringst mir das Glück! Und einen Augenblick der Freude. Mich, den alle Welt beneidet, mich hältst Du für glücklich? Mich hältst Du für großartig, der hier zu Deinen Füßen um Deine Liebe bettelt und um Dein kleines, liebliches Herz, das, dessen bin ich sicher, einem anderen gehört, da Du so viel weinst. Aber es ist gleich, ich sehe Dein süßes Gesicht.«

(...)

»Sire, haben Sie Mitleid mit mir.«

»Man hat mir ganz richtig gesagt, daß Du ein Vogel bist, der gezähmt werden muß. Armes Opfer! ... Und Dein alter Ehemann. Wie hat er es erreicht?«

Bei diesem Namen schoß ich schreiend in die Höhe und wollte fliehen; meine Tränen nahmen mir den Atem, und tausend spitze Dolche stießen mir ins Herz. Dieser Name erinnerte mich wieder an mein Verbrechen mit all seinen schrecklichen Folgen.

Er sah mich unbewegt an, offenbar mit Erstaunen.

Ich eilte zur Tür.

»Du haßt mich doch, wahrhaftig! Flöße ich Dir Schrekken ein?«

»O Himmel, eine Polin könnte Sie hassen? Nein! nein! Ich bewundere Sie, ich liebe Sie als die einzige Stütze unserer teuersten Hoffnungen. Ich habe es Ihnen in Błonie bewiesen; Ihr Bild hat mich seitdem nicht mehr verlassen, meine Gebete gen Himmel gelten Ihnen! Ach, warum versteht mich niemand!«

Meine Tränen flossen wieder.

»Aber dieser Name, den Sie genannt haben, hallt dort . . . , auf dem Grund meiner Seele wider wie ein Vorwurf . . .«, und ich rang die Hände.

»Du haßt mich nicht, das ist gut«, sagte er und führte mich zum Sessel zurück. »Hör zu . . . Hast Du Dich freiwillig dem hingegeben, dessen Namen Du trägst?«

Ich antwortete nicht.

»Hast Du Dich aus Liebe zu Reichtum, zu Titeln, zu was weiß ich, aus einer befriedigten Eitelkeit entschlossen, Dein Schicksal mit dem seinen zu vereinen?«

»O großer Gott! Die Liebe zu Reichtum und Titeln habe ich nie gekannt«, erwiderte ich.

»Antworte auf meine Fragen. Nur aus einem ganz besonderen Grund kann Jugend und kaum erblühte Schönheit mit einem altersschwachen, fast achtzigjährigen Greis verbunden werden. Wenn es Vermögen und Titel nicht waren, dann antworte mir.«

»Meine Mutter hat es gewollt«, sagte ich unter Tränen. »Ah, ich verstehe, und Du könntest Gewissensbisse haben!«

»Sire, was auf Erden verbunden wurde, kann nur im Himmel geschieden werden. So sagt es der mächtigste der Gesetzgeber.«

Er begann zu lachen. Ich fühlte mich beleidigt. Wie er mir später zugab, amüsierte ihn diese Szene als etwas Neues.

»Weißt Du, wenn Dein Gesicht, dieses so reine Gesicht und diese Tränen, die wie ein Brunnen flossen, Deine Worte nicht beglaubigt hätten, wäre ich der Meinung gewesen, das Spielzeug einer Koketten zu sein.«

Er stellte mir noch viele Fragen über meine erste Erziehung, über mein Leben auf dem Lande etc., wegen meines Taufnamens ...

Um zwei Uhr klopfte es an die Tür.

»Was, schon«, sagte er, »nun, sanfte und weinende Taube, trockne Deine Tränen, geh schlafen und fürchte nicht mehr den Adler. Du hast keine stärkeren Kräfte als die einer Liebe, die vor allem nur Dein Herz will. Schließlich wirst Du ihn lieben, denn er wird alles für Dich tun, alles, hörst Du?«

Er half mir beim Anziehen meines Mantels, begleitete mich zur Tür und hielt mich nochmals zurück, indem er seine Hand auf die Klinke legte und zu mir sagte:

»Versprich mir, morgen wiederzukommen, sonst lasse ich Dich nicht weggehen. Ich bemächtige mich Deiner. Was macht's mir aus, wenn geredet wird! Für mein Herz bist Du die teuerste und begehrteste aller Eroberungen.«

Ich versprach es. Wußte ich, was ich tat?

Ich wurde zurückgefahren, wie ich gekommen war, doch fühlte ich mich ruhiger, da ich dank meiner Einbildung hoffte, auf einer schwachen Planke im Hafen zu landen ...! Nach den Aufregungen und Anstrengungen des Tages schlief ich beruhigt ein.

Um neun Uhr war Mme.... [Cichocka] an meinem Bett mit einem großen Paket, das sie geheimnisvoll auspackte, nachdem sie die Tür abgeschlossen hatte. Ich sah ein

Schmuckkästchen aus rotem marokkanischem Leder, Blumen aus dem Treibhaus mit Lorbeerzweigen und einen versiegelten Brief.

»Sehen Sie erst dieses an«, sagte sie und nahm ein wundervolles Bouquet mit Diamanten und eine Kette aus dem Schmuckkästchen. »Welches Wasser! Welches Feuer! Welch eine geschmackvolle Arbeit! Ach, wie wird es Ihnen stehn!« Sie legte es mir an, während ich vor Empörung außer mir war. Ich entriß die Dinge ihrer Bewunderung und warf sie weit fort zu Boden, um sie zu zerbrechen.

»Was tun Sie«, sagte sie bestürzt über meinen Zornesausbruch, dessen sie mich nicht für fähig hielt.

»Madame«, sagte ich ihr, »diese Schmuckstücke sind mir verhaßt. Bringen Sie alles sofort zurück. Ich beschwöre Sie. Wenn ich mich schon verkaufe, dann für einen anderen Preis als für diesen eitlen Zierat, den ich auf das tiefste verachte.«

»Sind Sie wahnsinnig, liebe Freundin? Daß ich alles zurückbringen soll? Ich werde mich hüten! Im Gegenteil, ich werde alles sammeln und vor Ihrem Zorn retten.«

Aber ich vergaß den Brief. Sie öffnete ihn, und wir entzifferten Zeile für Zeile:

Marie, meine süße Marie, mein erster Gedanke bist Du, mein erster Wunsch ist, Dich wiederzusehen. Du kommst doch? Du hast es mir versprochen. Wenn nicht, würde der Adler zu Dir fliegen! Ich werde Dich beim Essen sehen, hat mir der Freund gesagt. Geruhe, dieses Bouquet anzunehmen! Möge es ein geheimnisvolles Band werden, das zwischen uns inmitten der uns umgebenden Menge eine stille Übereinstimmung herstellt. Ausgeliefert den zahlreichen Blicken, können wir uns ohne Worte verständigen! Wenn ich meine Hand auf mein

*Herz lege, sollst Du wissen, wie sehr es an Dich denkt, und
als Antwort lege die Deine auf das Bouquet! Liebe mich, teure
Marie, mögest Du Deine Hand niemals von dem Bouquet
nehmen.* N.

»Nun, was ist jetzt? Hier ist das zerbrochene Bouquet. Sie
müssen sich trotzdem damit schmücken.«

. . . . [78]

»Gott bewahre mich davor! Meine Stirn ist nicht aus Erz,
und niemals werde ich mich der Schande rühmen, die Sie
meinen Triumph nennen. Ich werde als demütige Sünderin
erscheinen, aber nie als Triumphierende.«

Trotzdem mußte es weitergehen. Alle Gedanken waren auf
denselben Ton gestimmt. Der Ehrgeiz schäumte . . . Meine
Familie bis hin zu dem, der eigentlich klar sehen mußte, alle
teilten diesen Rausch.

Meine Toilette machte ich in großer Eile. Der Brauch
erlaubte Blumen am Kleid nur beim Ball, das befreite mich
von dem Bouquet und den grünen Lorbeerblättern, obwohl
sie für mich das Symbol der Hoffnung bedeuteten.

Mein Eintritt bei Mme. M. [Mostowska, Małachowska
oder Matuszewiczowa] war eine Sensation. Man drängte
sich um mich. Man prüfte mich neugierig. Die meisten Anwesenden waren mir unbekannt, und dennoch glaubte ich,
daß alle auf meiner Stirn meinen gestrigen Besuch ablesen
konnten. Während der Erfüllung der üblichen Pflichten gegenüber der Dame des Hauses und den ranghöheren Damen
verschlang mich Seine Majestät mit seinen Blicken. Er hob
die Brauen. Plötzlich ging ein Mißfallen über seine Züge. Mit
bohrendem und durchdringendem Blick maß er mich und

kam plötzlich näher. Voller Qual fürchtete ich eine offene Szene.

Um das zu vermeiden, legte ich als Friedenszeichen meine Hand an die Stelle, wo das Bouquet sein sollte. Ich sah ihn besänftigt, seine Hand antwortete auf das Zeichen. Er zitterte. Als er sich zu Tisch setzte, rief er Duroc und sagte ihm etwas ins Ohr. Wie beim ersten Mal saß ich auf dem gleichen Platz, und so bald wie möglich überschüttete mich mein Nachbar mit Vorwürfen:

»Ich verstehe«, antwortete ich so leise wie möglich, »daß Sie nach dem Eindruck, den Sie von mir haben, erstaunt sind. Ich habe das Schmuckkästchen nicht angerührt. Es ist noch in den Händen derjenigen, der Sie es übergeben haben. Kein Geschenk dieser Art werde ich je annehmen; lassen Sie es sich gesagt sein, Monsieur le Maréchal! Wie sollte ich es wagen, hier geschmückt mit solchen Geschenken zu erscheinen. Sagen Sie ihm deutlich, daß persönliche Geschenke meine Verehrung und meine große Bewunderung nicht erkaufen können. Eine Hoffnung für unsere Zukunft, darum geht es . . .«

»Was, Sie zweifeln noch? Hat er sie Ihnen nicht gegeben? Sehen Sie, trotz Ihrer Ungerechtigkeit ist er ganz mit Ihnen beschäftigt. Ich verstehe seinen Blick. Sehen Sie, während er sich scheinbar an der allgemeinen Unterhaltung beteiligt, beweist die Hand auf seinem Herzen, daß ihn das fehlende Bouquet beunruhigt. Als er sich zu Tisch setzte, beauftragte er mich, Sie an das Versprechen von gestern abend zu erinnern. Ah, Madame, versäumen Sie nichts, wenn Ihnen daran liegt, daß er sein Versprechen hält. Sie müssen den ganzen Preis einer solchen Eroberung spüren, und doch – ich wage es, Ihnen zu sagen –, ich finde Sie verändert, ganz erlahmt in

Ihrem leidenschaftlichen Eifer, den Sie in Błonie bezeugten. Und was mich noch mehr erstaunt, er scheint verliebter als ich ihn jemals gesehen habe.

Der erwünschte Erfolg, um den man Sie überall beneiden wird, wird Ihnen vorbehalten sein, Madame. Bedecken Sie mit Blumen die vielen grausamen Dornen seines Lebens. Man sieht mit Neid auf die Hochgestellten . . .« Etc.

Was soll ich Ihnen[79] sagen? Diese zweite Begegnung wurde mit der gleichen Vorsicht inszeniert wie die erste.

Er war erregt, sorgenvoll, sein Blick war düster.

»Ach, endlich sind Sie da. Ich hoffte nicht mehr, Sie zu sehen.«

Er half mir aus Mantel und Hut, setzte mich in einen Sessel und sagte zu mir:

»Wie wollen Sie sich rechtfertigen wegen der Vergehen, die ich Ihnen vorwerfe? Warum versuchen Sie, in mir ein Gefühl wachzurufen, das Sie nicht teilen? Warum lehnten Sie auch meine Lorbeerzweige ab? Was hast Du damit gemacht? Ich rechnete dadurch auf so viele interessante Momente, und Du hast mich dessen beraubt. Meine Hand hat mein Herz nicht verlassen, und Deine war unbeweglich. Nur ein einziges Mal hast Du auf mein Zeichen geantwortet. Oh, Marie, Du liebst mich nicht, ich liebe Dich jedoch leidenschaftlich. Woher kommt das?«

Und er schlug sich vor Zorn an die Stirn. Es folgte ein Augenblick der Stille, den ich nicht zu unterbrechen wagte.

»Da sieht man eine Polin! Sie bestätigen die Meinung, die ich von diesem Volk habe.«

Ich nahm wieder das Wort, um auszurufen:

»Gnade, Sire, sagen Sie sie mir.«

»Also gut, Marie, ich halte dieses Volk für leidenschaftlich und leichtsinnig. Bei ihm geschieht alles mit Phantasie und nichts nach System. Seine Begeisterung ist ungestüm, lärmend, kurzfristig, aber es kann sie nicht regeln und bewahren. Ist das nicht auch Ihr Porträt, schöne Polin?

Sind Sie nicht gerannt wie eine Irre mit dem Risiko des Erstickens, um mich zu sehen und zu beweihräuchern. Ich ließ mich ins Herz treffen durch diesen zärtlichen Blick, diesen leidenschaftlichen Ausdruck . . . und dann verschwanden Sie. Ich kann noch so sehr suchen, ich finde Sie nicht, und als Sie schließlich als eine der letzten ankommen, spüre ich nur eisige Kälte, während ich brenne.

Hören Sie, Marie, immer, wenn mir etwas unmöglich oder schwer erreichbar erschien, habe ich es mir inbrünstig gewünscht. Nichts entmutigt mich. Das ›man kann nicht‹ spornt mich an, und ich gehe immer voran.

Ich bin es gewöhnt, daß meinen Wünschen bereitwillig nachgegeben wird, daher überwältigt mich Dein Widerstand, Dein Zauber ist mir zu Kopf gestiegen und ergreift mein Herz.

Ich will, höre gut dieses Wort, ich will Dich zwingen, mich zu lieben. Marie, ich habe den Namen Deines Vaterlandes wieder aufleben lassen. Dank meiner Erfolge besteht sein Stamm noch. Ich werde noch mehr tun. Aber bedenke auch das: wie ich diese Uhr in der Hand halte und vor Deinen Augen zerbreche (wirklich flog sie krachend vor meine Füße), so werden sein Name und alle Deine Hoffnungen ausgelöscht sein, wenn Du mich zum Äußersten treibst, mein Herz zurückstößt und mir das Deinige verweigerst.«

Ich fiel ihm erstarrt zu Füßen. Der Schrecken hatte mich überwältigt. Er war in einem Zustand furchtbarer Gewalttätigkeit.

Ziehen wir den Vorhang vor diese Szene, die ich um den Preis meines Blutes aus meiner Lebensgeschichte auslöschen möchte.

Sie wissen es, dieser außergewöhnliche Mann ist ein Vulkan. Ehrgeizige Leidenschaften beherrschen ihn, aber die der Liebe sind nicht weniger heftig, wenn auch von kürzerer Dauer.

Der das Universum zu seinen Füßen sah, lag nun vor mir. Er trocknete meine ständig fließenden Tränen.

(...)

Ich konnte nicht mehr zurück und mußte den steinigen Weg weitergehen, den meine törichte Begeisterung mir gebahnt hatte.

Das Opfer war vollzogen. Es ging nur noch darum, die Früchte zu ernten, um nicht den einzigen Lohn zu verlieren, der mich meine so schuldhafte Lage ertragen ließ. Das war der Gedanke, der mich durchdrang. Er beherrschte meinen Willen und verhinderte, daß ich vor Kummer unter der Last der Gewissensbisse zusammenbrach.

Ach, seitdem besuchte ich ihn täglich; meine Hoffnungen blieben immer die gleichen, sie bestanden in Versprechungen für die Zukunft.

Eines Abends sagte er zu mir:

»Gestehe, Marie, Du liebst mich nicht, sondern in mir nur Dein Vaterland.«

»Ja, Sire, das stimmt. In Ihnen sehe ich den Retter, den Wiederhersteller des Vaterlandes, das uns so teuer ist. Sie sind das Idol, zu dem Millionen ihre Stimme und ihre Hände erheben, während sie in allen Anliegen dieses unglücklichen Landes um Hilfe flehen.

Das ganze Volk sieht in Ihnen den, der mit einem Atemzug

nur durch seinen Willen diese seit Jahren gedemütigte Nation aufrichten kann, nachdem eigene Anstrengungen ohne Erfolg blieben, aber dank Ihrer Hilfe braucht es nicht zu verzweifeln.

Alle Herzen schlagen für Sie. Können Sie an meinem zweifeln, nachdem Sie mich alles – alles – vergessen ließen? (Und ich weinte.) Kummer und Gewissensbisse werden mich nicht überwältigen, wenn ich den einzigen Preis erhalte, der Ihrer und meiner würdig ist: die Wiederherstellung meines Vaterlandes.

Das ist das heißersehnte Bouquet, das ist das einzige Geschenk, der einzige Lohn, den ich ohne Schande annehmen kann, und der mein Herz für immer fesseln wird. Sie haben es mir versprochen«, sagte ich und fiel ihm zu Füßen.

Er hob mich zärtlich auf.

»Du kannst sicher sein, Marie, daß das von mir gegebene Versprechen gehalten wird. Du siehst bereits zum Teil die Erfüllung. Ich habe Preußen gezwungen, den usurpierten Teil preiszugeben. Die Zeit wird das übrige tun. Zum gegenwärtigen Zeitpunkt läßt sich nicht alles realisieren. Nur Geduld. Die Politik ist ein Seil, das reißt, wenn man es zu fest anspannt.

Inzwischen mögen sich Eure Staatsmänner bilden. Denn wie viele habt Ihr? Ihr seid reich an guten Patrioten, Ihr seid stark, ja, ich gebe es zu, ich lasse Ihnen alle Gerechtigkeit widerfahren: Ehre und Mut strömen durch alle Adern Eurer Tapferen. Aber das genügt nicht. Zur Unterstützung meiner Pläne und Anstrengungen bedarf es noch großer Einstimmigkeit und vieler kluger Köpfe.«

»Sire, es gibt sie, und sie werden gefunden, zweifeln Sie nicht daran.«

»Ja, das ist gut, aber was wird dann aus Eurer Macht, Ihr Damen? Denn wenn die Männer müßig sind, herrschen die Frauen. Wenn Ihr sie ans Werk treibt, achtet auf Eure Szepter!« sagte er und gab mir einen leichten Schlag auf die Wange.

So fingen unsere Abende meistens an, aber eine Bagatelle konnte ihn leicht ablenken. Er suchte selbst politische und ernste Gedanken auszuschalten, um auf Lappalien zurückzukommen.

Er liebte Klatschgeschichten aus den Salons, Familieninterna und heimlich verbreitete Anekdoten aus der Gesellschaft! Das Privatleben des einzelnen entging ihm nicht.

Oft war ich erstaunt, von ihm Einzelheiten zu erfahren, die ich selbst nicht wußte, über Personen, mit denen ich in Beziehung stand.

Mit dieser Vorliebe neckte ich ihn und sagte, niemand würde glauben, daß der größte Mann des Jahrhunderts, auf dem die Sorgen der ganzen Welt ruhen, sich über solche Nichtigkeiten amüsiere.

»Nichts ist unwichtig für einen Beobachter«, sagte er. »Das Studium der Menschen ist mir das allerwichtigste. Ich habe die materiellen Grenzen erreicht. Ich kann sie nur überschreiten, wenn ich das Moralgesetz studiere.

Die Sitten der Großen und der Kleinen beeinflussen das Schicksal der Nationen. Um die Ursache der Zerstörungen zu finden, die Euer Land unterminiert und seine Fundamente untergraben haben, öffnete ich die goldenen Tore Eurer Schlösser und Festsäle, lüftete ich die Vorhänge Eurer Boudoirs und Alkoven – und fand dort die Quellen des Übels.

Eure Großen erhoben sich zu selbstsüchtiger Höhe. Ihr habt sie gewähren lassen. Die sie umgaben, wurden klein und niedrig gehalten; vielleicht hätten gerade diese manches besser gemacht als sie. Um ihnen zu schmeicheln, hat man sie bewirtet. Um zu verhindern, daß sie aufstanden und handelten, goß man ihnen Wein in die Kehle, und um ihre Stimmen zu erhalten, gab man ihnen Geld.

Das Denken nur an die Familie, an das ganz persönliche Wohlergehen, hat in den Großen die staatsmännischen Tugenden ausgelöscht, die ihre Ahnen auszeichneten und berühmt werden ließen.

Völker, deren einziges Ziel Essen und Trinken ist, haben keine Ideen. Wer einmal verweichlicht, ist verloren. Man muß sich betäuben, um sich nicht zu grämen wegen der Notwendigkeit zu arbeiten.«

»Ach, Sire, diese Zeiten sind vorbei«, sagte ich. »Das Unglück hat meine Landsleute wiedergeboren. Sie erkennen die Fehler ihrer Eltern. Sie sind bereit zu jedem Opfer, jeder Hingabe.«

Es endete mit einem leichten Schlag auf meine Wange und:

»Meine gute Marie, Du bist würdig, eine Spartanerin zu sein und ein Vaterland zu haben.«

Eines Abends, als er von einem glänzenden Fest kam, das ihm der Graf M. gegeben hatte, fühlte er sich nicht wohl und bat um Tee. Ich reichte ihm welchen.

»Gegen meine sonstige Gewohnheit esse ich hier zuviel. Das bekommt mir nicht. Ich muß gestehen, Marie, daß man es bei Euch sehr gut versteht, die Herrscher zu feiern. Ich sehe, wie die Kenntnisse und anwendbaren Ideen von den Lebensbedürfnissen, von der Hebung des Genusses der Gesellschaft und von der Verschönerung herrschaftlicher Wohnungen durch Luxus und Geschmack aufgegriffen wurden.

Aber, meine liebe Marie, sei nicht böse und schmolle bitte

nicht, wenn ich Dir gestehe, daß ich bei aller Bewunderung für Eure Felder, Städte, prächtigen Bauten, Säulen, Portale, riesigen Parks, englischen Gärten, chinesischen Pavillons, griechischen und römischen Tempeln, prächtigen Rabatten, zauberhaften Festen aufs tiefste bestürzt war von der Not der Massen, von der Gesamtheit Eurer schmutzigen Städte, Eurer elenden Dörfer, von den armseligen Hütten und den Lumpen, die ein ganzes Volk bedecken.

Wenn meine Soldaten sie um Brot (chleba) bitten, sagen sie: ›Es gibt keins‹ (nie ma). Wenn sie um Wasser (woda) bitten, antworten sie mit Nachdruck: ›Geld her, Geld her‹ (towar, towar), als hätten sie Wasser nur zum Verkauf.

Marie, nur auf die einmütigen Anstrengungen des ganzen Volkes, das dieses unglückliche Land bewohnt, müssen Sie Ihre ganzen Hoffnungen auf dauernden Fortschritt gründen.«

»Großer Gott, Sire, was sagen Sie da?« Ich wurde totenblaß, schwindelig und fiel auf den Teppich zu seinen Füßen wie vom Blitz getroffen.

»Marie, Sie haben mich den Satz nicht vollenden lassen. Sie haben mich nicht verstanden. Kommen Sie zu sich, Marie, meine gute Marie«, und er holte Salz und Eau de Cologne, um meine Stirn und die blassen Schläfen zu reiben.

»Sire, nehmen Sie diesen schrecklichen Ausspruch zurück, diese furchtbare Prophezeiung. Das ist ein Todesurteil für mich und mein Vaterland, denn ohne Sie und Ihre Hilfe kann es nicht bestehen.«

Und ich rang krampfhaft die Hände.

»Ach, die Frauen, die Frauen. Sie verstehen nichts, sie sind ungeduldig, sie hören nicht zu und quälen sich ohne Grund. Hättest Du mich sprechen lassen, brauchte dieses geliebte Gesicht, das ich nicht leiden sehen kann, nicht zu erbleichen.

Du weißt genau, liebe Marie, daß ich Dein Volk liebe. Meine Absichten und politischen Pläne, alles zielt auf seine völlige Wiederherstellung hin. Gern will ich seine Anstrengungen unterstützen und seine Rechte fördern. Was ich kann, werde ich tun, wenn nicht meine Pflichten und die Interessen Frankreichs verletzt werden. Zweifle nicht daran, aber bedenke, daß zu große Unterschiede uns trennen. Was ich heute tun kann, ist morgen vielleicht zerstört.

Meine ersten Verpflichtungen gelten Frankreich. Für eine fremde Sache mit ihren Interessen kann ich kein französisches Blut fließen lassen. Ich kann mein Volk nicht bewaffnen, um Euch in jedem Notfall zu Hilfe zu eilen.

In ungewisser Zukunft ergibt sich die Notwendigkeit, das Los der Massen zu verbessern — und sei es auf Kosten der Schlösser —, um die allgemeine Tatkraft zu entwickeln, die eine feste Stütze werden und den Feind zum Schweigen bringen kann.

Glaube mir, Marie, die Einmütigkeit der Anstrengungen und Kräfte des ganzen Volkes in Eurem Land ist eine ungeheure Macht, die mehr als drei feindlichen Nationen Widerstand leisten kann. Aber ich werde Euch beistehen, helfen, Euch bei jeder Gelegenheit unterstützen — dessen kannst Du sicher sein.

Die tapferen Polen, die an meiner Seite gekämpft haben, und ihre so gerechte Sache verdienen meinen Schutz.«

So wurde ich ruhiger und gewann jene Hoffnung, die ich sofort nach außen weitergab, um meine Mitbürger diese Freude und dieses Glück kosten zu lassen.

Ich hatte Fortschritte gemacht in der stummen Geheim-

sprache, die er mich jeden Abend lehrte und die ich schließlich besser verstand als Duroc. Und als ich ihm mein
Erstaunen zeigte über die Fähigkeit, gleichzeitig hohe Gedanken der Politik und die verborgensten des Herzens auszudrücken (auch inmitten lebhafter, sehr ernsthafter Unterhaltung, in einer spannenden Erzählung, angesichts einer
aufmerksamen Zuhörerschaft, fanden seine verstohlenen
Blicke, seine Gesten von Hand und Finger eine Möglichkeit,
mich seine Gedanken wissen zu lassen), antwortete er:

»Das erstaunt Dich, Marie. Bedenke doch, daß ich das mir
zugeteilte Amt würdig ausfüllen muß. Ich habe die Ehre,
Nationen zu befehlen. Ich war nur eine Eichel, Marie, jetzt
bin ich eine Eiche geworden. Ich herrsche; man sieht und
beobachtet mich von nah und von fern.

Diese Situation zwingt mich, eine Rolle zu spielen, die
nicht immer meiner Natur entspricht und die mir manchmal
lästig ist. Aber ich muß sie beibehalten, um Rechenschaft zu
geben, nicht so sehr den anderen, deren Beifall oder Kritik
mich wenig bekümmert, als vielmehr mir selbst über diese
Stellung, die mir Repräsentationspflichten auferlegt. Aber
während ich für alle die Eiche bin, möchte ich für Dich nur
eine Eichel sein, meine gute, meine süße Marie. Hörst Du?
Und wie verfahre ich vor den Augen der beobachtenden
Menge, um Dir zu sagen: ›Marie, ich liebe Dich?‹ Immer,
wenn ich Dich ansehe, möchte ich das sagen, und ich kann
mich nicht einmal Deinem Ohr nähern, ohne Aufmerksamkeit zu erregen. Das verhilft mir zu dieser für Dich erstaun-
lichen Fähigkeit.«

Die Einfachheit meiner Kleidung und die Farben, die ich
trug, gefielen ihm oft nicht. Ich wählte nur Weiß, Grau und
Schwarz. Er liebte diese Farbe nicht und beklagte sich, daß

ich mich so wenig nach seinem Geschmack richtete. Zur Entschuldigung sagte ich, daß eine Polin Trauer um ihr Land tragen müsse.

»Sind wir nicht alle Waisen? Wenn Sie es wiedererwekken, werde ich nur Rosa tragen.«

So griff ich jedes Thema der Unterhaltung auf, um immer zu dem wichtigsten Gedanken zu kommen; nur ein Erfolg konnte mich in meiner eigenen Meinung rechtfertigen und mich eine Haltung entgegen all meinen Grundsätzen ertragen lassen. Ich fühlte das ganze Unglück.

Der Kaiser liebt es im allgemeinen nicht, mit Frauen über Politik zu sprechen. Für die, die sich damit abgeben, hat er nur ein Lächeln.

»Ich hasse diese Mannweiber. Sie sollten lieber stricken und Kinder gebären als sich in etwas einzumischen, was nicht zu ihren Aufgaben gehört.«

Solche Sätze mußte ich mir anhören. Zuweilen nahm ich sogar Partei für einige von ihnen, die er wegen dieses Fehlers anklagte. Unbegreiflich ist mir die Freiheit, die mir eingeräumt wurde, diese Art von Unterhaltung einzuführen, ohne ihn zu erzürnen. Das verdanke ich wohl dem Eindruck von meiner Selbstlosigkeit und dem Mangel an persönlichem Ehrgeiz. Er hatte in meiner Seele gelesen, daß nur reine Liebe zum Vaterland ohne jeglichen Hintergedanken sie erfüllte und daß ich diese Seele vor ihm ausbreitete, um die Hoffnung dafür einzutauschen.

Auch der gute, exzellente Marschall Duroc nährte mich mit Hoffnung. Er liebte und schätzte unsere Nation. Am Vorabend von Napoleons Abreise sagte er zu mir:

»Geduld, Sie erreichen das Ziel, das Ihnen am Herzen liegt. Lassen Sie ihn handeln. Ich versichere Ihnen, daß die volle Wiederherstellung Ihres Vaterlandes an der Spitze seiner politischen Pläne steht. Aber um Ihnen wirksam zu helfen, muß er sich zunächst von sehr wichtigen, persönlichen Hindernissen befreien. Das wird uns ohne Zweifel gelingen.«

Am Morgen nach dieser Unterhaltung beschleunigten Kuriere aus Frankreich und allen Ländern Europas die Abreise Seiner Majestät.

Die Kontinentalsperre, die Unterwerfung Spaniens, das Vereiteln englischer Komplotte, das Zurückdrängen Österreichs – all diese großen Anliegen beschäftigten ihn ausschließlich.

Ich war niedergeschmettert, als mir Seine Majestät beim Eintreten sagte:

»Marie, ich reise morgen ab. Große Verantwortungen belasten mich. Ich bin gerufen, um aufziehende Gewitter von meinen Völkern abzuwenden. Wirst Du mir für immer den Reiz Deiner Anwesenheit vorenthalten? Bedeute ich Dir nichts?«

Ich brach in Tränen aus und rief:

»Sie reisen ab, ohne etwas für uns getan zu haben!«

Dieses Gefühl bedrückte und beunruhigte mein Inneres. Ich stieß nur die Worte aus:

»Was soll aus mir werden, großer Gott?«

»Du wirst nach Paris kommen, meine gute Marie. Ich gebe Dir Duroc als Beschützer. Er wird Deine Interessen wahrnehmen. Du kannst Dich immer an ihn wenden, und Deine Wünsche werden erfüllt – wenn sie nicht außergewöhnlich sind.«

»Ach, Sire, Sie wissen genau, ich habe nur einen Wunsch, einen einzigen Wunsch, und den kennen Sie. Mein Herz will nichts anderes. Jedes andere Geschenk von Ihnen lehne ich ab. Alle Schätze der Welt können mich nicht zufriedenstellen oder meine Selbstachtung heben. Geben Sie mir mein Vaterland, Sire. Dann werde ich befriedigt sein und sicher vor verdienter Verachtung. Bis dahin warte ich vertrauensvoll im Schatten ländlicher Zurückgezogenheit auf die Einlösung Ihrer wohlwollenden Versprechungen.

In Verbindung mit diesem alles überragenden Gedanken wird die Erinnerung an Sie ein verborgenes Feuer sein, dem Kult gewidmet, dem ich mich weihe. Begraben in den geheimsten Falten meines Herzens, werden Hoffnung, Erinnerung und Vertrauen weiterleben.«

»Nein, nein, Marie! So wird es nicht sein. Ich weiß, daß Du ohne mich leben kannst. Ich weiß, daß Dein Herz nicht mir gehört. Du liebst mich nicht, Marie, ich weiß es, du bist aufrichtig und ungekünstelt. Gerade dadurch reizt Du mich mehr als jede andere. Aber Du bist gut und sanft, Dein Herz ist so edel und so rein. Kannst Du mir die wenigen Augenblicke des Glücks rauben, die ich jeden Tag bei Dir erlebte? Ach! Marie, nur Du kannst sie mir geben. Und mich hält man für den Glücklichsten der Welt.«

Diese Worte wurden mit einem so bitteren und traurigen Lächeln ausgesprochen, daß sie in mir ein seltsames Gefühl für den Herrscher der Welt auslösten. Das Mitleid warf mich in seine Arme. Ich versprach alles, was er wollte.

*

Die dramatische Szene des Abschieds von Napoleon ist das letzte Bruchstück der Beichte Madame Walewskas. Aus Massons Manuskript scheint hervorzugehen, daß die Heldin der Romanze ihre Erinnerungen nur bis zum Augenblick der Abreise aus Finckenstein niedergeschrieben hat[80]. Die Beurteilung der objektiven und subjektiven Wahrheit ihrer Bekenntnisse überlasse ich dem Leser, ich habe mich darüber schon mehrfach geäußert.

Am Schluß meiner langen Geschichte möchte ich drei französischen Historikern meine Dankbarkeit bekunden: Jean Savant, André Castelot und Joseph Valynseele, deren Arbeiten es mir ermöglicht haben, dem polnischen Leser die neuesten, mit Maria Walewskas Person zusammenhängenden Entdeckungen zu übermitteln. Das einzige ungelöste Rätsel bleiben weiterhin die geheimnisvollen Archivalien der Ornanos aus Schloß La Branchoire.

ANMERKUNGEN

1 *Kozietulski i inni*, 2 Bände, Warschau 1967. – Jan Kozietulski (1781-1821), Offizier der Chevaulegers, polnischer Reiter im Heer Napoleons, zeichnete sich in der Attacke bei Somosierra (Spanien) und in der Schlacht bei Wagram aus.

2 Wacław Gąsiorowski (1869-1939) und Stanisław Wasylewski (1885-1953) veröffentlichten Romane über Madame Walewska.

3 Finckenstein im Regierungsbezirk Marienwerder.

4 Zu deutsch *Welt*.

5 Helena Mniszkówna (1870-1943), Autorin zahlreicher Liebesromane »aus den besten Kreisen«.

6 J. U. Niemcewicz (1757-1841), polnischer Schriftsteller, Publizist und Politiker.

7 1. Auflage Montreal 1934, 2. Auflage London (Hutchinson) 1935, 3. Auflage London (Hutchinson) 1938.

8 Józef Haller (1873-1960), Offizier der Legionen Piłsudskis, 1918/19 Befehlshaber der polnischen Truppen in Frankreich, dann polnischer General, seit 1939 in der Emigration.

9 In der Familie Ornano führt der Senior der ältesten Linie den Grafentitel vor dem Nachnamen anstelle des Vornamens.

10 Eine Fotokopie des Dokuments, das Madame Walewskas Bestattung in Kiernozia bestätigt, sandte mir erst kürzlich Mag. Marian Leszczyński aus Lodz.

11 Ehemaliges Schloß der Fürstin Radziwiłł bei Łowicz westlich Warschau.

12 Zur Tausendjahrfeier Polens 1966 wurden tausend neue Schulen, z. T. aus Spenden der Bevölkerung, errichtet.

13 Tadeusz Kościuszko (1746-1817), polnischer Nationalheld, Oberbefehlshaber im Aufstand gegen die Teilungsmächte 1794.

14 Im Index der Taufen erscheint sie nur unter ihrem zweiten Vornamen.

15 Marias Geburtsurkunde ist längst verloren, doch hat sich die Information über ihren Geburtsort in der mündlichen Tradition der Bewohner von Kiernozia erhalten.

16 Zärtlichkeitsform zu Elżbieta = Elisabeth.

17 Fürst Józef Poniatowski (1763-1813), Neffe des letzten Königs, wohnte neben dem Warschauer Königsschloß im »Palais unter dem (Kupfer-)Blechdach«. Er wurde 1807 Kriegsminister des Herzogtums Warschau und ertrank als napoleonischer Marschall nach der Schlacht von Leipzig 1813 in der Elster – vgl. Kazimierz Brandys: Der Joker, deutsch im Insel Verlag 1968.

18 Nach dem Datum des Briefes war Maria damals achtzehn Jahre alt.

19 Herr, Frau, Starost (etwa gleich Landrat), Zakąski (kleine Happen zum Wodka), Hochadel und Kleinadel.

20 Nicht berücksichtigt ist hier selbstverständlich der 1812 zum Grafen des französischen Kaiserreichs ernannte Alexandre Walewski, Marias und Napoleons Sohn, der ja nur dem Namen nach ein Walewski war.

21 General Jan Henryk Dąbrowski (1755-1818) gründete 1797 in Italien die Polnischen Legionen; er wird im Refrain der polnischen Nationalhymne genannt.

22 1. Auflage: Paris (Hachette) 1938, 2. Auflage: Paris (Comtale) 1947, 3. Auflage: Paris (cercle Histoire) 1958.

23 Hervorhebung von mir – M. B.

24 Das ergibt sich aus der ursprünglichen (englischen) Version, in der späteren (französischen) dagegen verschiebt sich infolge der Änderungen der Briefdaten die Trauung auf den Anfang 1804.

25 So bezeichnen die Polen den von Kościuszko geführten Aufstand gegen die Teilungsmächte 1794.

26 In der französischen Version der Biographie trägt der mit gewissen Kürzungen angeführte Brief das Datum des 28. Februar 1804.

27 In der französischen Version führt Ornano diesen Text als Briefkonzept an.

28 Der Wojewode war im alten Polen der Statthalter einer Provinz. Konföderationen waren Zusammenschlüsse des Adels zur Durchsetzung bestimmter Ziele; die von Bar (Ukraine) 1768 richtete sich gegen die Reformen und den König und wurde 1772 niedergeworfen, die von Targowica 1792 wollte die Reformverfassung vom 3. Mai 1791 beseitigen und führte zur zweiten Teilung Polens 1793.

29 Warschauer Zeitung.

30 Pułtusk liegt 60 km nördlich, Błonie 28 km westlich von Warschau.

31 Die Strecke Walewice-Błonie beträgt etwa 70 km.

32 Zeitung des Korrespondenten.

33 *Récits de la captivité de l'Empereur Napoléon à Saint-Hélène*, Paris 1847.

34 In Wirklichkeit 20 Jahre alt.

35 Hugo Kołłątaj (1750-1812), Geistlicher, Philosoph, Schriftsteller und Kulturpolitiker, Rektor der Universität Krakau, Mitverfasser der Verfassung vom 3. Mai 1791, Mitorganisator des Aufstands von 1794 usw.

36 Stanisław August Poniatowski (1732-1798), von 1764-1795 letzter polnischer König, zuvor Günstling der Zarin Katharina II., Mäzen der Künste und Wissenschaften.

37 Erschienen Warschau 1960. Geschildert wird das Leben Stanisław Poniatowskis, eines Neffen des letzten Königs von Polen und Vetters des Fürsten Józef.

38 Frau Potocka lokalisierte den Aufenthalt der Favoritin bei Napoleon nicht in Finckenstein, sondern in Osterode, was viele Biographen (u. a. Gąsiorowski) irreführte. Doch ist das ein offensichtlicher Irrtum. Aus anderen Quellen geht unabweislich hervor, daß die Angelegenheit sich in Finckenstein abspielte. Die strengen Bedingungen in Napoleons Feldquartier in Osterode schlossen die Möglichkeit eines solchen Besuches aus.

39 Gestalt aus Julian Ursyn Niemcewiczs Komödie *Die Rückkehr des Abgeordneten* (Uraufführung 1791). Vorbild dieser Gestalt, deren Namen aus dem Wort »charmant« abgeleitet ist, war zweifellos der junge Fürst Józef Poniatowski.

40 1792 Unterleutnant / 1794 Leutnant / 1797 Eintritt als Leutnant in die Legionen in Italien / 1798 Hauptmann der Legionen / XII. 1806 Bataillonskommandeur im neuen polnischen Heer / 5. II. 1807 Major / 6. III. 1807 »Adjutant-Oberst« beim Stab Berthier / I. IX. 1807 Kommandeur des 3. Ulanenregiments / 27. II. 1812 Brigadegeneral.

41 Österreichische Truppen besetzten im Frühjahr 1809 Warschau,

während die polnischen Einheiten sich auf das rechte Weichselufer nach Praga zurückzogen; später mußten die Österreicher ihre Eroberungen schnell wieder preisgeben.

42 Am 30. November 1808 eroberten die polnischen Chevaulegers durch eine verlustreiche Attacke den Paß von Somosierra nördlich Madrid und öffneten dadurch Napoleon den Weg zur spanischen Hauptstadt.

43 Diese Vision bedarf einer gewissen Korrektur, denn die Ornanos haben, wie ich kürzlich erfuhr, 1930 ihr Stammschloß veräußert, und ihr Familienarchiv befindet sich jetzt woanders, wahrscheinlich in Paris.

44 Aus einer früheren Ehe.

45 Diesen Titel benutzten auch Pfandgläubiger und Pächter.

46 Den bisher nie publizierten Originaltext der Geburtsurkunde Alexandre Walewskis hat mir Pfr. Mag. Józef Wieteska, Propst der Kollegiatkirche in Łowicz, aus seinen Sammlungen zugänglich gemacht. Der Inhalt dieses Dokuments wird gewiß Alexandre Walewskis französische Biographen interessieren, die bisher eine nicht allzu treue, im Pariser Armeearchiv aufgefundene Kopie benutzten.

47 Die Herzogin Louise Lavallière (1644-1710), Ludwigs XIV. Favoritin, berühmt wegen ihrer Tugenden und Religiosität; sie trat mit dreißig Jahren in den Bettelorden der Karmeliterinnen ein.

48 Zygmunt Krasiński (1812-1859), einer der großen polnischen Romantiker, berühmt durch seine Lyrik, seine Dramen »Die ungöttliche Komödie« und »Irydion« sowie durch seine Briefe (vgl. »Hundert Briefe an Delfina«, deutsch erschienen im Insel Verlag, Frankfurt am Main 1967).

49 Weiß-rot als polnische Nationalfarben stammen erst aus dem Aufstand 1830/31, vorher (seit der Konföderation von Bar 1768 bis 1772) waren rot-blau die Farben der Freiheitskämpfer gewesen.

50 Reformverfassung Polens vom 3. Mai 1791, die eine Erbmonarchie einführte, die Rechte des Adels beschnitt und die Regierung stärkte; sie wurde von den Großmächten nicht anerkannt, die Polen 1793 und 1795 endgültig aufteilten.

51 Die höchstprivilegierte Kategorie königlicher Bastarde. Die Legi-

timierten wurden meistens zu Gründern großer aristokratischer Geschlechter.

52 Malinowski – ein sehr häufiger polnischer Zuname. Malines – der französische Name der belgischen Stadt Mecheln.

53 Der zweite Mann der Autorin.

54 Stanisław Wasylewski, der die Notiz der Mademoiselle Avrillion anführt, gibt zu verstehen, die Freundschaft zwischen der Exkaiserin und Madame Walewska sei erst in der Zeit der »Hundert Tage« geschlossen worden – offensichtlich ein Irrtum, Joséphine lebte damals nicht mehr; sie starb im Mai 1814 kurz nach Napoleons Abreise nach Elba.

55 Teile der in Italien aufgestellten und eingesetzten polnischen Legionen schickte Napoleon 1802 und 1803 nach San Domingo (Haiti), wo sie im Kampf gegen aufständische Neger fast völlig aufgerieben wurden.

56 Eine falsche Nachricht; nach Marschall Bessières' Tod wurde Marschall Soult Kommandeur der Gardekavallerie.

57 Die General Łączyński betreffenden Notariatsakte hat Jean Savant entdeckt und 1963 publiziert.

58 Der Abmarsch der polnischen Truppen in die Heimat erfolgte am 7. Juni 1814.

59 Die Information über die Entsendung eines »Chevaliers Colonna« aus Elba entnehme ich Castelot, konnte aber in anderen napoleonischen Quellen keinen Beweis für die Existenz einer solchen Gestalt finden. War er also ein Deckname für Maria Colonna-Walewska? Hat sich vielleicht Napoleon durch ihre Vermittlung mit Murat verständigt? Das würde das Vorhandensein dieses Briefes im Walewski-Archiv erklären.

60 Es ist recht verwunderlich, daß Napoleon diese leidenschaftlichen, äußerst persönlichen Briefe nicht selbst schrieb, sondern einem Sekretär diktierte und sich auf die eigenhändige Unterschrift beschränkte. André Castelot vermutet, der Kaiser habe »befürchtet, seine Schrift sei völlig unleserlich«.

61 Man weiß nicht, ob Küsse oder irgendwelche Nachrichten gemeint sind.

62 In den Briefen finden sich oft drei Punkte. Man kann daraus schließen, daß Castelot – wahrscheinlich auf Wunsch der Besitzer der
   Korrespondenz – manche Fragmente ausgelassen hat.

63 Den vierzehnten Brief, der Madame Walewska zum Besuch auf
   Elba ermächtigte, und den fünfzehnten, an Murat adressierten,
   habe ich im Kapitel XVII angeführt.

64 General Duroc.

65 In einem kürzlich geführten Gespräch versicherte mir Dozent Wegner entschieden, bei dem Dokument aus der Przeździecki-Bibliothek habe es sich um die Memoiren der Favoritin Napoleons
   gehandelt und nicht, wie ich eine Zeitlang glaubte, um diejenigen
   der mit ihr namensgleichen Maria Walewska geborenen Przeź-
   dziecka.

66 Der Historiker Jean Savant hebt die Energie und Umsicht hervor,
   mit der Teodor Łączyński das Vermögen seiner Mündel bei General
   Ornano eintrieb. Anfang 1818 wurde das Haus Rue de la Victoire
   Nr. 48 verkauft und das dabei erzielte Kapital zum Freikauf der
   Ländereien von Walewice bestimmt. Savant stellt darüber hinaus
   fest, daß General Ornano zugunsten seiner Stiefsöhne auf eine Summe von 100 000 Livres verzichtet, die seine Frau ihm im Ehever-
   trag überschrieben hatte.

67 Großfürst Konstantin (1779-1831), zweiter Sohn des Zaren Paul,
   ab 1816 Oberbefehlshaber des polnischen Heeres, ab 1826 Statthalter im sogen. Königreich Polen (Kongreßpolen); er verließ das
   Land nach dem Ausbruch des polnischen Aufstands vom 30. November 1830.

68 Ich zitiere diese Anekdote nach Joseph Valynseele, andere Walew-
   ski-Biographen geben sie in etwas veränderter Fassung und loka-
   lisieren sie nicht in Frankreich, sondern in England.

69 des Helden meines Buches *Ein unbekannter Fürst Poniatowski*

70 Madame Walewskas Gatte, der General und gegen Ende seines
   Lebens Marschall Auguste d'Ornano erhielt von Napoleon 1808
   den nach Majoratsrecht erblichen Grafentitel. Der Titel ging als
   Erbe auf den jeweiligen Senior der ältesten Linie des Geschlechts
   über, und dieser verwendete ihn statt des Vornamens.

71 Einen Ausschnitt aus dem *Kurier Poznański* (Posener Kurier) vom Jahre 1938 mit dem Interview des Grafen Ornano sandte mir freundlicherweise Herr Marian Leszczyński aus Lodz.

73 alte Währung

74 Er wurde zu einer Entschädigung verurteilt, die nur ein Fünfzigstel der in der Klage geforderten Summe betrug.

75 Die in dem Buch *L'affaire Marie Walewska* zusammengetragenen Argumente errangen schließlich den Sieg. Der Appellationsgerichtshof hob das Urteil der ersten Instanz auf und sprach Jean Savant von Schuld und Strafe frei. Die Ornanos erhoben Kassationsklage, verloren aber auch diese. Der Prozeß zog sich bis Mitte 1966 hin, dauerte also beinahe fünf Jahre.

76 Die Beschreibung der legendären Begegnung in Błonie in Marias unmittelbarem Bericht wirkt so überzeugend, daß der Inhalt dieses Ereignisses wohl kaum erdacht ist. Man muß jedoch drei Momente beachten: 1) geht aus Massons Zusammenfassung hervor, daß Maria nicht von Walewice, sondern von Warschau aus zu der Begegnung fuhr; 2) kündigten Kuriere das Nahen des Kaisers an; 3) wartete eine Menschenmenge auf die Durchreise des Kaisers. Alles spricht also dafür, daß die Begegnung nicht in Błonie erfolgte (19. Dezember 1806), wo Napoleon unverhofft erschien, sondern in Jabłonna (1. Januar 1807), wo man ihn seit vierundzwanzig Stunden erwartete. Zehn Jahre später können diese beiden Ortsnamen in Madame Walewskas Gedächtnis durcheinandergeraten sein, besonders weil sie einen großen Teil dieser Zeit außer Landes verbracht hatte. Charakteristischerweise ist in Massons Abschrift die Schreibweise des Namens »Błonie« fehlerlos, die Entstellung in »Bronie« tritt erst in der publizierten Skizze auf.

77 Aus dem ganzen Text geht hervor, daß Madame Walewska kein einziges Mal den Namen Poniatowski oder seine Anfangsbuchstaben nennt. Es handelt sich nur um eine Vermutung Massons.

78 Punktlinie wie in Massons Abschrift. Offenbar wurde hier ein längeres und wesentliches Bruchstück fortgelassen.

79 Manche Absätze der *Memoiren* wenden sich an die Person, für die sie bestimmt waren, also an General Auguste d'Ornano.

80 Es kann sein, daß Madame Walewskas Erben Masson nur bestimmte Teile der Memoiren zugänglich gemacht haben.

Zur Aussprache der polnischen Namen

Im Polnischen spricht man alle Vokale kurz und offen aus. Doppel-
vokale (au und eu) getrennt, ie als je. Die Betonung liegt, von seltenen
Ausnahmen abgesehen, auf der vorletzten Silbe.

Anders als im Deutschen werden folgende Buchstaben ausgesprochen:

ą	=	on, in französisch: ballon
c	=	tz, auch vor k
ć oder ci	=	tj, zu einem Laut verbunden
ch	=	hart wie in Dach
cz	=	tsch, wie in Peitsche
ę	=	in, in französisch: bassin
h	=	ch, hart wie in Dach
ł etwa	=	w, in englisch: water
ń	=	nj, wie in spanisch: señor
ó	=	u
rz	=	j, in französisch: journal
s	=	ß
ś oder si	=	ßj, zu einem Laut verbunden, also weicher als ch in Licht
sz	=	sch, wie in Schule
z	=	s, wie in Rose
ź oder zi	=	sj (s dabei stimmhaft), zu einem Laut verbunden
ż	=	j, in französisch: journal

Anastazy Colonna-WALEWSKI auf Walewice Starost von Warka
* 1737 –
† 18.1.1815

— ∞ — *Januar 1805* (1.) — Maria WALEWSKA, geb. Łączyńska
* 7. XII. 1786 –
† 11. XII. 1817

— ∞ — 7. IX. 1816 (2.) — Philippe-Antoine (Auguste) Graf ORNANO
* 1784 – † 1863

Januar 1807
NAPOLEON Bonaparte
* 15. VIII. 1769 –
† 5. V. 1821

Antoni Bazyli Rudolf Colonna-WALEWSKI
* 13. VI. 1805 –
† um 1833

Alexandre Florian Josephe COLONNA-WALEWSKI
* 4. V. 1810 –
† 27. IX. 1868,
ab 1812 Graf Colonna-Walewski

Grafen COLONNA-WALEWSKI

Rodolphe Auguste d'ORNANO
* 9. VI. 1817 –
† 1865

Grafen ORNANO

STAMMTAFEL

Zu dieser Ausgabe

insel taschenbuch 1835: Der Text folgt der Ausgabe: Maria Walewska. Napoleons große Liebe. Historische Biographie von Marian Brandys. insel taschenbuch 24 (Insel Verlag Frankfurt am Main 1971).

Originaltitel: Kłopoty z panią Walewską. Państwowe Wydawnictwo ›Iskry‹, Warszawa 1969. Aus dem Polnischen ins Deutsche übertragen wurde die Ausgabe von Klaus Staemmler. Die Zitate aus den französischen Quellen übersetzte Ruth Martinius.

Biographien, Leben und Werk
im insel taschenbuch

162/1/3.95

Biographien, Leben und Werk
im insel taschenbuch

162/2/3.95

Biographien, Leben und Werk
im insel taschenbuch

Biographien, Leben und Werk
im insel taschenbuch

162/4/3.95